Heidelberger Taschenbücher Band 175

Sammlung Informatik
Herausgegeben von F. L. Bauer, G. Goos und M. Paul

Eike Jessen

Architektur
digitaler Rechenanlagen

Mit 97 Abbildungen

Springer-Verlag
Berlin   Heidelberg   New York   1975

Professor Dr. Eike Jessen
Institut für Informatik der Universität Hamburg

ISBN-13: 978-3-540-07503-5   e-ISBN-13: 978-3-642-66258-4
DOI: 10.1007/978-3-642-66258-4

Library of Congress Cataloging in Publication Data. Jessen. Eike. 1933-. Architektur digitaler Rechenanlagen (Sammlung Informatik) (Heidelberger Taschenbücher; Bd. 175). Bibliography: p Includes index. 1. Electronic digital computers. I. Title. QA76.5.J47.   001.6'4'044.   75-31714.

Das Werk ist urheberrechtlich geschützt. Die dadurch begründeten Rechte. insbesondere die der Übersetzung. des Nachdruckes. der Entnahme von Abbildungen. der Funksendung. der Wiedergabe auf photomechanischem oder ähnlichem Wege und der Speicherung in Datenverarbeitungsanlagen bleiben. auch bei nur auszugsweiser Verwertung. vorbehalten. Bei Vervielfältigungen für gewerbliche Zwecke ist gemäß § 54 UrhG eine Vergütung an den Verlag zu zahlen. deren Höhe mit dem Verlag zu vereinbaren ist.
© by Springer-Verlag Berlin Heidelberg 1975

Offsetdruck: Zechnersche Buchdruckerei. Speyer

Heinz Voigt,

Architekt von TR 440,

in Hochachtung gewidmet

Vorwort

Bücher über Digitalrechner behandeln meistens ausführlich die Grundlagen des Entwurfs von Schaltnetzen und Schaltwerken, Fragen der Codierung, der arithmetischen Algorithmen und die Wirkung der Maschinenbefehle. In diesem Zusammenhang werden die Funktionen der Werke der Maschine erläutert.

Das vorliegende Buch bemüht sich besonders um die Begründung der bisher gewählten Organisation von Rechenanlagen und von ihren Werken aufgrund der betrieblichen Erfordernisse und der technischen Mittel. Dabei wird - sooft möglich - versucht, quantitativ zu argumentieren; der Bau von Rechenanlagen ist eine Ingenieursaufgabe, und eine solche wird quantitativ erfaßt und bewertet. Insbesondere gehören wirtschaftliche Maßstäbe zum Abwägen verschiedener Lösungswege.

Elektrotechnische Grundlagen, Schaltwerksentwurf und Programmierung in der Maschinensprache sind wichtige Voraussetzungen zu einem vertieften Verständnis von Rechenanlagen, die in diesem Buch nicht behandelt werden. Dem Leser seien aus dem Angebot des Springer-Verlag Berlin Heidelberg New York insbesondere hierzu empfohlen

Giloi, W., H. Liebig: Logischer Entwurf digitaler Systeme, 1973

Hahn, W., F.L. Bauer: Physikalische und elektrotechnische Grundlagen für Informatiker, 1975

Liebig, H.: Rechnerorganisation, 1976

Schecher, H.: Funktioneller Aufbau digitaler Rechenanlagen, 1973

Wendt, S.: Entwurf komplexer Schaltwerke, 1974.

In diesen Büchern sind auch viele Werke ausführlicher dargestellt als in dem vorliegenden.

Zur weiteren Ergänzung des Verständnisses von Rechenanlagen sollte der Leser ein Handbuch - oder eine ähnliche, umfassende Publikation - zu einer Maschine studieren. Anregungen zu solcher Lektüre ergeben sich aus dem Stichwortverzeichnis und der Literaturzusammenstellung am Ende des Buches. Das

Buch wendet sich nicht an Leser ohne Grundkenntnisse der Informatik. Es wird erwartet, daß - im Beispiel der Reihe der Heidelberger Taschenbücher -

Bauer, F.L., Goos, G.: Informatik (2 Bände), Springer, Berlin 1973 (2. Auflage)

bekannt ist. Wer dieses Buch ohne solche Vorkenntnisse versucht, beginnt am besten mit dem Abschnitt 2, insbesondere 2.3, und liest den Abschnitt 1 erst, sobald er einen gewissen Überblick über die in Rechenanlagen auftretenden Erscheinungen hat. Abschnitt 1 gibt eine begriffliche und systemtheoretische Einführung, die ohne gewisse - wenn auch rohe - Anschauungen schwer zu würdigen ist. Das Gebiet der Rechnerorganisation ist aber durch die Fülle von möglichen und auch ausgeführten Strukturen, die in einer wechselnden und nicht immer zurückhaltenden Terminologie von den Herstellern beschrieben wird, ohne Klarheit über Grundstrukturen und Grundbegriffe nicht bearbeitbar.

Wegen der überragenden Bedeutung amerikanischer Literatur werden alle wichtigen Bezeichnungen bei ihrem ersten Auftreten von der amerikanischen Entsprechung begleitet. Das Buch bemüht sich, so weit ohne Zwang möglich, deutschsprachige Bezeichnungen für alle Begriffe zu verwenden, insbesondere nach [DIN 44300]; gelegentlich sind damit treffendere Ausdrucksformen möglich; auch zwingt eine ungewohnte Bezeichnung manchmal wohltuend zur Vergegenwärtigung des Begriffsinhalts.

Ich danke Herrn Karl-Heinz Hackel und Frau Hannelore Hackel für die mühevolle Herstellung der Druckvorlage, Herrn Rainer Frölich, Herrn Winfried Materna, Herrn Jens Seehusen und Herrn Hans-Eckart Sengler für viele Diskussionen des Stoffes und seiner Darstellung; Herr Seehusen hat wesentlich an der Aufstellung und Berechnung von Modellen mitgearbeitet; schließlich meinen Kollegen am Institut für Informatik der Universität Hamburg für zahlreiche Hinweise.

Eike Jessen

Hamburg, 28. Mai 1975

Inhaltsverzeichnis

1. Elementare Begriffe und Erscheinungen 1
    1.1 Nachrichten, Daten, Zeichen, Signale 1
    1.2 Handlungen, Objekte und Funktionseinheiten;
        Prozesse und Systeme 1
    1.3 Eingangs- und Ausgangsgrößen 2
    1.4 Zeitliche Ordnung 3
    1.5 Übermittlung und Bearbeitung von Aufträgen ... 6
    1.6 Abbruch von Aufträgen 8
    1.7 Füllung und Durchsatz einer Funktionseinheit . 8
    1.8 Einfache Funktionseinheiten 9
    1.9 Beispiel: Kernspeicher 11
    1.10 Puffer 12
    1.11 Betriebsformen 13
    1.12 Auftragsverkehr in Systemen 14
    1.13 Zuverlässigkeit 30
    1.14 Kosten 33
    1.15 Dimensionierung 35

2. Rechensysteme 39
    2.1 Begriffe 39
    2.2 Interpretation 39
    2.3 von Neumann's Konzept 41
    2.4 Klassifizierung und Gliederung von Rechenanlagen 45
    2.5 Betriebsformen von Rechensystemen 50
    2.6 Codes und Formate 57
    2.7 Interpretationshierarchie 65
    2.8 Aktueller Ausschnitt 67
    2.9 Parallel- und Serienrechner 73

3. Zentralprozessoren 74
    3.1 Gliederung und Grundfunktionen 74
    3.2 Befehlsformate 75
    3.3 Befehlsvorrat 84
    3.4 Adressierung 88
    3.5 Unterbrechungen 104
    3.6 Leitwerke 107
    3.7 Arithmetische Algorithmen 116
    3.8 Rechenwerke 125
    3.9 Mikroprogrammierung 127
    3.10 Emulation 131
    3.11 Durchsatz der Zentraleinheit 134
    3.12 Zuverlässigkeit und Wartung 142

4. Hauptspeicher	147
4.1 Speicher: Prinzipien und Bauformen	147
4.2 Modularisierung und konkurrierende Auftraggeber	151
5. Periphere Speicher	153
5.1 Speicherung in bewegten, magnetisierbaren Schichten	153
5.2 Andere Prinzipien	157
6. Ein/Ausgabegeräte	160
6.1 Übersicht über Geräte und technische Probleme	160
6.2 Wichtige Geräte	163
7. Ein/Ausgabewerk	166
7.1 Gliederung und Grundfunktionen	166
7.2 Zentralprozessorkanal	168
7.3 Autonome Kanäle und Ein/Ausgabe-Prozessoren	169
7.4 Fehlerbehandlung	172
8. Anlagen	174
8.1 Übersicht	174
8.2 Anpassung an Anwendung	174
8.3 Prozessoren und Hauptspeicher	176
8.4 Speicherhierarchie	184
8.5 Mehrprozessoranlagen	189
8.6 "Große" und "kleine" Rechenanlagen	193
8.7 Datenübertragung	196
8.8 Rechnernetze	198
9. Unorthodoxe Maschinen	201
9.1 Übersicht	201
9.2 Feldrechner	202
9.3 Assoziative Rechner	206
9.4 Zellmaschinen	209
10. Geschichte und Zukunft	211
10.1 Geschichte	211
10.2 Verlauf von kennzeichnenden Größen	218
10.3 Strukturelle Trends	222
Literaturverzeichnis	226
Stichwortverzeichnis	237
Verzeichnis der Formelzeichen	244

1. Elementare Begriffe und Erscheinungen

1.1 Nachrichten, Daten, Zeichen, Signale

Den elementaren Begriffen unseres Gebietes wohnt deshalb eine
gewisse Unsicherheit inne, weil sie auf tiefere, präzise Begriffe nicht sicher gründbar sind und zugleich - da die elementare Informatik keine empirische Wissenschaft ist - auch nicht
durch Beobachtung gestützt werden können. Eine Nachricht ist
eine Struktur, die zur Ableitung von Information bestimmt ist.
Die Ableitung von Information ist ein Vorgang, der dem Empfänger eigentümlich ist. Er kann nur dann Information ableiten,
wenn er vor Empfang der Nachricht über sie unsicher war. Nachrichten werden dargestellt als Daten (data) aufgrund bekannter
oder unterstellter Abmachungen. Daten sind entweder Zeichen
oder kontinuierliche Funktionen. Zeichen (characters) sind
Elemente aus einer zur Darstellung von Nachrichten vereinbarten endlichen Menge von verschiedenen Elementen. Die Menge
heißt Zeichenvorrat (character set). Hat der Zeichenvorrat nur
2 Zeichen, so heißen die Zeichen Binärzeichen (binary characters). Binärzeichen werden als L (eins) und O (null)
schreiben. Eine Stelle in einer Folge von Zeichen, die nur mit
einem Binärzeichen besetzt werden kann, heißt Bit (Plural Bits,
englisch bit/bits). Eine physikalische Größe, die ein Datum
darstellt, heißt Signal. Man vergleiche auch [DIN 44300].

1.2 Handlungen, Objekte und Funktionseinheiten; Prozesse und
    Systeme

Als Handlung (action) werden wir die zweckvolle Herstellung
oder Änderung von Objekten bezeichnen. Objekte können physikalische Größen sein, vor allem auch Signale, oder auch Gegenstände unseres Denkens wie z.B. Nachrichten oder ihre Darstellungen (Daten). Bei der Betrachtung von Rechensystemen wechseln diese Anschauungen beständig. Wir stellen uns Handlungen
verwirklicht vor durch Funktionseinheiten (functional units):
durch Aufgabe oder Wirkung abgrenzbare Gebilde [DIN 44300];
je nach Art der Anschauung muß es sich also um physische Einrichtungen zur "Herstellung" oder Änderung physikalischer Größen handeln oder um nur gedachte Einrichtungen, die gedachte
Gegenstände herstellen oder verändern. Die zunächst ärgerliche
Gleichbenennung materieller und immaterieller Objekte und
Funktionseinheiten ist für die Rechnerorganisation, die zur
Darstellung und Lösung ihrer Probleme des beständigen Wechsels

zwischen Konzept, Konkretisierung des Konzeptes in technischen Maschinen und Abstraktion solcher Maschinen bedarf, besonders brauchbar. Man vergewissere sich aber in gemischten Darstellungen, welche Art von Funktionseinheit gemeint ist.

Handlungen können oft in Handlungen aufgelöst werden; wir nennen solche, zusammengesetzte Handlungen <u>Prozesse</u>. Insbesondere kann die Folge von Handlungen, die <u>eine</u> Funktionseinheit ausführt, die eine Folge von Eingangsgrößen aufnimmt, als Prozeß angesehen werden. Funktionseinheiten können oft in Funktionseinheiten aufgelöst werden; wir nennen solche, zusammengesetzte Funktionseinheiten <u>Systeme</u>.

1.3 Eingangs- und Ausgangsgrößen

Ein Objekt vor Eintritt in die Handlung (d.h. vor Bearbeitung durch die Funktionseinheit) heißt auch <u>Eingangsgröße</u> (input) der Handlung (der Funktionseinheit).

Ein Objekt, das durch eine Handlung erzeugt oder geändert worden ist, heißt <u>Ausgangsgröße</u> (output) der Handlung (der Funktionseinheit). Insbesondere können Ein- und Ausgangsgrößen natürlich Daten sein oder darstellen. Die Daten heißen entsprechend Eingangs-, Ausgangsdaten. Die Transformation von Eingangsgrößen in Ausgangsgrößen macht es oft notwendig, daß die Funktionseinheit weitere Eingangsgrößen aufnimmt, ohne die ihr Betrieb nicht möglich ist. Diese Eingangsgrößen heißen <u>Betriebsmittel</u> (resource). Die Abspaltung der Betriebsmittel von anderen Eingangsgrößen ist oft durch die Perspektive des Betrachters gegeben und kann daher für dieselbe Funktionseinheit durchaus verschieden ausfallen.

Eine weitere Aufteilung von Eingangsgrößen ist für das Durchdringen der Wirkungsweise von Systemen sehr lohnend, aber ebenso wenig durch das Verhalten der Funktionseinheiten eindeutig bestimmt. Die Ausgangsgröße einer Funktionseinheit zu einem Zeitpunkt ist im allgemeinen eine Funktion einer Folge zeitlich zurückliegender Eingangsgrößen. Die Funktion kann veränderlich sein und der Funktionseinheit durch eine besondere Eingangsgröße, den <u>Operator</u>, bezeichnet werden. Die Argumente der Funktion heißen <u>Operanden</u>. Man kann aber auch durch den Operanden den Operator auf die Ausgangsgröße (das Ergebnis) abgebildet denken. Die Definition ist offenbar ganz symmetrisch, die Vorstellung, Operatoren seien gegenüber Operanden irgendwie übergeordnet, ist denkbequem (weshalb wir immer wieder diese Trennung benutzen werden), aber nicht berechtigt. Man veranschauliche sich das etwa an einem UND-Schaltglied, das wir als Funktionseinheit mit zwei Eingangsgrößen ansehen können, die in gleicher Weise die Ausgangsgröße bestimmen, oder als "Torschaltung", die nach Wert einer Eingangsgröße "Tor offen" die andere Eingangsgröße als Ausgangsgröße reproduziert.

Als <u>Anweisung</u> bezeichnen wir das Paar (Operator, zugehörige Operanden), wobei die Operanden auch durch ein Datum ersetzt sein können, das sie zu beschaffen gestattet. Ein Operator, der seine Operanden implizit bezeichnet, soll auch als Anweisung gelten. Die Menge zulässiger Anweisungen an eine Funktionseinheit kann als eine Sprache aufgefaßt werden. Es kann möglich sein, Anweisungen - in dieser Sprache - in Teil-Anweisungen zu zerlegen.

Solche Teil-Anweisungen, die - in der verwendeten Sprache - keine Zerlegung in weitere Anweisungen zulassen, heißen Befehle (instructions). Wir werden diesen Begriff vor allem für die elementaren Anweisungen an das Leitwerk der Prozessoren von Rechenanlagen verwenden. Die durch einen Befehl beschriebene Handlung heiße Operation. Anweisungen in Form von Algorithmen, die zur Beschreibung einer Handlung vollständig sind, heißen Programme (program). Zur Vollständigkeit kann vor allem gehören, daß Vereinbarungen über die Art der Objekte im Programm enthalten sind. Funktionseinheiten, deren Verhalten durch austauschbar gespeicherte Programme bestimmt wird, heißen (speicher-)programmierbar.

In vielen Zusammenhängen wird das Paar

(Identifikation, Anweisung)

betrachtet, das wir Auftrag nennen werden. Erhält eine Funktionseinheit eine Anweisung, die sie ausführen kann, so werden wir von einem Auftrag an die Funktionseinheit sprechen. Die Identifikation diene der Unterscheidung zweier Aufträge, die als Anweisung übereinstimmen.

1.4 Zeitliche Ordnung

Ein Prozeß, dessen Ausgangsgrößen von der zeitlichen Reihenfolge der Handlungen nicht abhängen, heißt reihenfolgeinvariant; seine Handlungen heißen zueinander kollateral. Ein sequentieller (sequential) Prozeß ist durch eine eindeutige Vorgängerrelation charakterisiert; in ihm wird keine Handlung begonnen, bevor nicht ihr Vorgänger beendet ist. Die Handlungen dieses Prozesses heißen zueinander (!) sequentiell. Insbesondere sind heutige Programme fast durchweg als Beschreibungen sequentieller Prozesse zu deuten.

Ein reihenfolgeinvarianter Prozeß darf natürlich ohne Schaden sequentiell ablaufen. Es ist aber auch zugelassen, daß Handlungen des Prozesses gleichzeitig stattfinden oder vor Beendigung zugunsten anderer Handlungen ausgesetzt und später wieder aufgenommen werden. Beide letztere Fälle werden dadurch gekennzeichnet, daß es zu gewissen Zeitpunkten mehr als eine Handlung gibt, die begonnen, aber nicht abgeschlossen ist. Man spricht dann von konkurrenten ("nebenläufigen", concurrent) Handlungen, bzw., sind diese wieder zergliederbar, von konkurrenten Prozessen. Vor allem können konkurrente Prozesse (in sich!) sequentiell sein.

Betrachtet man zwei Prozesse, so ist oft wichtig, ob gesichert ist, daß ein Prozeß über eine bestimmte Handlung nicht fortschreitet, wenn der andere Prozeß eine (oder mehrere) eigene Handlung noch nicht beendet hat. Stehen zwei Prozesse zueinander in solcher Beziehung, so heißen sie synchron (synchronous), sonst asynchron (asynchronous). In physischen Funktionseinheiten ist Synchronismus oft bis zum taktgleichen Vorausschreiten der Prozesse getrieben. Zur programmiertechnischen Behandlung der genannten Grundschemen der zeitlichen Ordnung vergleiche [Dijkstra E 65], [Brinch-Hansen P 73].

Innerhalb von sequentiell zu deutenden heutigen Programmen werden reihenfolgeinvariante Teilprozesse durch Klammerungen wie cobegin/coend markiert. Mit den Anweisungen, die die Handlungen eines reihenfolgeinvarianten Teilprozesses beschreiben, sind natürlich Anweisungen nicht zu verwechseln, die sich als Alternativen bedingter Verzweigungen ergeben, obwohl beides in Programmablaufplänen auf parallele Ablauflinien führt (Beispiel 1.4.1, Abb. 1.4.2).

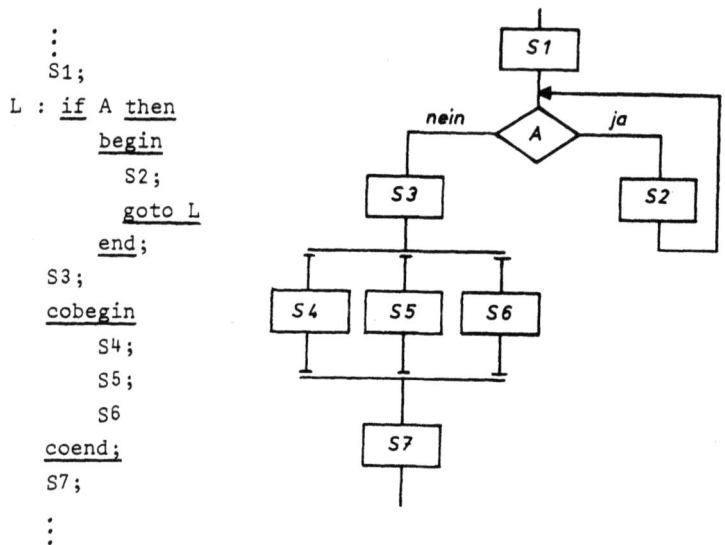

```
    :
    S1;
L : if A then
       begin
          S2;
          goto L
       end;
    S3;
    cobegin
       S4;
       S5;
       S6
    coend;
    S7;
    :
```

Abb. 1.4.2: Programmablaufplan

Die im Programm enthaltene Verzweigung führt zur Auswahl einer unter mehreren möglichen Nachfolgeanweisungen zu S1 bzw. S2; nach Ausführung der Anweisung S3 sind alle Anweisungen S4, S5, S6 ausführbar und müssen ausgeführt sein, bevor Anweisung S7 gültig wird. S4, S5, S6 sind kollateral (vgl. Abb. 1.4.2).

Für den Entwerfer eines Systems bieten reihenfolgeinvariante
Prozesse einen der wichtigsten Freiheitsgrade: er kann sie
sequentiell realisieren (dann meist kleiner Aufwand für die
Funktionseinheit, aber lange Dauer) oder gleichzeitig (dann
kurze Dauer, aber großer Aufwand). Systeme, die auf kurze
Dauer der Prozesse hin entwickelt werden, versuchen auch solche Reihenfolgeinvarianzen zu gleichzeitigen Handlungen auszunutzen, die erst während des Prozesses sichtbar werden.

Ein Programm kann aufgefaßt werden als gerichteter Graph:
Anweisungsgraph (vgl. Beispiel 1.4.1, Abb. 1.4.2, 1.4.3).

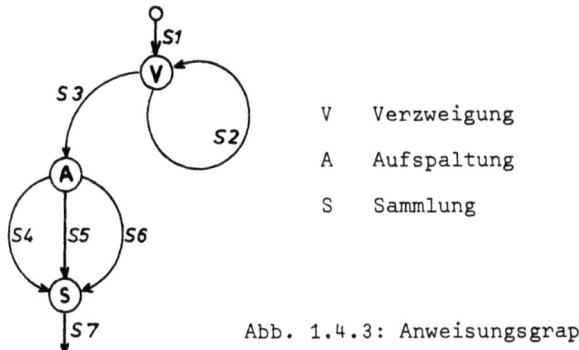

V   Verzweigung

A   Aufspaltung

S   Sammlung

Abb. 1.4.3: Anweisungsgraph

Die Gesamtheit der Aufträge, die bei einem programmgesteuerten Prozeß gebildet werden, ist ebenfalls als Graph darstellbar: <u>Auftragsgraph</u> (dasselbe Beispiel, vgl. Abb. 1.4.4).

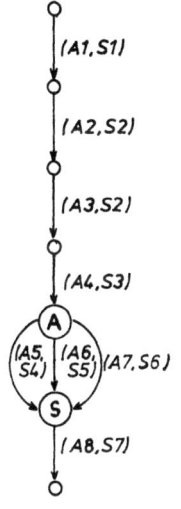

Abb. 1.4.4: Auftragsgraph

Verzweigungen sind hier nicht
mehr ausgezeichnete Knoten.
Im Auftragsgraph treten keine
Zyklen auf. Aufträge werden durch
die enthaltenen Anweisungen offenbar nicht eindeutig identifiziert; daher ist eine Auftrags-
identifikation (A1 ... A8) zusätzlich eingetragen. Auftrags-
graphen gleichen den Graphen der
Netzplantechnik. Mit Fertigstellung eines Auftrages werden im
allgemeinen mehrere neue Aufträge
geboren; die Übernahme eines Auftrages in eine Bearbeitung (also
Aufnahme der zugehörigen Handlung)
kann von mehreren Auftragsfertig-
stellungen abhängig sein; im allgemeinen liegt eine Frist zwischen Generierung eines Auftrags
und Übernahme durch die ausführende Funktionseinheit. Der Auftragsgraph drückt die Vorrangig-
keit zwischen Aufträgen aus und

heißt daher auch oft Präzedenzgraph.

1.5 Übermittlung und Bearbeitung von Aufträgen

Wir betrachten anhand von Abb. 1.5.1 die Vorgänge bei der Übermittlung eines Auftrags von einer Funktionseinheit an eine andere. Bei diesem Übergang erzeugt Funktionseinheit F1, die an Auftrag Ai arbeitet, den Auftrag Aj, der an die Funktionseinheit F2 geht. Hat F1 Ai beendet, so gibt es eine Anweisung an F2, den mit der Erledigung von Ai vorbereiteten Auftrag Aj zu übernehmen. Eine Anweisung, die die Übernahme eines Auftrages verlangt, heißt Anruf. Wird die Anweisung von F2 nicht sogleich ausgeführt, so entsteht eine Übergabewartezeit für Aj. Mit der Übernahme des Auftrags Aj durch F2 beginnt die Bearbeitungs-(Verweil-)Zeit b in F2, die mit der Fertigstellung von Aj endet. Zu diesem Zeitpunkt liegt i.a. wenigstens ein weiterer Auftrag vor, der an eine Funktionseinheit abzugeben ist, d.h. i.a. wird F2 wenigstens einen Anruf aussenden.

An die Stelle des Anrufes tritt gelegentlich die Abfrage des Zustandes "Auftrag fertig" in F1 durch F2, was aber auf unsere Betrachtung ohne Einfluß ist.

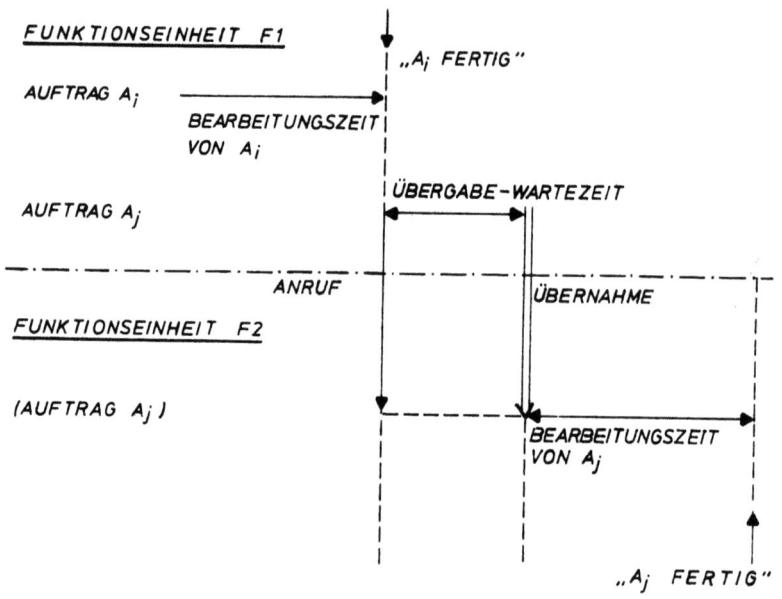

Abb. 1.5.1:   Anruf und Auftragsübernahme

Es sei darauf hingewiesen, daß unsere Betrachtungen
nicht in die Funktionseinheit eindringen. So wird
auch die Bearbeitungszeit extern gemessen; ob sie in
der Funktionseinheit für die Handlung aufgewendet
wird oder ob sie Anteile enthält, in denen der Operand nur lagert, wird nicht betrachtet. Aus diesem
Grunde werden die Verhältnisse auch an Aufträgen,
nicht an Handlungen erörtert.

Die Bearbeitungszeit wird oft über eine größere Zahl von Aufträgen gemittelt angegeben. Stellt die Folge der Bearbeitungszeiten einen stationären stochastischen Prozeß dar, kann man
einen Erwartungswert der Bearbeitungszeit angeben.

Ein System, in dem Anrufe ohne Wirkung bleiben können, so
daß der abzugebende Auftrag nicht aufgenommen wird, heißt
Verlustsystem.

Es sei noch bemerkt, daß wir zulassen, daß eine Funktionseinheit von vielen anderen Funktionseinheiten Anrufe erhalten
bzw. Aufträge übernehmen kann, letzteres jedoch nur (vgl. 1.3),
wenn sie zur Erledigung befähigt ist. Im allgemeinen kann eine
Funktionseinheit verschiedene Anrufe empfangen haben, ohne daß
Auftragsübernahmen gefolgt sind. Welchen Auftrag sie als nächsten übernimmt, ist ein wichtiges Verhaltensmerkmal der Funktionseinheit; noch wichtiger für die Umgebung ist, in welcher
Reihenfolge sie die - i.a. zahlreichen - übernommenen Aufträge
fertigstellt. Wir behalten aber das Prinzip des schwarzen Kastens (black box) bei und machen uns keine Vorstellung über
die interne Abwicklung und Priorisierung in der Funktionseinheit, es sei denn, wir fassen sie als System auf und finden
eine Zergliederung, die die systeminterne Abwicklung darzustellen erlaubt.

Ein Auftrag muß nur einmal übernommen werden; wird er von
einer Funktionseinheit übernommen, so gelten etwaige auftragszugehörige Anrufe bei anderen Funktionseinheiten als gelöscht.

Aus der Erledigung eines Auftrages können Folgeaufträge hervorgehen. Das sind Aufträge, deren Erledigung nicht Bedingung
für die Erledigung des erzeugenden Auftrags sind; Folgeaufträge im Sinne von Unteraufträgen haben wir ausgeschlossen,
als wir verlangten, daß die übernehmende Funktionseinheit den
Auftrag allein ausführen kann.

Eine wichtige Klasse von Aufträgen wird nur durch Übernahme
eines speziellen, weiteren Auftrags fertig. Hier handelt es
sich um Lageraufträge, bei denen ein Objekt mit einer Lageranweisung (z.B. "Schreiben") übergeben wird und auf einen
späteren Auftrag (z.B. "Lesen und Löschen") wieder ausgeliefert wird. Lageraufträge haben daher eine extern bestimmte
Bearbeitungszeit, die Lagerzeit. Im Gegensatz dazu werden wir
Aufträge, die unabhängig von einem zugehörigen Auslieferungsauftrag fertig werden, als Verarbeitungsaufträge bezeichnen.
Eine Funktionseinheit zur Ausführung von Lageraufträgen heißt
Speicher.

1.6 Abbruch von Aufträgen

Wir lassen nun noch zu, daß eine Funktionseinheit einen Auftrag abbricht, ohne ihn erledigt zu haben. Da wir an dem Prinzip des schwarzen Kastens festhalten, werden wir hiervon nur sprechen, wenn ein Folgeauftrag einer anderen Funktionseinheit übergeben wird, der so markiert ist, daß mit seiner Erledigung der ursprüngliche Auftrag auch erledigt ist. Der abgebrochene Auftrag wird also substituiert durch zwei Teilaufträge, von denen der erste bei Abbruch erledigt ist; der zweite Teilauftrag kann auch zerfallen, z.B. in einen Lagerauftrag (an eine andere Funktionseinheit), der von der abbrechenden Funktionseinheit beendet wird, die dem "Lager" den letzten Teilauftrag entnimmt.

Das Abbrechen von Aufträgen führt dazu, daß in dem Graph der Aufträge Untergraphen anstelle von Aufträgen eingefügt werden.

Ein Auftrag kann aus "inneren" Gründen der Funktionseinheit abgebrochen werden oder aus "äußeren", z.B. bei Übernahme eines anderen Auftrags.

Die Bearbeitungszeit eines Auftrages, der abgebrochen und substituiert wird, reicht von der Übernahme des Auftrags bis zur Fertigstellung aller Teilaufträge, die substituiert werden; während der Bearbeitungszeit kann also die Handlung beliebig oft unterbrochen sein.

1.7 Füllung und Durchsatz einer Funktionseinheit

Durch die Art und die zeitliche Folge der an eine Funktionseinheit gegebenen Aufträge wird ein Prozeß beschrieben, der Auftragszugangsprozeß. Das Verhalten einer Funktionseinheit, die einem Auftragszugangsprozeß unterliegt, wird durch zwei wichtige Größen beschrieben, Füllung und Durchsatz, die ganz ähnlichen Definitionen unterliegen.

Die Zahl der Aufträge, die eine Funktionseinheit bereits übernommen, aber noch nicht beendet oder abgebrochen hat, heißt Füllung f der Funktionseinheit. Ist f = o, so ist die Funktionseinheit frei, sonst beschäftigt. Betrieb einer Funktionseinheit mit $f > 1$ heißt Simultanbetrieb.

Die maximale Füllung einer Funktionseinheit ist durch ihre eigenen Eigenschaften und den Auftragszugangsprozeß bestimmt. Die maximale Füllung heiße Kapazität k; nur mit einer Angabe der Art und Folgegesetzmäßigkeiten der Aufträge ist sie für die Funktionseinheit kennzeichnend. Das Verhältnis von Füllung zu Kapazität heiße relative Füllung φ

$$\varphi = \frac{f}{k}, \qquad (1.7.1)$$

es ist nur dann aussagekräftig, wenn f und k Auftragszugangsprozesse gleicher Verteilung und Autokorrelation voraussetzen.

Eine Funktionseinheit mit k = 1 heiße einfache Funktionseinheit. Eine Funktionseinheit, die bis zur Kapazität mit Aufträgen gefüllt ist (f = k), heißt **belegt**.

Die Zahl der Aufträge, die eine Funktionseinheit je Zeiteinheit fertigstellt, heißt **Durchsatz d** der Funktionseinheit. Der maximale Durchsatz c einer Funktionseinheit ist nur bei Angabe der Art und Folgegesetzmäßigkeiten der Aufträge für die Funktionseinheit kennzeichnend. Wir bilden wieder ein Verhältnis, das die Auslastung beschreibt: den Quotienten von Durchsatz und maximalem Durchsatz (Auftragszugangsprozesse gleicher Auftragsart und gleicher Folgegesetzmäßigkeit vorausgesetzt) bezeichnen wir als **relativen Durchsatz ε** oder Auslastung

$$\varepsilon = \frac{d}{c}. \qquad (1.7.2)$$

In 1.9 wird noch der Fall betrachtet, daß Behinderungen im Abgeben von Folgeaufträgen den Durchsatz mindern können. Im allgemeinen Fall hängen Füllung und Durchsatz auch vom Auftragabgangsprozeß ab.

Lageraufträge sind gekennzeichnet durch die Zahl der Dateneinheiten (Zeichen, Worte), die gespeichert werden sollen. Daher hat die Füllung, gemessen in der Summe der belegten Zellen, die je eine Dateneinheit fassen, hier ein besonders anschauliches Maß. Die maximale Füllung heißt **Speicherkapazität** (storage capacity). Für einen Auftrag, der zu einer Folge von N Lageraufträgen endlicher Dauer b_i mit n_i belegten Zellen führt, ist

$$\sum_{i=n}^{N} (b_i \cdot n_i) \qquad (1.7.3)$$

ein Belastungsmaß, das wir **Belegung** nennen. Wir erweitern die Definition auf alle einfachen Funktionseinheiten; die "Einheit" heißt dann nicht mehr z.B. Bitsekunden, sondern z.B. Kartenleserminuten.

1.8 Einfache Funktionseinheiten

Für die Modellierung von Rechensystemen sind einfache Funktionseinheiten besonders brauchbar; mit Netzen einfacher, disjunkter Funktionseinheiten kann sehr oft das Verhalten allgemeiner Funktionseinheiten nachgebildet werden. Einfache Funktionseinheiten haben höchstens einen Auftrag übernommen, aber noch nicht abgebrochen oder beendet. Wir unterscheiden noch eine Unterklasse:

einfache Funktionseinheit mit Blockierung: es wird verlangt, daß höchstens ein Auftrag übernommen ist, der nicht abgebrochen oder fertiggestellt wurde oder zu dem nicht alle Folgeaufträge übernommen wurden. Es tritt also eine "Blockierung" ein, wenn ein Auftrag zwar fertig, sein Folgeauftrag aber noch nicht abgegeben wurde. Zur Unterscheidung werden wir bei einfachen Funktionseinheiten den Zustand "belegt" bis Fertigstellung des Auftrags annehmen, danach bis zur Folgeauftragübernahme eventuell einen Zustand "blockiert".

Wir verfeinern noch das Bild der zeitlichen Abläufe an einer Funktionseinheit (Abb. 1.8.1), indem wir annehmen, daß es für die Funktionseinheit zwischen zwei Bearbeitungen Wartezeiten w geben kann und daß eine Bearbeitung nach ihrem Ende weitere Handlungen in der Funktionseinheit verlangt, ohne die der Betrieb nicht aufrechterhalten werden kann (Restauration); solche Zeiten werden wir Sperrzeiten s nennen.

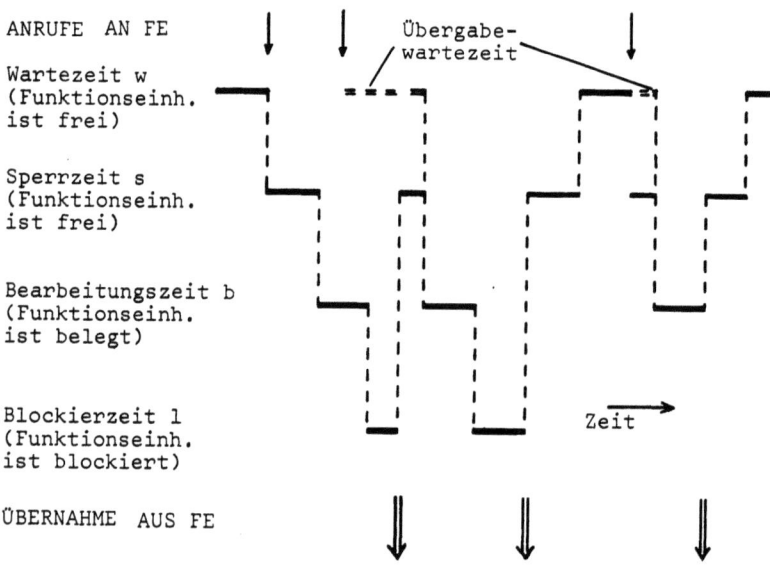

Abb. 1.8.1: Wartezeit, Sperrzeit, Bearbeitungszeit, Blockierzeit und Zustände einer einfachen Funktionseinheit FE

Als Sperrzeit werden wir auch die bei freier Funktionseinheit eintretende Verzögerung zwischen Anruf und Auftragsübernahme rechnen (etwa durch Entscheidungsvorgänge oder durch Synchronisation der Auftragsübernahme mit einem Takt).

Es ergibt sich als Durchsatz

$$d = \frac{1}{\bar{w} + \bar{s} + \bar{b} + \bar{l}} \text{, worin} \qquad (1.8.2)$$

$\bar{w}$ mittlere Wartezeit je Auftrag,
$\bar{s}$ mittlere Sperrzeit je Auftrag,
$\bar{b}$ mittlere Bearbeitungszeit und
$\bar{l}$ mittlere Blockierzeit   ist.

Der maximale Durchsatz ist

$$c = \frac{1}{\bar{s}' + \bar{b}} \text{, wobei } \bar{s}' \text{ keine} \qquad (1.8.3)$$

synchronisationsbedingten Zeiten enthält.

In einer einfachen Funktionseinheit ist der Quotient

$$\varepsilon = \frac{d}{c} \text{ (relativer Durchsatz)} \qquad (1.7.2)$$

$$= \frac{\bar{s}' + \bar{b}}{\bar{s} + \bar{b} + \bar{w} + \bar{l}} \cdot \qquad (1.8.4)$$

Für den einfachen Fall $\bar{s} = \bar{s}' = \bar{l} = 0$

ist $\quad \varepsilon = \frac{\bar{b}}{\bar{b} + \bar{w}}$, $\qquad (1.8.5)$

also gleich dem Anteil der Bearbeitungszeit in einer Auftragsperiode.

Die Zahl der Anrufe je Zeiteinheit, multipliziert mit der Summe der Bearbeitungszeiten, die diese Anrufe nach Auftragsübernahme auslösen, heißt Angebot und kennzeichnet den Auftragszugangsprozeß. Diese Größe wird deshalb im Zusammenhang mit einfachen Funktionseinheiten eingeführt, weil vor allem in einfachen Funktionseinheiten die Bearbeitungszeiten auch auftragskennzeichnend sind. Bei Lageraufträgen kann man die Zahl der zu lagernden Dateneinheiten (Zeichen, Worte) wieder in das Maß einbeziehen. Für den Fall $\bar{w} = \bar{s} = \bar{l} = 0$ und Verallgemeinerung auf Simultanbetrieb ergibt sich aus (1.8.2) Littles Gesetz [Kleinrock L 75]

$$d = \frac{\bar{f}}{\bar{b}} \qquad (1.8.6)$$

1.9 Beispiel: Kernspeicher

Wir betrachten als Beispiel in den neu gewonnenen Begriffen einen Kernspeicher. In ihm werden Bits in remanent magnetisierbaren Ringen (den "Kernen") gespeichert. Das Lesen einer Dateneinheit löscht sie zugleich. Nach einem Auftrag "Lesen" ist daher eine Sperrzeit für das Wiederherstellen vorzusehen; außerdem muß es einen Auftrag "Schreiben" geben. Alle Aufträge beziehen sich auf eine Dateneinheit, die wir Wort nennen.

Eine Kernspeichereinheit kann als System aus 2 Funktionseinheiten angesehen werden:

Lese/Schreibsteuerung: eine "einfache" Funktionseinheit, blockierbar,

Speichermedium: eine Funktionseinheit von großer Kapazität (Zahl der Zellen); übernimmt Lageraufträge.

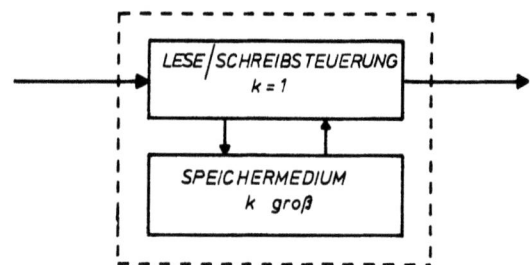

Abb. 1.9.1: Ersatzbild Kernspeichereinheit aus zwei Funktionseinheiten

Der Auftrag "Lesen" enthält einen an das Speichermedium gerichteten Unterauftrag, der einen Lagerauftrag beendet. Die Bearbeitungszeit für den Auftrag "Lesen" heißt Zugriffszeit (access time), die Summe der Bearbeitungszeit und der Sperrzeit heißt Zykluszeit (cycle time). Der maximale Durchsatz für Leseaufträge ist

$$c_{Lesen} = \frac{1}{Zykluszeit} \cdot \qquad (1.9.2)$$

Die Bearbeitungszeit für "Schreiben" ist ebenfalls gleich der Zykluszeit; der maximale Durchsatz ist ebenso groß wie für das Lesen. Das Schreiben enthält als Unterauftrag einen Lagerauftrag an das Speichermedium, dessen Füllung durch die Kapazität begrenzt ist.

1.10 Puffer

Eine Funktionseinheit mit den Eigenschaften:

 der Auftrag wird unverändert weitergegeben;
 die Bearbeitungszeit ist null;

heißt Puffer. Übernimmt ein Puffer auf Anruf stets sofort den Auftrag, so heißt er idealer Puffer. Hat der Puffer eine Kapazität von mehr als 1, so kann man verschiedene Abnahmestrategien unterscheiden, z.B.:

 Abnahme nach Übernahmereihenfolge (first in - first out, FIFO; first come - first served, FCFS)
 Abnahme in umgekehrter Übernahmereihenfolge (last in - first out, LIFO).

Andere Abnahmestrategien beruhen auf den Auftragsparametern, z.B. kann man als nächsten Auftrag den mit der kürzesten Bearbeitungszeit wählen (shortest job next, SJN). Mit Übernahme des Auftrages in den Puffer werde auch der Anruf an die aus-

führende Funktionseinheit wirksam; von besonderer Bedeutung
ist, ob der Anruf zum Abbrechen des dort gerade bearbeiteten
Auftrages führt. Puffer sind geeignet, etwaige Blockierung
einer Funktionseinheit durch Abgabeengpässe zu mindern bzw.
(idealer Puffer) zu verhindern; später werden wir sehen, daß
sie - noch wichtiger - in einer "Kette" von gleichzeitig arbeitenden Funktionseinheiten den Durchsatz steigern auf
Kosten der Bearbeitungszeit für die Funktionseinheit "Kette".

1.11 Betriebsformen

Funktionseinheiten können Aufträge in verschiedenen Betriebs-
arten, d.h. in verschiedener zeitlicher Ordnung ausführen:

	Füllung der Funktionseinheit ist	
	1	größer als 1
Funktionseinheit unterbricht Auftrag nicht	"Serieller Betrieb" (serial mode)	"Simultan - Betrieb"
Funktionseinheit unterbricht ggfs. Auftrag zugunsten anderen	"Multiplex- betrieb" (time sharing)	

Im **seriellen Betrieb** werden Aufträge nacheinander ausgeführt.

Im **Multiplexbetrieb** (time-sharing, was jedoch auch andere Betriebsformen bezeichnet) arbeitet eine Funktionseinheit abwechselnd an mehreren Aufträgen, nach bestimmten Gesetzen
Aufträge unterbrechend und aufnehmend. Solche Gesetze können
sich daraus ergeben, daß in einem System aus mehreren Funktionseinheiten einer Funktionseinheit A unter anderem die Aufgabe zukommt, Eingangsgrößen für die Funktionseinheit B bereit-
zustellen, diese Handlung A aber nur gelegentlich oder kurz in
Anspruch nimmt, während sie für B notwendige Voraussetzung ist:
Multiplexbetrieb einer Funktionseinheit zur Aufrechterhaltung
des Durchsatzes einer anderen Funktionseinheit.

In anderen Fällen kann eine Funktionseinheit zyklisch abwechselnd alle anstehenden Handlungen bearbeiten und jeder eine
gleich großen Zeitabschnitt widmen: **Zeitscheiben-Betrieb**
(time-slicing). Dieses Verfahren empfiehlt sich, wenn Handlungen, die die Funktionseinheit nur kurz in Anspruch nehmen,
durch früher aufgenommene, langdauernde Handlungen nicht all-
zu sehr beeinträchtigt werden sollen (Multiplexbetrieb für
Bedienungsgerechtigkeit).

Im Multiplexbetrieb führt der Abbruch eines Auftrages im allgemeinen dazu, daß der (substituierte) Folgeauftrag nicht sofort aufgenommen wird, z.B. weil er von der unterbrechenden
Funktionseinheit einem Puffer übergeben wird, aus dem sie
sich später wieder bedient. Das bedeutet, daß die Bearbei-

tungszeit für Aufträge durch Multiplexbetrieb gesteigert wird. Es kann hinzukommen, daß der Abbruch zu Sperrzeiten führt (vgl. 1.9), durch die dann auch der Durchsatz sinkt.

Der Simultanbetrieb wird gelegentlich als Parallelbetrieb bezeichnet. Dieser Ausdruck ist sehr unglücklich, weil er bestimmte Vorstellungen über die räumliche Anordnung von (Unter-) Funktionseinheiten erweckt, die nicht erfüllt sein müssen, damit die Funktionseinheit gleichzeitig mehrere Handlungen ausführen kann (z.B.: Handlung zerfällt in Folge von Unter-Handlungen, deren jede von einer Unterfunktionseinheit ausgeführt wird, die eine Kette bilden und gleichzeitig arbeiten können). Bei gleichzeitigen Handlungen in einer Funktionseinheit liegt immer Simultanbetrieb vor.

Eine Betriebsform, bei der eine maximale Bearbeitungszeit nicht überschritten werden darf, heißt Realzeitbetrieb. Deutlicher wäre "Terminbetrieb". Die Einhaltung einer solchen Bedingung macht oft den Abbruch bearbeiteter Aufträge notwendig (dritter wichtiger Grund für Multiplexbetrieb von Funktionseinheiten).

1.12 Auftragsverkehr in Systemen

Aus verschiedenen Gründen werden Rechensysteme möglichst klar und möglichst weitgehend in einzelne, unabhängig arbeitsfähige Funktionseinheiten unterteilt, die nach genau festgelegten Regeln untereinander verkehren:

a. Arbeitsteilung in Entwicklung, Herstellung, Prüfung und Wartung (Problem der technischen Führung und des Zeitbedarfes).

b. Konzeptsicherheit, einfache Fehlerverfolgung und leichte Änderbarkeit (durch Auflösung in überschaubare Einheiten mit begrenzten gegenseitigen Wirkungsmöglichkeiten).

c. Zuverlässigkeit (begrenzte Fehlerausbreitungsmöglichkeiten: eventuell für einander einspringende Funktionseinheiten).

d. Flexibilität (Anpassung an verlangte Leistung durch Aufbau verschiedener Konfigurationen von Funktionseinheiten; Weiterentwicklung durch Austausch nur einiger Funktionseinheiten).

Die bisher genannten Gründe treffen für materielle und immaterielle Funktionseinheiten in gleicher Weise zu. Man vergleiche die Konzepte zum "Strukturierten Programmieren". Für materielle Funktionseinheiten kommt ein sehr wichtiger weiterer Grund hinzu, der bei heutigen Programmiertechniken für Programme keine große Bedeutung hat:

e. Steigerung des Durchsatzes durch Auflösung einer Funktionseinheit in mehrere gleichzeitig arbeitende Funktionseinheiten.

Mit diesem Aspekt und seinen Auswirkungen auf die Bearbeitungszeit der in einem System ausgeführten Aufträge, auf den maximalen Durchsatz des Systems und auf Durchsatz und Auslastung seiner Funktionseinheiten werden wir uns im folgenden beschäftigen. Man vergleiche auch [Herzog U 72] , [Swoboda J 70a].

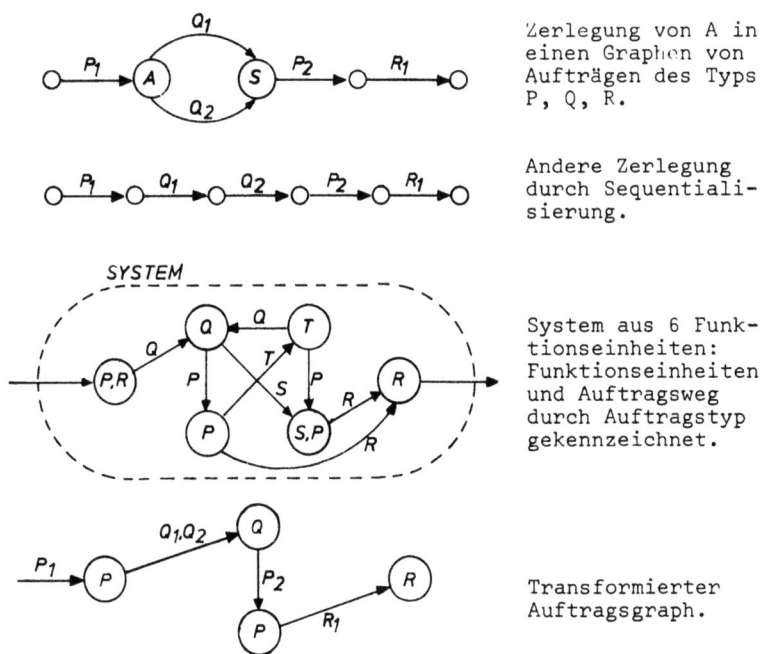

Zerlegung von A in einen Graphen von Aufträgen des Typs P, Q, R.

Andere Zerlegung durch Sequentialisierung.

System aus 6 Funktionseinheiten: Funktionseinheiten und Auftragsweg durch Auftragstyp gekennzeichnet.

Transformierter Auftragsgraph.

Abb. 1.12.1: Auftragsgraph und Funktionseinheitengraph

Die Funktionseinheiten eines Systems und die direkten Auftragsübergänge zwischen ihnen bestimmen einen gerichteten Graphen, dessen Knoten die Funktionseinheiten entsprechen (mit Typ der Funktionseinheit, z.B. durch Art der übernehmbaren Aufträge beschrieben) und dessen Kanten die direkten Auftragsübergänge entsprechen (mit Typ des übermittelbaren Auftrags). Kann ein System einen Auftrag A übernehmen, so muß sich A in einen Graphen auflösen lassen, der eine Teilmenge des Graphs der das System bildenden Funktionseinheiten ist, wobei anstelle von A auch Graphen gesetzt werden dürfen, die durch Sequentialisierung von Aufträgen entstehen oder durch Zusammenfassung von Aufträgen an eine Funktionseinheit (Vorauftrag endet mit mehreren Anrufen an Nachfolgeeinheit); man vergleiche Abb. 1.12.1.

Ein besonders wichtiger Typ eines Funktionseinheitsgraphen liegt vor, wenn jede Funktionseinheit nur von <u>einer</u> anderen Aufträge übernehmen kann und nur für <u>eine</u> andere Aufträge generieren kann. Wir nennen das zugehörige System eine <u>Kette</u>.

Die Funktionseinheiten einer Kette müssen nicht vom gleichen
Typ sein, d.h. gleichartige Aufträge annehmen können (vgl.
Abb. 1.12.2).

Abb. 1.12.2: Beispiel einer Kette von Funktionseinheiten
des Typs P, Q bzw. R.

Im folgenden untersuchen wir Beispiele zum Auftragsverkehr in
Systemen, um jeweils maximalen Durchsatz des Systems, Bearbeitungszeit für Aufträge an das System und Auslastung und
Durchsatz der einzelnen Funktionseinheiten angeben zu können.

Um diese Aufgabe in Allgemeinheit lösen zu können, muß man
auf Simulationstechniken zurückgreifen. In die Simulation
geht ein:

Charakteristik der Aufträge (Verteilung und Korrelation
der Parameter)

Struktur des Systems (Graph der Funktionseinheiten);
oftmals sind Abläufe nachzubilden, die mit dem Schema,
das in den letzten Abschnitten entwickelt wurde, nicht
zu modellieren sind

Typ und quantitative Bemessung der Funktionseinheiten
(z.B. Kapazität, maximaler Durchsatz, Bearbeitungszeit).

Wir werden einfache Systeme anhand von elementaren stochastischen Modellen untersuchen, die eine analytische Ermittlung
des Auftragsverkehrs erlauben. Wir nehmen dazu an, daß

a. die Systeme aus J einfachen Funktionseinheiten aufgebaut
sind, die nicht gesperrt werden; jede ist stets in genau
einem der Zustände belegt (b), blockiert (l) oder wartend (w); durch ein Zustands-J-tupel ist auch der Systemzustand eindeutig beschrieben;

b. das zeitliche Verhalten aller Funktionseinheiten durch negativ-exponentiell verteilte Bearbeitungszeiten beschrieben wird (vgl. [Morse P 57] , [Cohen J 69]).

Herleitung und Eigenschaften eines stationären Prozesses, in dem der zeitliche Abstand zwischen zwei Ereignissen negativ-exponentiell verteilt ist:

Zunächst betrachten wir einen Prozeß, der in einer
in Δt gequantelten Zeit abläuft und darin besteht,
daß mit der Wahrscheinlichkeit P(L) ein Zeitquant
ein Ereignis L enthält. P(L) soll von der Zeit (bzw.
der laufenden Nummer des Zeitquants) unabhängig
sein. Für ein beliebig gelegenes Intervall $M \cdot \Delta t$ ist
dann die Wahrscheinlichkeit, kein Ereignis zu enthalten

$P(0, M \cdot \Delta t) = (1-P(L))^M$. (1.12.3)

Mit den Schreibungen

$\lambda = \frac{P(L)}{\Delta t}$ (1.12.4)

$T = M \cdot \Delta t$ (1.12.5)

ergibt sich

$P(0,T) = (1-\lambda \cdot \Delta t)^{\frac{T}{\Delta t}}$ (1.12.6)

und für $\Delta t \to 0$ bei festem λ

$P(0,T) = e^{-\lambda T}$. (1.12.7)

In diesem abgeleiteten Prozeß fällt die Wahrscheinlichkeit, in T kein Ereignis anzutreffen, negativ-exponentiell mit T.

Auch in diesem Prozeß ist die Wahrscheinlichkeit, in einem Intervall T_2-T_1 kein Ereignis zu finden, unabhängig davon, wielange das letzte Ereignis zurückliegt: es ist nämlich die Wahrscheinlichkeit, im Intervall von T_1 bis T_2 kein Ereignis zu finden, unter der Voraussetzung, daß schon zuvor in T_0 bis T_1 keines auftrat

$P(0, T_2-T_1 \mid 0, T_1-T_0) = \frac{P((0, T_2-T_1) \wedge (0, T_1-T_0))}{P(0, T_1-T_0)}$

$= \frac{e^{-\lambda(T_2-T_0)}}{e^{-\lambda(T_1-T_0)}} = e^{-\lambda(T_2-T_1)}$, (1.12.8)

also abhängig nur vom Intervall T_2-T_1, nicht aber von der Länge oder Lage des ereignisfreien Intervalls zuvor.

Die Wahrscheinlichkeit, daß das Intervall T ohne Ereignis bleibt, ist gleich der Wahrscheinlichkeit, daß 2 Ereignisse einen Abstand $\tau > T$ haben

$P(\tau > T) = P(0,T) = e^{-\lambda T}$; (1.12.9)

dann ist

$P(\tau \leq T) = 1 - e^{-\lambda T}$ (1.12.10)

und die Wahrscheinlichkeitsdichte

$\varphi(\tau) = \lambda e^{-\lambda \tau}$ (1.12.11)

und der Erwartungswert des Ereignisabstands

$\bar{\tau} = \frac{1}{\lambda}$. (1.12.12)

Ein stochastischer Prozeß, der durch diese Gesetze beschrieben wird, heißt <u>Poisson-Prozeß</u>. Die Anzahl der Ereignisse in T wird durch die Poissonsche Verteilung

$$P(n,T) = \frac{e^{-\lambda T} (\lambda T)^n}{n!} \qquad (1.12.13)$$

beschrieben. Ihr Mittelwert ist

$$\bar{n}(T) = \lambda T = \frac{T}{\bar{t}}. \qquad (1.12.14)$$

Auch diese Aussagen gelten unabhängig von der Lage von T relativ zum Prozeß.

Beispiel 1.12.15:

Eine einfache Funktionseinheit, die negativ exponentiell verteilte Bearbeitungszeiten b hat, besitzt den maximalen Durchsatz

$$c = \frac{1}{\bar{b}} = \frac{1}{\bar{t}} = \lambda. \qquad (1.12.16)$$

Die Wahrscheinlichkeit, in T n Aufträge fertigzustellen, ist nach (1.12.13)

$$P(n,T) = \frac{e^{-cT} (cT)^n}{n!}. \qquad (1.12.17)$$

Einfache Modelle mit negativ-exponentiell verteilten Zeitgrößen sind analytisch behandelbar. Aus diesem Grunde werden wir sie häufig zur Illustration heranziehen. Sie liefern ein exaktes Bild stochastischer Verkehrsverhältnisse, sind aber natürlich nur dann ein Abbild der Wirklichkeit, wenn die negativ-exponentielle Verteilung und Unabhängigkeit auch vorliegt. Insbesondere treten in Rechensystemen oft Verteilungen auf, die eine stärkere Streuung als negativ-exponentielle Verteilungen besitzen. Fast immer hat ein Zunehmen der Streuung eine Minderung des Durchsatzes, der Auslastung und eine Steigerung der Bearbeitungszeit zur Folge, so daß das durch die negativ-exponentiellen Verteilungen gewonnene Bild dann zu optimistisch ist.

Wir wenden nun das spezielle stochastische Modell auf Systeme aus einfachen Funktionseinheiten an.

Beispiel 1.12.18:

Ein System (Abb. 1.12.19) bestehe aus zwei nicht gleichzeitig belegbaren Funktionseinheiten A und B. Sie haben negativ-exponentiell verteilte Bearbeitungszeiten b_A, b_B; die vom System zu leistende Handlung zerfällt in 2 Handlungen, die nacheinander in A und B ausgeführt werden.

Das System stellt eine zweigliedrige Kette dar und hat die Kapazität 1.

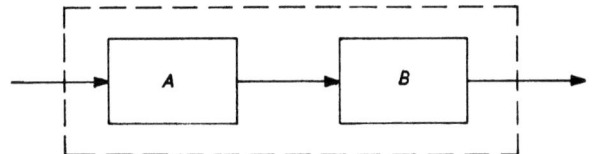

Abb. 1.12.19: Kette aus zwei Funktionseinheiten

Der maximale Durchsatz der 2-gliedrigen Kette (Funktionseinheiten nicht gleichzeitig belegt) ist

$$c_s = \frac{1}{\bar{b}_A + \bar{b}_B} \quad ; \qquad (1.12.20)$$

die mittlere Bearbeitungszeit

$$\bar{b}_s = \bar{b}_A + \bar{b}_B \quad ; \qquad (1.12.21)$$

b_s ist nicht negativ-exponentiell verteilt.

Der Durchsatz beider Glieder ist gleich und bestenfalls der maximale Durchsatz der Kette

$$d_{Amax} = d_{Bmax} = c_s = \frac{1}{\bar{b}_A + \bar{b}_B} \qquad (1.12.22)$$

die Auslastungen sind höchstens

$$\varepsilon_{Amax} = \frac{\bar{b}_A}{\bar{b}_A + \bar{b}_B} \qquad (1.12.23)$$

$$\varepsilon_{Bmax} = \frac{\bar{b}_B}{\bar{b}_A + \bar{b}_B} \quad . \qquad (1.12.24)$$

Wir betrachten nun ein weiteres Beispiel (1.12.25):

Die Funktionseinheiten A und B arbeiten wie nach Abb. 1.12.19 zusammen. A und B seien blockierbare, einfache Funktionseinheiten; sie sollen nun aber **gleichzeitig belegt** sein können. Wir betrachten wiederum den maximalen Durchsatz des Systems, also seinen Durchsatz bei günstigstem Zugang und Abgang. Damit ist ausgeschlossen, daß A wartet, ebenso, daß B blockiert ist. Die Zustände und Zustandsübergänge des Systems werden dann beschrieben durch das Übergangsdiagramm Abb. 1.12.26) in dem von den kombinatorisch möglichen 9 Zuständen nur noch 3 auftreten:

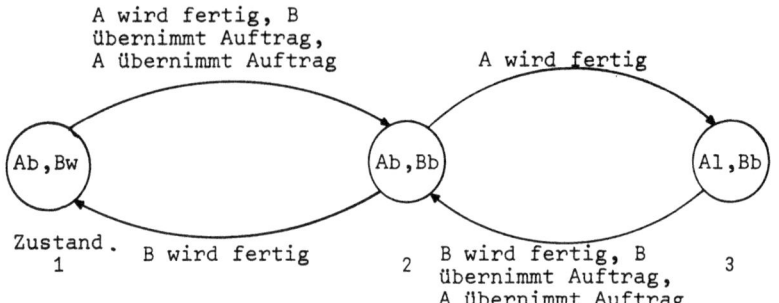

Abb. 1.12.26: Übergangsdiagramm zur Kette aus 2 gleichzeitig belegbaren Funktionseinheiten A und B.

A belegt, B wartend : Ab, Bw
A belegt, B belegt : Ab, Bb
A blockiert, B belegt : Al, Bb

(mit b für belegt, l für blockiert, w für wartend).

Zustände mit Aw oder Bl sind schon ausgeschlossen worden. Der Zustand Al, Bw ist nur transient (B übernimmt den in A wartenden Auftrag).

Die Berechnung von c_S, b_S, ε_A, ε_B führt über die Zustandswahrscheinlichkeiten der Zustände 1,2,3 : z_1, z_2, z_3. Es wird ein Verfahren zur Ermittlung der Zustandswahrscheinlichkeiten hergeleitet.

Ein System sei stets in einem von genau N Zuständen. Es wird in seinem Verhalten dargestellt durch ein Übergangsdiagramm mit N Knoten. Wir zählen in einem Intervall T die Zahl der Übergänge von Knoten i nach Knoten j als

$$n_{ij}(T) \; ;$$

es ist stets (für alle i, j, i ≠ j):

$$\left| \sum_{j=1}^{N} n_{ij}(T) - \sum_{j=1}^{N} n_{ji}(T) \right| \leq 1 , \qquad (1.12.27)$$

d.h. die Zahl der Zu- und Abgänge des Systems in/aus einem Zustand i ist in einem beliebigen Intervall T höchstens um 1 verschieden. Das System soll sich in T für die Zeit $t_i(T)$ im Zustand i befunden haben; natürlich gilt

$$\left|\sum_{j=1}^{N} (\frac{n_{ij}(T)}{t_i(T)} \cdot \frac{t_i(T)}{T}) - \sum_{j=1}^{N} (\frac{n_{ji}}{t_j(T)} \frac{t_j(T)}{T})\right| \leq \frac{1}{T} \cdot \quad (1.12.28)$$

Wir nehmen nun an, daß in jedem Zustand i des Systems Poisson-Prozesse, gekennzeichnet durch λ_{ij}, den Übergang nach j bestimmen. Das System folgt dem ersten auftretenden Ereignis i nach j.

Der Quotient $\frac{n_{ij}(T)}{t_i(T)}$ nimmt für $T \to \infty$ den stochastischen Grenzwert λ_{ij} an; $\frac{t_i(T)}{T}$ geht in die Zustandswahrscheinlichkeit z_i über. Es wird also

$$z_i \sum_{j=1}^{N} \lambda_{ij} = \sum_{j=1}^{N} (z_j \cdot \lambda_{ji}) \ , \ i \in [1:N] \quad (1.12.29)$$

Außerdem gilt

$$\sum_{j=1}^{N} z_j = 1 \ . \quad (1.12.30)$$

Damit sind die z_i berechenbar.

Wir nehmen Beispiel 1.12.25 wieder auf:

Aus Abb. 1.12.26 ergibt sich mit diesem Verfahren:

$z_1 \cdot c_A \qquad = z_2 \cdot c_B$ \hfill (1.12.31)

$z_2 (c_A + c_B) \quad = z_1 \cdot c_A + z_3 \cdot c_B$ \hfill (1.12.32)

$z_3 \cdot c_B \qquad = z_2 \cdot c_A \quad$ und \hfill (1.12.33)

$z_1 + z_2 + z_3 \quad = 1 \ .$ \hfill (1.12.34)

Die Zustandswahrscheinlichkeiten sind

$$z_1 = \frac{c_B^2}{c_A^2 + c_A c_B + c_B^2} = \frac{\bar{b}_A^2}{\bar{b}_A^2 + \bar{b}_A \bar{b}_B + \bar{b}_B^2} \quad (1.12.35)$$

$$z_2 = \frac{c_A c_B}{c_A^2 + c_A c_B + c_B^2} = \frac{\bar{b}_A \bar{b}_B}{\bar{b}_A^2 + \bar{b}_A \bar{b}_B + \bar{b}_B^2} \quad (1.12.36)$$

$$z_3 = \frac{c_A^2}{c_A^2 + c_A c_B + c_B^2} = \frac{\bar{b}_B^2}{\bar{b}_A^2 + \bar{b}_A \bar{b}_B + \bar{b}_B^2} \quad . \tag{1.12.37}$$

Der maximale Durchsatz ist

$$d_{Amax} = c_A (z_1 + z_2) \; ; \tag{1.12.38}$$

$z_1 + z_2$ gibt die Wahrscheinlichkeit an, daß A belegt ist;

$$d_{Amax} = \frac{c_A c_B (c_A + c_B)}{c_A^2 + c_A c_B + c_B^2} = \frac{\bar{b}_A + \bar{b}_B}{\bar{b}_A^2 + \bar{b}_A \bar{b}_B + \bar{b}_B^2} \tag{1.12.39}$$

Ebenso groß ist der maximale Durchsatz von B und des Systems:

$$c_s = \frac{c_A c_B (c_A + c_B)}{c_A^2 + c_A c_B + c_B^2} = \frac{\bar{b}_A + \bar{b}_B}{\bar{b}_A^2 + \bar{b}_A \bar{b}_B + \bar{b}_B^2} \quad . \tag{1.12.40}$$

Die höchsten Auslastungen sind

$$\varepsilon_{Amax} = \frac{d_{Amax}}{c_A} = \frac{c_B(c_A + c_B)}{c_A^2 + c_A c_B + c_B^2} = \frac{\bar{b}_A(\bar{b}_A + \bar{b}_B)}{\bar{b}_A^2 + \bar{b}_A \bar{b}_B + \bar{b}_B^2} = z_1 + z_2$$

$$\tag{1.12.41}$$

$$\varepsilon_{Bmax} = \frac{d_{Bmax}}{c_B} = \frac{c_A(c_A + c_B)}{c_A^2 + c_A c_B + c_B^2} = \frac{\bar{b}_B(\bar{b}_A + \bar{b}_B)}{\bar{b}_A^2 + \bar{b}_A \bar{b}_B + \bar{b}_B^2} = z_2 + z_3$$

$$\tag{1.12.42}$$

Im Vergleich zur Kette aus nicht gleichzeitig belegbaren Gliedern ergibt sich:

A, B nicht gleichzeitig belegbar:

$$c_s = \frac{1}{\bar{b}_A + \bar{b}_B}$$

$$\varepsilon_{Amax} + \varepsilon_{Bmax} = 1$$

$$\bar{b}_s = \bar{b}_A + \bar{b}_B$$

A, B gleichzeitig belegbar:

$$c_s = \frac{\bar{b}_A + \bar{b}_B}{\bar{b}_A^2 + \bar{b}_A \bar{b}_B + \bar{b}_B^2}$$

$$\varepsilon_{Amax} + \varepsilon_{Bmax} \geq 1$$

$$\bar{b}_s = \bar{b}_A + \bar{b}_B + \frac{\bar{b}_B^2}{\bar{b}_A + \bar{b}_B}$$

Durch die Einführung der gleichzeitigen Arbeit beider Funktionseinheiten ist also maximaler Durchsatz und Bearbeitungszeit gestiegen.

Wir können diesen Vergleich auch anders interpretieren: Gegeben sei eine einfache Funktionseinheit S mit $c_S = \frac{1}{b_S}$. Wir zerlegen sie in 2 gleiche, einfache Funktionseinheiten F mit $b_F = \frac{1}{2}b_S$, $c_F = 2c_S$. Die entstandene Kette hat

$c_K = \frac{4}{3} c_S$ (1.12.43) (folgt aus obigem und 1.12.39)

$b_K = \frac{5}{4} b_S$ (1.12.44) (folgt aus obigem und 1.12.40)

Wegen der Schwankung der Bearbeitungszeiten wird die zunächst denkbare Verdopplung des maximalen Durchsatzes nicht erreicht; die Bearbeitungszeit wird wegen der anteiligen Blockierzeit größer als b_S.

Der Durchsatzverlust läßt sich durch Puffer zwischen den Funktionseinheiten wieder einholen, allerdings nur unter Erhöhung der Bearbeitungszeit. Wir betrachten dazu

Beispiel 1.12.45:
Ein System bestehe aus 2 einfachen Funktionseinheiten A, B, zwischen denen ein Puffer liegt, der n Aufträge zwischenspeichern kann (Abb. 1.12.46).

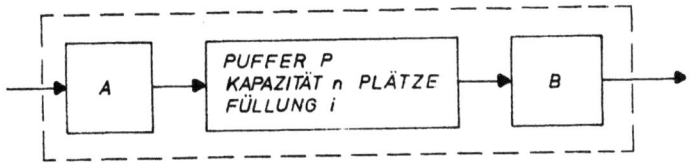

Abb. 1.12.46: Zweigliedrige Kette mit Puffer

Das System soll immer nicht erledigte Anrufe haben und jeden Auftrag sofort abgeben können. Das heißt, daß A nie eine Wartezeit hat (es kann belegt oder blockiert sein) und daß B nie blockiert ist (es kann belegt oder frei sein). Die System-

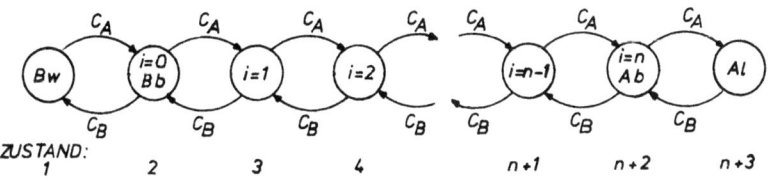

Abb. 1.12.47: Zustandsdiagramm für 2 Funktionseinheiten mit Zwischenpuffer

zustände sind weitgehend beschreibbar nach der Füllung i des Puffers (vgl. Abb. 1.12.47). A ist für alle Füllungen i < n belegt, geht aber mit Fertigstellung eines Auftrages bei Füllung n in den Zustand n + 3 über, in dem es blockiert ist. B ist für alle i > 0 belegt, geht aber mit Fertigstellung bei Füllung 0 in den Zustand 1 über, in dem es wartet. Mit der Schreibung

$$x = \frac{c_A}{c_B} = \frac{\bar{b}_B}{\bar{b}_A} \quad \text{folgt} \tag{1.12.48}$$

$$z_\nu = \frac{x^{\nu-1}}{\sum_{j=0}^{n+2} x^j} \tag{1.12.49}$$

Der Durchsatz von B ist

$$d_{maxB} = (1-z_1) \cdot c_B$$

$$= (1 - \frac{1}{\sum_{j=0}^{n+2} x^j}) c_B \tag{1.12.50}$$

Es ist

$$c_s = d_{maxA} = d_{maxB} = \frac{c_A c_B \sum_{j=0}^{n+1} (c_A^{n+1-j} \cdot c_B^j)}{\sum_{j=0}^{n+2} (c_A^{n+2-j} \cdot c_B^j)} \tag{1.12.51}$$

Die Auslastung ist

$$\varepsilon_{maxA} = \frac{c_s}{c_A} \quad \text{bzw.} \tag{1.12.52}$$

$$\varepsilon_{maxB} = \frac{c_s}{c_B} \tag{1.12.53}$$

Die Bearbeitungszeit ergibt sich (über die mittlere Füllung des Puffers nach (1.8.6)) zu

$$\bar{b}_s = \bar{b}_A + \bar{b}_B + \bar{b}_B \cdot (\frac{\bar{b}_B}{\bar{b}_A - \bar{b}_B} - \frac{(n+2)\bar{b}_B^{n+2}}{\bar{b}_A^{n+2} - \bar{b}_B^{n+2}}) \tag{1.12.54}$$

bzw. für $\bar{b}_A = \bar{b}_B = \bar{b}$

$$\bar{b}_s = \frac{5+n}{2} \bar{b} \tag{1.12.55}$$

Für n = 0 ergibt sich das Ergebnis von Beispiel 1.12.25 (gleichzeitig belegbare Funktionseinheiten). Für n → ∞ ergibt sich ein idealer Puffer mit der mittleren Verweilzeit

$$\frac{\bar{b}_A \bar{b}_B}{\bar{b}_A - \bar{b}_B} \qquad (1.12.56)$$

und der mittleren Füllung

$$\bar{i} = \frac{\bar{b}_B}{\bar{b}_A - \bar{b}_B}, \qquad (1.12.57)$$

was gerade (mit $\lambda = \frac{1}{\bar{b}_A}$, $\mu = \frac{1}{\bar{b}_B}$) der mittleren Länge einer freien Warteschlange mit einem Zugangsprozeß der Intensität λ und einem Abgangsprozeß der Intensität μ entspricht,

$$\bar{i} = \frac{\lambda}{\mu - \lambda}. \qquad (1.12.58)$$

Dabei wird $\bar{b}_A > \bar{b}_B$ bzw. $\mu > \lambda$ vorausgesetzt.

Formel (1.12.50) zeigt, daß man für genügend großes n und $\bar{b}_B \geq \bar{b}_A$ stets c_s beliebig an c_B annähern kann; für das frühere Beispiel $\bar{b}_B = \bar{b}_A$ ergibt sich

$$c_s = \frac{n+2}{n+3} \cdot c_B. \qquad (1.12.59)$$

Allerdings zeigt (1.12.55), daß dies nur den Preis einer linear mit n ansteigenden mittleren Bearbeitungszeit für das System geschieht. Die Wirkung der Pufferung ist also ähnlich wie die der Aufteilung: Durchsatzsteigerung bei vergrößerter Bearbeitungszeit. Außerdem wird das System mit den Kosten für die Puffer belastet.

Abb. (1.12.60) zeigt nebeneinander die Wirkung der Aufteilung einer Funktionseinheit in eine Kette aus 2 bzw. 3 gleichen Einheiten und die der Erweiterung der 2-gliedrigen Kette um einen Puffer für n Aufträge. Zu allgemeinen Ketten vgl. [Swoboda J 73b].

Die Wirksamkeit der Kettenbildung wird besser, wenn die Streuung von Bearbeitungszeiten sinkt. Bei mäßiger Streuung und fester oberer Grenze für die Bearbeitungszeit kann man sogar synchron arbeitende Ketten bauen, die man Fließband (pipeline) nennt. Andere Beispiele für Kettenbildung sind: Eingabe - Verarbeitung - Ausgabe, Auflösung von Transporten in Teiltransporte mit Zwischenlagerung in Puffern (Speicherzugang, Ein/Ausgabe).

Durchsatz und Bearbeitungszeit von Ketten werden durch noch einen anderen Effekt beeinträchtigt: bisher ist angenommen worden, daß das System mit einem Auftragsstrom beaufschlagt wird, in dem spätere Aufträge unabhängig vom Ausgang der Bearbeitung früherer Aufträge sind. Gerade bei der Ausführung

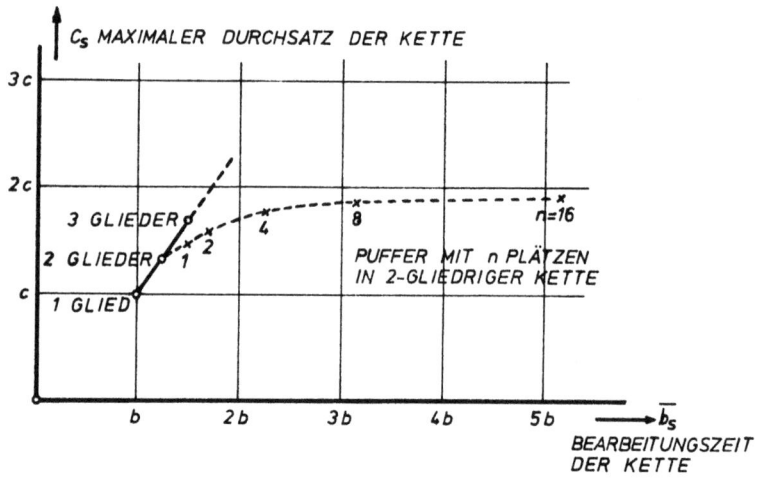

Abb. 1.12.60: Maximaler Durchsatz und Bearbeitungszeit einer Funktionseinheit unter dem Einfluß von Aufteilung in eine Kette und Pufferung

von Programmbefehlen im Zentralprozessor ist dies jedoch nicht der Fall. Sooft ein Auftrag an das System erst formulierbar ist, wenn der s-te Vorauftrag fertig ist, kann es in einer Kette mit wenigstens s+1 Gliedern zu Wartezeiten im Zugang kommen.

Aufteilung einer Funktionseinheit in eine Kette von gleichzeitig belegbaren Funktionseinheiten ist trotzdem deshalb von großer Bedeutung, weil sie die Steigerung des maximalen Durchsatzes und damit - wenn der Aufwand für die Aufteilung (autonome Steuerwerke, Koordination) nicht zu hoch ist - die Senkung der Kosten je Auftrag erlaubt. Die Steigerung der Bearbeitungszeiten ist meistens erträglich; für viele Anforderungen ist eine Verbesserung der Bearbeitungszeiten ohnehin nicht mehr wichtig, wird aber durch die technologische Weiterentwicklung den Systementwerfern angeboten. Mit einer Halbierung der Schaltwerkzeiten z.B. wird in einer einfachen Funktionseinheit die Bearbeitungszeit halbiert und der maximale Durchsatz verdoppelt. Sei etwa (vgl. Abb. 1.12.61) die Funktionseinheit dabei von P_1 in P_2 im c-b-Diagramm übergegangen, so

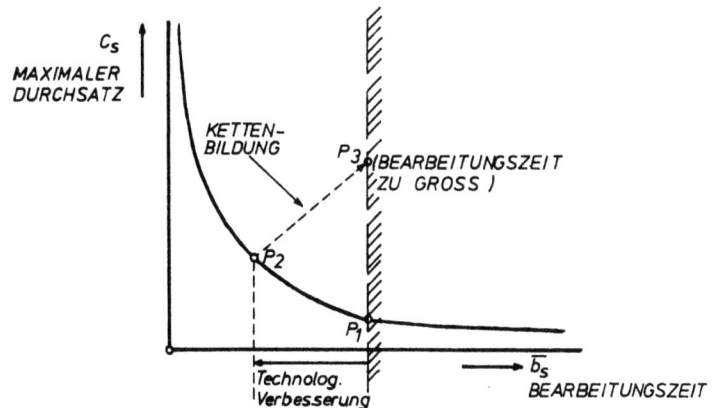

Abb. 1.12.61: Kettenbildung als Mittel, unnötig gute Bearbeitungszeiten gegen größeren Durchsatz einzutauschen

kann durch Kettenbildung (eventuell mit Pufferung) P_3 mit abermals erhöhtem Durchsatz und noch zulässiger Bearbeitungszeit erreicht werden.

Der Übergang von einer einfachen Funktionseinheit zu einer Kette ist meist dann nicht besonders aufwendig, wenn der Auftrag ohnehin aus einer Sequenz von typverschiedenen Teilaufträgen besteht, da dann die ursprüngliche Funktionseinheit meist bereits eine Untergliederung aufweist, die sich mit wenigen Erweiterungen in die Kette von typverschiedenen Funktionseinheiten überführen läßt. Anders liegen die Verhältnisse, wenn die ursprüngliche, einfache Funktionseinheit den Auftrag durch eine Sequenz von typgleichen Aufträgen - z.B. durch ein Iterationsverfahren, wie es bei arithmetischen Operationen oft zweckmäßig ist - ausgeführt hat. Der Übergang zur Kette von g Gliedern erhöht dann den maximalen Durchsatz auf das g-Fache um den Preis g-fachen Aufwandes; die Erfahrung zeigt (vgl. 1.14), daß Lösungen, bei denen die Leistung linear mit dem Aufwand steigt, schlecht sind.

Eine ähnlich elementare Systemkonfiguration wie die Kette liegt in der Parallelanordnung von n Funktionseinheiten gleichen Typs im Auftragsstrom vor (Abb. 1.12.62). Der maximale Durchsatz ist dabei

$$c_s = \sum_{j=1}^{n} c_j \quad (c_j \text{ maximaler Durchsatz der Einheit j}) \qquad (1.12.63)$$

und die Bearbeitungszeit (für maximalen Durchsatz, einfache Funktionseinheiten)

$$\bar{b}_s = \frac{n}{\sum_{j=1}^{n} c_j} = \frac{n}{c_s} . \qquad (1.12.64)$$

unter dem oben angenommenen stochastischen Modell bei nicht verschwindender Warteschlange. Es sei noch bemerkt, daß alle Funktionseinheiten für jeden Auftrag an das System geeignet sein sollen.

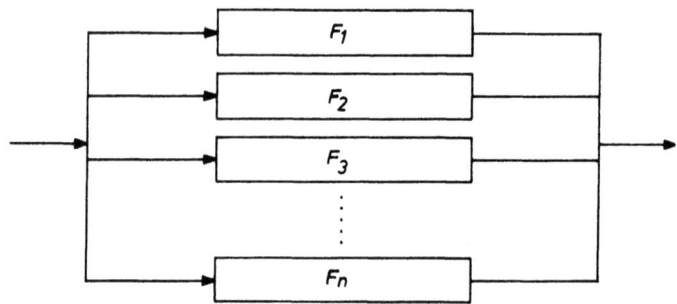

Abb. 1.12.62: Parallelanordnung von n Funktionseinheiten $F_1 \ldots F_n$ gleichen Typs

Solche Anordnungen haben zur Durchsatzsteigerung bisher deshalb keine Bedeutung gehabt (ausgenommen Steigerung des Durchsatzes von Speichern, vgl. 6.3, 8.3), weil wiederum der Aufwand linear mit der Leistung wächst. Es gibt allerdings drei Gesichtspunkte, die langfristig zu einer anderen Beurteilung führen:

a. Neue Herstellverfahren (Großintegration, large scale integration) ergeben geringere Kosten für Baugruppen großer Stückzahl. Damit wird die Leistungssteigerung durch Parallelanordnung vieler gleichtypiger Funktionseinheiten annehmbar.

b. Wartungskosten für Rechenanlagen wachsen über die Herstellkosten hinaus. Der Ausfall einer Funktionseinheit in einer Parallelanordnung führt nicht zu Ausfall des Systems, sondern nur zu einer Durchsatzminderung. Damit werden kleinere Wartungsaufwendungen möglich.

c. Die Kette "verschenkt" einen Teil der Bearbeitungszeit durch Blockierung bzw. Pufferung. Erschöpft sich der technologische Fortschritt (vgl. Abschnitt 10), so wird die Parallelanordnung auch deshalb attraktiver, da sie Durchsatzgewinn ohne Erhöhung der Bearbeitungszeit bietet.

Die Parallelanordnung unterliegt wie die Kette Leistungsminderungen, wenn ein Auftrag erst dann gegeben werden kann, wenn der i te Vorauftrag erledigt ist. In einer Funktionseinheit der Kapazität k > i bleibt dann die Füllung kleiner als die Kapazität, und in Kette und Parallelanordnung sinkt der relative Durchsatz mit der relativen Füllung ab. In einer Parallelanordnung ergeben sich zusätzliche Durchsatzhemmungen durch Blockierung, wenn man nicht zulassen darf, daß sich Ergebnisse überholen.

In den Abschnitten 3.6 und 3.11 wird dargestellt, wie eine synchrone Kette (Fließband) als "Zentralprozessor" im Rechner eingesetzt werden kann. In diesem Fall ergeben sich zusätzliche Komplikationen, weil mehrere Glieder des Fließbandes Operanden aufnehmen und Ergebnisse abgeben.

Gelegentlich werden Fließbänder eingesetzt, deren Funktion zentral steuerbar ist (Rechenwerke). In speziellen Rechnern werden synchron arbeitende Parallelanordnungen verwendet, die ebenfalls zentral steuerbar sind (Feldrechner, 9.2). In beiden Fällen wird das System jeweils für ein "Los" von m Aufträgen eingerichtet und dann auf einen anderen Auftragstyp umgeschaltet. Damit ergibt sich eine weitere Durchsatzhemmung, die von den früher betrachteten unabhängig ist. Wir betrachten diese Hemmung, indem wir (Abb. 1.12.65) die Gesamtbearbeitungszeit für ein "Los" von m Aufträgen, b_m, mit dem Parameter g (Zahl der Glieder des Fließbandes und n (Zahl der parallelen Funktionseinheiten) für g = n darstellen (vgl. [Flynn M 72], [Graham W 70]) und (Abb. 1.12.66) den mittleren relativen Durchsatz und die mittlere relative Füllung unter denselben Voraussetzungen. Die Bearbeitungszeit je Glied in der Kette schwankt nicht; der maximale Durchsatz

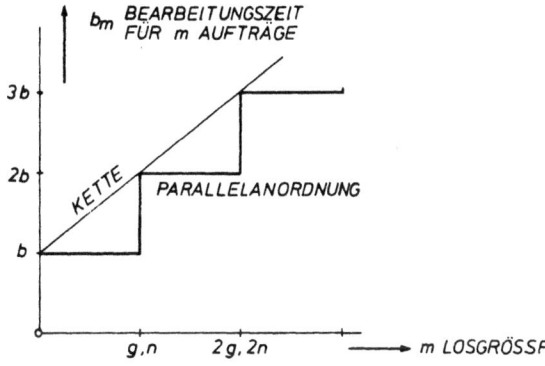

Abb. 1.12.65: Bearbeitungszeit b_m für ein Los von m Aufträgen (Bearbeitungszeit eines Auftrags: b) für Fließband von g Gliedern und Parallelanordnung von n Gliedern (g = n)

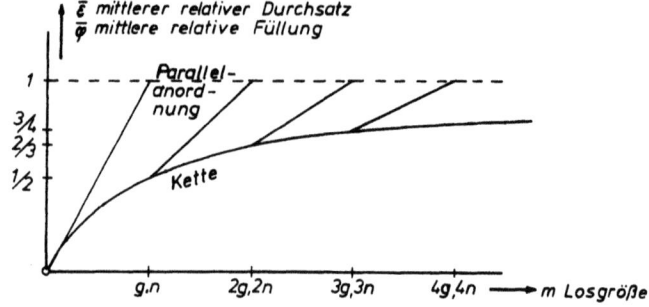

Abb. 1.12.66: Mittlerer relativer Durchsatz und mittlere relative Füllung eines Fließbandes von g Gliedern und einer Parallelanordnung von n Gliedern (g=n) bei einer Losgröße von m Aufträgen

der Kette ist damit

$$c_{Kette} = \frac{g}{b} \qquad (1.12.67)$$

und ebenso groß wie der der Parallelanordnung

$$c_{Parallel} = \frac{n}{b} \; . \qquad (1.12.68)$$

Bei Füllung bis zur Kapazität n bietet die Parallelanordnung linear ansteigenden mittleren relativen Durchsatz. Wächst die Losgröße über die Kapazität, so werden 2, 3 ... Teillose der Größe n gebildet, womit sich die gezeigte mittlere relative Füllung und der mittlere relative Durchsatz ergibt. Die Bearbeitungszeit b_m steigt in Sprüngen um b.

Die Kette zeigt eine Bearbeitungszeit b_m, die linear von b ansteigt, und eine mittlere relative Füllung $\bar{\varphi}$ und einen mittleren relativen Durchsatz $\bar{\varepsilon}$

$$\bar{\varepsilon} = \bar{\varphi} = \frac{m}{m+g-1} \; , \qquad (1.12.69)$$

wie man leicht an einem Zeit-Diagramm der Kette nachweisen kann.

1.13 Zuverlässigkeit

Funktionseinheiten erbringen gelegentlich nicht beabsichtigte Zustandsänderungen. Solche Zustandsänderungen nennen wir Fehler (malfunction). Ursachen für solche Effekte sind:

Ausfälle (failures): Bauelemente werden funktionsunfähig, sei es durch innere Prozesse (z.B. Diffusion) oder durch äußere Prozesse (z.B. Überspannung, Übertemperatur, chemische Agression);

Störungen (interference): Zugleich ablaufende Prozesse führen zu Fehlern, ohne daß ein Element funktionsunfähig bleibt: elektromagnetische Störungen (von außen, von innen), mechanische Erschütterungen.

Das Auftreten von Fehlern wird im allgemeinen als stochastischer Prozeß angesehen, insbesondere das Auftreten von Ausfällen, das man nach einer Anfangsphase mit guter Näherung als einen Poissonprozeß ansehen kann, wenn die Betriebsbedingungen gleich bleiben. Die wichtigsten Kenngrößen sind (man vergleiche [DIN 40042],[DIN 40043])

MTBM (mean time between malfunctions) mittlerer zeitlicher Abstand aufeinanderfolgender Fehler,

MTBF (mean time between failures) mittlerer zeitlicher Abstand aufeinanderfolgender Bauelementeausfälle.

Für die Beurteilung der Funktionseinheit ist außerdem noch wichtig

MTTR (mean time to repair) mittlere Dauer einer Reparatur.

Hierunter wird nur die Zeit vom Beginn der Fehlersuche bis zum Nachweis der wiederhergestellten Funktion gerechnet. Als

(relative) Ausfallzeit (down-time) bezeichnet man den Anteil der planmäßigen Betriebszeit, der aus technischen Gründen nicht nutzbar war. Er ist erheblich größer als der Anteil der Reparaturzeiten an der planmäßigen Betriebszeit, da bei Auftreten eines Fehlers meist bereits durchlaufene Betriebszeiten teilweise nicht mehr nutzbar sind. Das Komplement zur (relativen) Ausfallzeit heißt

Verfügbarkeit (availability).

Für die Zuverlässigkeit ist schließlich von Bedeutung

Verhältnis von Zeit für vorbeugende Wartung zu planmäßiger Betriebszeit.

Die vorgestellten Zuverlässigkeitsmaße sind für Systeme meist nicht befriedigend. Zunächst ergibt sich eine Lastabhängigkeit dadurch, daß Störungen sich proportional mit der Auslastung einer Funktionseinheit bemerkbar machen; bei mechanischen Einheiten wachsen auch die Ausfälle mit der Auslastung. In Systemen spielt die Struktur des Graphs der Funktionseinheiten eine wesentliche Rolle für die Auswirkung eines Fehlers; mit wachsendem Gleichzeitigkeitsgrad steigt die Zahl der betroffenen Aufträge meist an und damit die Dauer der durch einen Fehler entwerteten früheren Betriebszeit. Ein globales Zuverlässigkeitsmaß hat daher immer Systemstruktur und Auftragsparameter ebenso einzubeziehen wie ein globales Verkehrsmaß (Durchsatz, Bearbeitungszeit).

Obwohl auch große Rechenanlagen Verfügbarkeiten über 95 % in der Regel erreichen, wird eine Verbesserung der Zuverlässigkeit erstrebt. Das liegt daran,

> daß neue Betriebsformen von Rechenanlagen auch kurze Betriebsunterbrechungen unerträglich erscheinen lassen (beständige, umgehende Bedienung des "Benutzers" bei Prozeßsteuerung, Teilnehmerbetrieb),

> daß die Wartungskosten heute bei fünfjährigem Betrieb so groß wie die Herstellkosten sind und daher eine weitere Verbilligung von Rechenanlagen auch den Wartungsaufwand senken muß.

Fehler können durch Verbesserung der Bauelemente (Vergrößerung der Herstellkosten), durch vorsichtigen Schaltungsentwurf (Vergrößerung der Herstellkosten und Verringerung der Geschwindigkeit), durch strukturelle und durch programmtechnische Maßnahmen vermieden werden. Strukturelle Maßnahmen greifen an folgenden Punkten an:

a. Fehlerentdeckung (in, neben, außerhalb Betrieb): redundante Codes und Algorithmen (einfachste Form: mehrfache Berechnung und Vergleich). Eine exakte Lokalisierung kann zurückgestellt werden. Außerdem können technische Parameter (Signalformen, Versorgungsspannungen, Temperaturen, Operationsdauern) überwacht werden. Außerhalb des Betriebes können Tests unter erschwerten Umständen (Grenzwerttests) durchgeführt werden.

b. Eindämmung der Wirkung: meist durch sofortigen Abbruch des betroffenen Prozesses.

c. Protokollierung des Prozeß- bzw. Anlagenzustands zum Zeitpunkt des Fehlers zur späteren Auswertung.

d. Wiederaufnahme des betroffenen Prozesses nach Korrektur oder aus einem früheren Zustand in geänderter Maschinenumgebung: hiermit werden nicht nur die Bedienungseigenschaften verbessert, sondern es wird auch an Wartung gespart.

e. Lokalisierung: eine Hierarchie von Testverfahren, die von elementaren Abläufen fortschreitend komplexe Abläufe überprüfen, wird mit dem Rechensystem entworfen.

f. Behebung: erste Ansätze in automatischer Unterlagenführung auf der Maschine.

1.14 Kosten

Die Beschaffung und der Betrieb von Geräten ist mit Kosten verbunden:

Beschaffung: Kaufpreis oder Herstellkosten und anteilige Entwicklungskosten, Installationskosten;

Betrieb: Kosten für Betriebsmittel (z.B. Strom, Datenträger, Leitungskosten, Bedienung, Wartung).

Bei Geräten der Informationsverarbeitung wird sehr oft kein Kaufpreis, sondern eine Miete bezahlt, so daß Beschaffungskosten ebenso wie Betriebskosten als zeitliche Kosten betrachtet werden. Die Beschaffung von Programmen und Daten ist ebenso mit Kosten verbunden: Kaufpreis, Entwicklungskosten (Programmentwicklungskosten sind oft höher als Geräteentwicklungskosten), Wartungskosten. Auch bei Programmen wird wie bei Geräten gelegentlich mit zeitlichen Kosten gerechnet.

Der Quotient zwischen Kosten einer Funktionseinheit und "Leistung" wird gelegentlich als Preis-Leistungs-Verhältnis bezeichnet. Im folgenden sollen stets zeitliche Kosten K_{FE} für eine Funktionseinheit angenommen werden; der Quotient

$$KDV_{FE} = \frac{K_{FE}}{c_{FE}} \qquad (1.14.1)$$

heißt Kosten-Durchsatz-Verhältnis. Der Quotient

$$\bar{Q}_A = \frac{K_{FE}}{d_{FE}} = \frac{1}{\epsilon_{FE}} \cdot KDV_{FE} \qquad (1.14.2)$$

gibt die auf einen mittleren Auftrag entfallenden Kosten an; diese hängen vom Kosten-Durchsatz-Verhältnis der Funktionseinheit und der Auslastung, also vom sich ergebenden Betriebsbild, ab. In einfachen Funktionseinheiten betragen die Kosten je mittleren Auftrag (vgl. 1.9.2)

$$\bar{Q}_A = \frac{K_{FE}}{d_{FE}} = K_{FE} (\bar{w} + \bar{s} + \bar{b} + \bar{l}) \qquad (1.14.3)$$

woraus man für einen Auftrag mit der Bearbeitungszeit b Kosten

$$Q_A = K_{FE} ((\bar{w} + \bar{s} + \bar{l})\frac{b}{\bar{b}} + b) \qquad (1.14.4)$$

festlegen kann. Andere Aufteilungen der Kosten sind möglich.

Wichtiges empirisches Gesetz: Die Kosten für mittel ausgebaute Rechenanlagen steigen mit der Wurzel des Durchsatzes (in Programmläufen gemessen): "Grosch'sches Gesetz". Genauer:

kleinste und größte Anlagen müssen aufwendiger sein. Wichtig ist, daß die Erfahrung nur für funktionell gleichartige Rechenanlagen gilt; Vergleiche zwischen universell und speziell brauchbaren Rechensystemen gehen natürlich zugunsten der speziellen aus.

Auch für viele Bauteile von Rechenanlagen gilt diese Erfahrung.

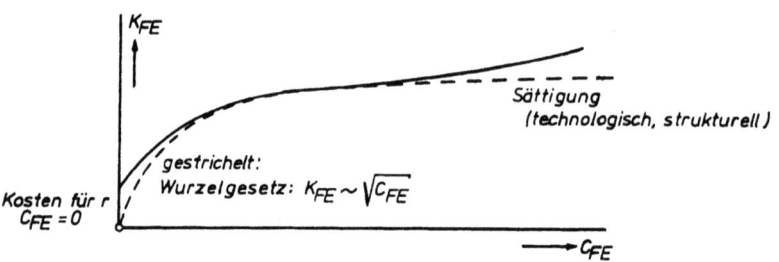

Abb. 1.14.5: Grosch'sches Gesetz

In jüngster Zeit werden Herstellungsverfahren für Baugruppen von Rechenanlagen eingeführt, die bei großen Stückzahlen erhebliche Kostenvorteile bieten (Großintegration). Große Stückzahlen von Baugruppen ergeben sich vor allem in Speichern; hier kommen sie gleichmäßig durchsatzstarken und durchsatzschwachen Anlagen zugute; außerdem ergeben sich große Stückzahlen aber für billige (d.h. durchsatzschwache) Anlagen, die damit billiger werden, als es das Grosch'sche Gesetz aussagt.

Für solche Funktionseinheiten, deren Kosten vor allem durch die Kapazität bestimmt werden (z.B. Speicher) kann man entsprechend ein Kosten-Kapazitäts-Verhältnis definieren. Es gilt ähnlich wie für das Kosten-Durchsatz-Verhältnis, daß das Verhältnis mit wachsender Kapazität kleiner wird. Für Lageraufträge L in einem Speicher Sp ergeben sich als mittlere Kosten je Auftrag

$$\bar{Q}_L = K_{Sp} \frac{\bar{f}_L}{f} \cdot b_L = K_{Sp} \frac{\bar{f}_L}{k \cdot \varphi} b_L \qquad (1.14.6)$$

worin $\bar{f}_L$ die mittlere Füllung durch den Auftrag L während der Lagerzeit b_L ist und f die in diesem Intervall erreichte mittlere Gesamtfüllung (alle Lageraufträge zusammen).

1.15 Dimensionierung

Der Entwurf eines Systems ist eine Optimierungsaufgabe: Unter einer großen Zahl von Nebenbedingungen ist eine Zielgröße zu einem Extremum zu machen (z.B. Maximum der "Leistung" oder Minimum des Aufwands). Für ein Rechensystem sieht dieses allgemeine Entwurfsproblem z.B. so aus:

Zielgröße: Gewogener Aufwand des Systems. Eine Größe

$$A_s = \sum_{k=1}^{n} g_k A_k \, , \qquad (1.15.1)$$

gewogener Aufwand des Systems, worin die A_k Herstell-, Entwicklungs-, Bedien-, Wartungs-, Betriebskosten verschiedener Funktionseinheiten und die g_k zugehörige Gewichtsfaktoren sind, die sich aus Stückzahlen, Kapitalkosten usw. bestimmen, ist zu einem Minimum zu machen.

Nebenbedingungen des Systems

Maximaler Durchsatz, Bearbeitungszeit (bei eventuell verschiedenen Durchsatzwerten), Speicherkapazität, Fertigstellungstermin für das System, Gewicht, Raumanspruch, Leistungsaufnahme, Umgebungsbedingungen, Konfigurationsfähigkeit, Zuverlässigkeitskennwerte usw. müssen wenigstens bestimmte zulässige Werte erreichen. Man vergegenwärtige sich, daß die Festlegung des maximalen Durchsatzes die statistische Auftragscharakteristik beinhaltet, also die benutzten Sprachen, Programmgrößen, Programmschrittzahlen, Ein/Ausgabe-Aktivitäten, Speicherzugriffscharakteristiken usw. . Meist wird man hier mehrere Nebenbedingungen festlegen (für verschiedene Auftragscharakteristiken).

Der Entwurf des Systems soll aufgrund der Nebenbedingungen ein zielgrößenoptimales System liefern. Tatsächlich ist man weit davon entfernt, die Nebenbedingungen exakt festlegen zu können; Rechensysteme werden mit beträchtlicher Unsicherheit entworfen und ausgewählt. Besäße man einen Entwurfsalgorithmus, so würde dieser das System in allen Einzelheiten festlegen. Hiervon ist man tatsächlich noch weiter entfernt.

Um wenigstens einzelne Prinzipien der Lösung der Entwurfsaufgabe zu übersehen, teilen wir die Eigenschaften des Systems in qualitative (strukturelle) Merkmale (etwa: Typ der Funktionseinheiten, Verbindungen zwischen ihnen, Zuteilungsstrategien für Aufträge) und quantitative Merkmale (etwa: Durchsatz, Bearbeitungszeit der Moduln des Systems, Speicherkapazität, Zuverlässigkeitswerte) und betrachten nur, wie in einem strukturell festgelegten System die quantitativen Merkmale am besten im Sinne der Optimierung gewählt werden. Sind m quantitative Merkmale festzulegen - wir werden sie auch die Systemparameter p_j ($j \in [1:m]$) nennen - so ist ein bestimmter Entwurf des Systems durch ein Werte-m-tupel beschrieben. Dieses m-tupel nennen wir eine Dimensionierung. Die Optimierung liefert eine optimale Dimensionierung.

Im allgemeinen ist man zur Lösung derartiger Optimierungsaufgaben auf iterative Verfahren angewiesen. Um Aufschluß über einige Prinzipien zu erhalten, beschränken wir uns auf den Fall, daß die Nebenbedingungen Gleichungen und nicht Ungleichungen sind und daß A_s und die L_{si} differenzierbare Funktionen der Systemparameter p_j sind. Dann gewinnt man nach der Methode der Lagrangeschen Multiplikatoren die Gleichungen

$$\frac{\partial A_s}{\partial p_j} - \sum_{i=1}^{n} (\lambda_i \cdot \frac{\partial L_{si}}{\partial p_j}) = 0 \quad \text{für alle } j \in [1:m] \quad (1.15.2)$$

und

$$L_{si} - L_{soi} = 0 \quad \text{für alle } i \in [1:n] , \quad\quad 1.15.3)$$

worin L_{so} die Vorgabe für die Systemleistung L_s ist.

Ein System, dessen Parameter so bestimmt sind, daß unter Einhaltung von Nebenbedingungen eine Zielgröße einen günstigsten Wert annimmt, nennen wir <u>ausgewogen dimensioniert</u> bezüglich dieser Zielgröße. Es muß nicht bezüglich dieser Zielgröße (absolut) optimal sein, weil es eine falsch gewählte Struktur haben kann; indessen wird bei ausgewogener Dimensionierung für jedes Leistungs-n-tupel (L_{so1}, ..., L_{son}) der minimale Aufwand erreicht;
damit läßt sich entscheiden, welche Struktur in diesem Punkt des Leistungsraumes überlegen ist (vgl. Abb. 1.5.4, wo der Vergleich dieser Strukturen I, II, III bezüglich einer Leistung L_{si} durchgeführt ist).

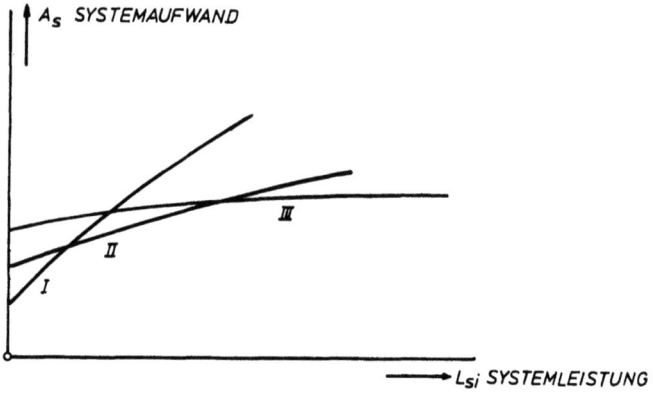

Abb. 1.15.4: Vergleich dreier Strukturen bezüglich des Systemaufwandes A_s bei Variation einer Systemleistung L_{si}

Ein einfacher Fall ergibt sich für nur eine Nebenbedingung. Man erhält dann

$$\frac{\partial A_s}{\partial p_j} - \lambda \frac{\partial L_s}{\partial p_j} = 0 \quad \text{für alle } j \in [1:m] \qquad (1.15.5)$$

und

$$L_s - L_{so} = 0. \qquad (1.15.6)$$

Dann ergibt - bei ausgewogener Dimensionierung - die Variation jeden Systemparameters ein gleiches

$\frac{dL_s}{dA_s}$; z.B. muß die Vergrößerung der Übertragungskapazität eines Kanals (differentiell) je zusätzlichem Aufwand genauso viel Erhöhung der Systemleistung erbringen wie die Vergrößerung des Hauptspeichers oder die Verkleinerung der mittleren Reparaturzeit für denselben Aufwand.

Hieraus ist der noch einfachere Fall ableitbar, daß bei einer Nebenbedingung der Systemaufwand sich als eine Summe von Teilaufwendungen A_j ansehen läßt, deren jede von nur einem Parameter p_j abhängt:

$$A_s = \sum_{j=1}^{m} A_j (p_j) . \qquad (1.15.7)$$

Wir erhalten dann wegen $\frac{\partial A_s}{\partial A_j} = 1$

$$\frac{dA_j}{dp_j} - \lambda \frac{\partial L_s}{\partial p_j} = 0 \qquad (1.15.8)$$

und $L_s - L_{so} = 0 .$ $\qquad (1.15.9)$

In einem solchen System führt bei ausgewogener Dimensionierung jede differentielle Vergrößerung eines Teilaufwandes zu derselben Vergrößerung der Systemleistung.

Beispiel (1.15.10): Eine Rechenanlage bestehe aus m Modulen mit dem Aufwand A_j und dem mittleren Fehlerabstand M_j ($j \in [1:m]$). Es sei eine lineare Abhängigkeit zwischen A_j und M_j gegeben:

$$A_j = a_j M_j + b_j . \qquad (1.15.11)$$

Die M_j fassen wir als Systemparameter p_j auf; die vorgegebene Systemleistung L_s sei der mittlere Fehlerabstand M_s des Gesamtsystems; er ergibt sich als

$$\frac{1}{M_s} = \sum_{j=1}^{m} \frac{1}{M_j} . \qquad (1.15.12)$$

Damit wird aus (1.15.8)

$$a_j + \lambda \frac{1}{M_j^2} = 0 \qquad (1.15.13)$$

woraus mit (1.15.12) folgt

$$M_j = \frac{M_s}{\sqrt{a_j}} \sum_{\nu=1}^{m} \sqrt{a_\nu} \qquad (1.15.14)$$

und

$$A_s = \sum_{j=1}^{m} A_j = M_s \left(\sum_{\nu=1}^{m} \sqrt{a_\nu} \right)^2 + \sum_{\nu=1}^{m} b_\nu \qquad (1.15.15)$$

Eine Rechenanlage bestehe aus Eingabeeinheit (1), Zentraleinheit (2) und Ausgabeeinheit (3). Die Aufwandsfunktionen mögen sein:

$$A_1 = 200 \, \frac{DM}{h} \cdot M_1 + 30.000 \text{ DM} \qquad (1.15.16)$$

$$A_2 = 30 \, \frac{DM}{h} \cdot M_2 + 300.000 \text{ DM} \qquad (1.15.17)$$

$$A_3 = 150 \, \frac{DM}{h} \cdot M_3 + 45.000 \text{ DM} \,. \qquad (1.15.18)$$

Verlangt sei M_s = 50 h mittlerer Fehlerabstand für die Anlage. Dann ist

$$M_1 = 114 \text{ h}, \qquad A_1 = 53.000 \text{ DM} \qquad (1.15.19)$$

$$M_2 = 293 \text{ h}, \qquad A_2 = 388.000 \text{ DM} \qquad (1.15.20)$$

$$M_3 = 131 \text{ h}, \qquad A_3 = 65.000 \text{ DM} \qquad (1.15.21)$$

und

$$A_s = 506.000 \text{ DM}. \qquad (1.15.22)$$

Aus denselben Gründen wird übrigens in einem ausgewogen dimensionierten System der differentiell aufwendigste Modul am höchsten ausgelastet. Die Empfindlichkeit des Systemdurchsatzes gegenüber dem maximalen Durchsatz eines Moduls wächst nämlich mit der Auslastung dieses Moduls; da erstere aber den differentiellen Kosten des Moduls proportional ist, da aus (1.15.5) sich

$$\frac{dA_j}{dc_j} - \lambda \frac{\partial L_s}{\partial c_j} = 0 \qquad (1.15.23)$$

ergibt, muß in einem ausgewogen dimensionierten System ein Modul umso höher ausgenutzt sein, je (differentiell!) teurer sein maximaler Durchsatz ist.

2. Rechensysteme

2.1 Begriffe

Ein <u>Rechensystem</u> (data processing system, computing system)
"ist eine Funktionseinheit zur Verarbeitung von Daten, nämlich zur Durchführung mathematischer, umformender, übertra-
gender und speichernder Operationen" [DIN 44300]. Der materielle Anteil eines Rechensystems heißt <u>Rechenanlage</u> (computer). Ein Rechensystem heißt <u>digital</u>, wenn es nur Zeichen
verarbeitet bzw. anders dargestellte Daten vor der Verarbeitung in Zeichen umwandelt. Ein Rechensystem heißt <u>analog</u>,
wenn es kontinuierliche Funktionen verarbeitet. In diesem
Buch werden nur digitale Rechenanlagen behandelt.

2.2 Interpretation

Ein Rechensystem ist - von außen gesehen - eine Funktionseinheit, die Rechenaufträge übernimmt und Ergebnisse produziert;
Ergebnisse sind Lageraufträge an die Umgebung (z.B. als gedruckte Ergebnisse) oder Lageraufträge an ihre internen Speicher (Abb. 2.2.1). Besonders kennzeichnend ist die Durchführung eines Auftrages durch schrittweise Abarbeitung der kom-

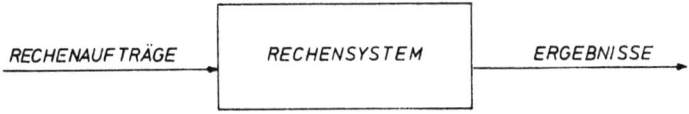

Abb. 2.2.1: Funktionseinheit Rechensystem

plexen Anweisung "Programm" (vgl. 1.4), die mit dem Auftrag
übergeben oder - ist sie bereits im Rechensystem gespeichert -
bezeichnet wird.

Die schrittweise Ableitung und Durchführung eines Auftrags-
prozesses nach einer komplexen Anweisung (Programm), bei der
in jedem Ableitungsschritt die vorgelegten Operanden und die
bisher gewonnenen Ergebnisse berücksichtigt werden können,
heißt <u>Interpretation</u> der komplexen Anweisung (anders:

[DIN 44300],[Gould I 71]; man vergleiche auch [Maurer W 70]).
Eine Funktionseinheit, die interpretiert, besteht offenbar
aus Untereinheiten:

a. Ein Speicher P für die komplexe Anweisung (das Programm);
   während des Interpretationsvorganges braucht in ihm nur
   gelesen zu werden, weshalb - soll die Funktionseinheit
   nach stets demselben Programm arbeiten - auch ein Schaltnetz (ein "Lese-Speicher" (read-only-memory)) seine Funktion übernehmen kann.

b. Eine Funktionseinheit SYNT, die die fortschreitende Zergliederung der komplexen Anweisung aufgrund der aktuellen
   Operanden- und Ergebnis-Umgebung übernimmt; dies ist eine
   syntaktische Analyse, weshalb die Funktionseinheit SYNT
   heiße; SYNT gibt Aufträge an eine oder mehrere Funktionseinheiten, die die gewünschten Operandentransformationen
   ausführen. Das Programm kann auch Anweisungen enthalten,
   die lediglich SYNT steuern. SYNT braucht für seine Arbeit
   Anfangswerte (z.B. einen Hinweis auf den ersten Programmschritt) und erzeugt Zwischenergebnisse, mit deren Hilfe
   es den jeweils folgenden Programmschritt gewinnen kann.

c. Ausführende Funktionseinheiten SEM, die von SYNT beauftragt werden und aus Operanden bzw. Zwischenergebnissen
   Ergebnisse bzw. Zwischenergebnisse herstellen. Diese Funktionseinheiten heißen semantisch, weil sie die Bedeutung
   der komplexen Anweisung verwirklichen.

d. Ein Speicher Z, der Operanden und Zwischenergebnisse aufnimmt, die bei der Arbeit von SYNT und SEM entstehen. SYNT
   und SEM müssen in ihm lesen und schreiben können; oft läßt
   man auch alle (äußeren) Ergebnisse der interpretierenden
   Funktionseinheit zunächst von SEM in diesen Speicher schreiben.

Die Funktionseinheit besteht folglich aus vier Untereinheiten
mit rückgekoppelten Auftragswegen (Abb. 2.2.2). SYNT leistet
eine Zergliederung der komplexen Anweisung in der Zeit, indem
es eine Folge von Aufträgen an SEM herstellt, und u.U. auch
im Raum, in dem es mehrere SEM beauftragt. SYNT und SEM sind
zueinander sequentielle Funktionen.

Das vorgestellte Schema tritt in Rechensystemen mehrfach auf,
wobei sich die einzelnen Verwirklichungen unterscheiden nach
z.B. folgenden Punkten:

a. Sind P, SYNT, SEM, Z der Funktionseinheit F fest zugehörig oder wird F erst eingerichtet, indem geeignete Funktionseinheiten in dieser Form zusammenarbeiten?

b. Wie geht SYNT bei der Zergliederung vor? Wie hält es den
   Zustand bei der Zergliederung fest, der ihm erlaubt, den
   "nächsten" Auftrag für SEM zu bestimmen?

c. Welche Anweisungen an SEM sind möglich?

d. Wird das Programm in P bei der Interpretation verändert?

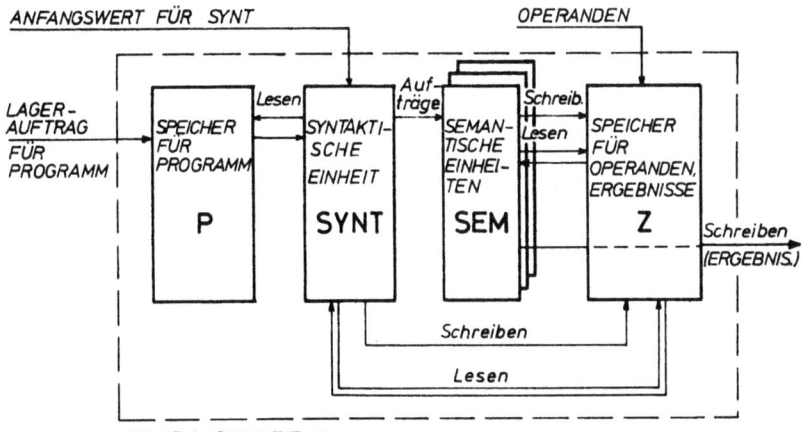

Abb. 2.2.2: Auflösung einer Funktionseinheit F, die ein Programm interpretiert, in die Funktionseinheiten P (Speicher für Programm), SYNT (syntaktische Einheit), SEM (semantische Einheit, u.U. mehrere), Z (Speicher für Zwischenergebnisse)

e. Mit welchen Vorsichtsmaßnahmen darf man gleichzeitigen Betrieb in SYNT und SEM zulassen? (Widerspricht dem Prinzip des schrittweisen Vorgehens, bei dem SYNT den Folgeauftrag aufgrund der mit dem letzten Auftrag erreichten Ergebnisse bestimmt). Mit welchen Vorsichtsmaßnahmen darf man SYNT oder SEM in eine Kette gleichzeitig belegbarer Glieder auflösen?

Die besondere Vielfalt und Unübersichtlichkeit solcher Vorgänge in Rechensystemen kommt aber dadurch zustande, daß SYNT und SEM natürlich ebenfalls intern durch Interpretation vorgehen können, d.h. ihrerseits ebenso zerfallen; sie können (vgl. oben) ihre Untereinheiten fest zugeordnet besitzen oder für ihre Funktion im Zeitmultiplexbetrieb zugeteilt erhalten (vgl. 2.7).

Die durch SYNT und SEM gebildete Funktionseinheit nennen wir Prozessor (processor). Eine etwas allgemeinere Definition: [Horning J 73].

2.3 von Neumann's Konzept

Im Jahr 1946 hatte die Planung von digitalen Rechenanlagen folgenden Stand erreicht, der in [Burks A 46] - mit vielen detaillierten Erwägungen - niedergelegt wurde und wegen der wesentlichen Beiträge des Mathematikers John von Neumann (1903-1957) meist als "von Neumannsche Prinzipien" referiert wird:

a. Die Rechenanlage besteht aus den Funktionseinheiten Speicher (storage, memory), Leitwerk (control unit), Rechenwerk (arithmetic unit), Ein-Ausgabe-Geräten (input/output units). In [Burks A 46] heißen diese Funktionseinheiten memory organ, control, arithmetic organ, input/output. Wir werden im folgenden sehen, daß hier ein spezielles Interpretationsschema (vgl. 2.2) aufgebaut wird, in dem die Funktionseinheiten P und Z durch den Speicher, SYNT durch das Leitwerk, SEM durch Rechenwerk und Ein-Ausgabe-Geräte verwirklicht werden.

b. Die Struktur der Anlage ist unabhängig vom bearbeiteten Problem. Das Problem wird durch einen austauschbaren Inhalt des Speichers beschrieben, die Rechenanlage ist also speicherprogrammierbar (vgl. 1.3). Dies unterscheidet sie von anderen automatischen Rechengeräten, z.B. Rechenlochern, extern (d.h. durch passend gesteckte Verbindungen) strukturierten Analog- oder Digitalrechnern. - Wir werden die Begriffe Rechensystem/ Rechenanlage stets mit der Einschränkung benutzen, daß ein gespeichertes Programm auszuführen ist.

c. Anweisungen und Operanden (Zwischenergebnisse) werden in demselben physischen Speicher untergebracht. An die Möglichkeit, diesen Umstand dazu auszunutzen, bei der Interpretation das Programm ergebnisbedingt zu verändern, knüpften sich anfangs besonders große grundsätzliche Erwartungen; man sah im Laufe der 60er Jahre ein, daß eine Veränderung des Programms durch die Interpretation nicht nur ein Sicherheitsrisiko beinhalte, sondern auch die konkurrente Interpretation eines Programmes erschwerte oder unmöglich machte und - im Mehrprogrammbetrieb (vgl. 2.5) - zusätzliche Transportoperationen erforderte (vgl. 2.8, 3.4). Die gewünschte Wirkung - die Interpretation wird aufgrund von Zwischenergebnissen variiert - läßt sich mit bedingten Sprüngen (vgl. 6) und besonderen Adressierungstechniken (vgl. 3.4) auch ohne Veränderung des Programms erzielen. Ein durch den Prozeß nicht verändertes Programm heißt auch ablaufinvariant (pure procedure).

d. Der Speicher wird in Zellen (cell) gleicher Größe geteilt, die fortlaufend numeriert werden; die Nummern heißen Adressen (address).

e. Das Programm wird dargestellt als Folge von elementaren Anweisungen (Befehlen), die - z.B. zu zweit eine Zelle füllend - in der Reihenfolge der Ausführung in Zellen steigender Adresse gespeichert werden. Gleichzeitige Abarbeitung von Befehlen wurde von von Neumann nicht in Aussicht genommen. Jeder Befehl enthält einen Operator (den Operationscode) und eine Angabe zur Bezeichnung eines Operanden. Diese Angabe ist in der Regel nicht der Operand, sondern ein Verweis (reference) in Form der Adresse der Zelle, die den Operanden enthält. Dieser Umstand ist von großer Bedeutung, weil er erlaubt, das Programm unabhängig von den Werten der Operanden, also universell, zu formulieren; in Einzelfällen wird hiervon abgewichen (vgl. 3.4). - Mit diesen Festlegungen entsteht ein sehr einfaches Leitwerk zur Realisierung der Funktion SYNT: Das Leitwerk hat zur Erreichung des nächsten Befehls(paars) lediglich die aktuelle Befehlsadresse um 1 zu erhöhen. Es erhält dazu ein "Register", das die aktuelle Befehlsadresse aufnimmt und mit einer Zählvorrichtung versehen ist; das Register heißt Befehlszähler (instruction counter, program address register).

f. Abweichungen von der gespeicherten Reihenfolge der Befehle werden durch gesonderte Befehle - Sprungbefehle (jump instructions) - ausgelöst. Sie enthalten anstelle einer Operandenangabe das "Ziel", d.h. die Adresse, an der der Befehl zu finden ist, mit dem das Programm fortzusetzen ist. Sprünge können bedingt sein (conditional), d.h. abhängig von erarbeiteten Ergebnissen - hiermit wird der Rückkopplungsweg von Z auf SYNT (ergebnisabhängige Zergliederung der Komplexanweisung) hergestellt - oder unbedingt (unconditional). Die Realisierung im Leitwerk ist höchst einfach: dem Sprungbefehl wird die Adresse entnommen und in den Befehlszähler übertragen, womit das Leitwerk den nächsten Befehl aus der im Sprungbefehl bezeichneten Zelle beschaffen wird. - Die bedingten Sprünge erlauben die gewünschte Abhängigkeit des Rechenprozesses von den Operanden und Ergebnissen. Es sei bemerkt, daß die von Neumann'sche Maschine natürlich deterministisch ist, wenn auch Verlauf und Ergebnisse der Rechnung zum Zeitpunkt der Herstellung des Programmes meist nicht vollständig bekannt sind.

Es ergibt sich also jetzt das folgende Bild der prinzipiellen Wirkungsweise der Maschine (Abb. 2.3.1): Zu Beginn der Programmausführung enthält der Befehlszähler im Leitwerk die Adresse des ersten Befehls des Prozesses. Die Adresse wird der Lese/Schreibsteuerung des Speichers (vgl. 1.9) zugeführt, die sie zur Auswahl einer Zelle benutzt und eine Kopie des Zelleninhalts ausliefert (Leseauftrag erledigt). Der Inhalt des Befehlszählers wird um 1 erhöht. Das ausgelieferte Wort ist der erste Befehl; es gelangt in ein Register, in dem es während der Operation bereitgehalten wird (Befehlsregister, instruction register). Dieses leitet den Operator einem Entschlüßler (decoder) zu. Ein Entschlüßler ist eine Funktionseinheit, die als Eingangsgröße ein Wort fester Länge aufnimmt und als Ausgangsgröße ein Wort von so vielen Bits liefert, wie es voneinander verschiedene Werte des Eingangswortes gibt.
Das Ausgangswort enthält genau eine L; alle anderen Stellen sind null. Man gewinnt also - technisch gesehen - für jeden Operator genau ein Signal (eine Leitung), das aktiviert wird und zur Auslösung der Operation in der Maschine dient. Der Adreßteil des Befehles kann die Operanden bezeichnen oder das Sprungziel. Im ersten Fall gibt die Steuerung des Leitwerkes einen oder mehrere Leseaufträge an den Speicher und transportiert die gelieferten Operanden in das Rechenwerk, wo sie in Registern zwischengespeichert werden. Im zweiten Fall ist - unbedingter Sprung - lediglich die Zieladresse aus dem Befehl in den Befehlszähler zu übertragen, oder - bedingter Sprung - es wird ein Kriterium überprüft (z.B. Inhalt eines Registers im Rechenwerk oder einer Zelle im Speicher), von dem die Übertragung der Zieladresse abhängt. Sprungoperationen sind damit schon abgeschlossen. War aber die Ausführung einer Rechenoperation verlangt, so wird vom Entschlüßler dem Rechenwerk die Art der Operation angegeben; das Rechenwerk arbeitet nun an der Erledigung der Operation; das Leitwerk wartet und wird mit der Fertig-

meldung des Rechenwerkes wieder synchronisiert. Im allgemeinen ist nun ein Ergebnis aus dem Rechenwerk in den Speicher zu transportieren. War der Befehl ein Ein/Ausgabe-Auftrag, so ist dasselbe Steuerungsschema anwendbar; der Speicher dient als Senke/Quelle für die Ein/Ausgabe. Allerdings ist es wegen der großen Dauer der Ein/Ausgabe-Operationen kaum erträglich, das Leitwerk warten zu lassen. Nach Fertigmeldung und etwa notwendigem Ergebnistransport kann der Vorgang von neuem beginnen. - Der Speicher besteht (siehe 1.9) aus einer Lese/Schreibsteuerung, dem in Zellen geteilten Speichermedium und einem Entschlüßler, der die Adresse in die Aktivierung genau einer Zelle umsetzt.

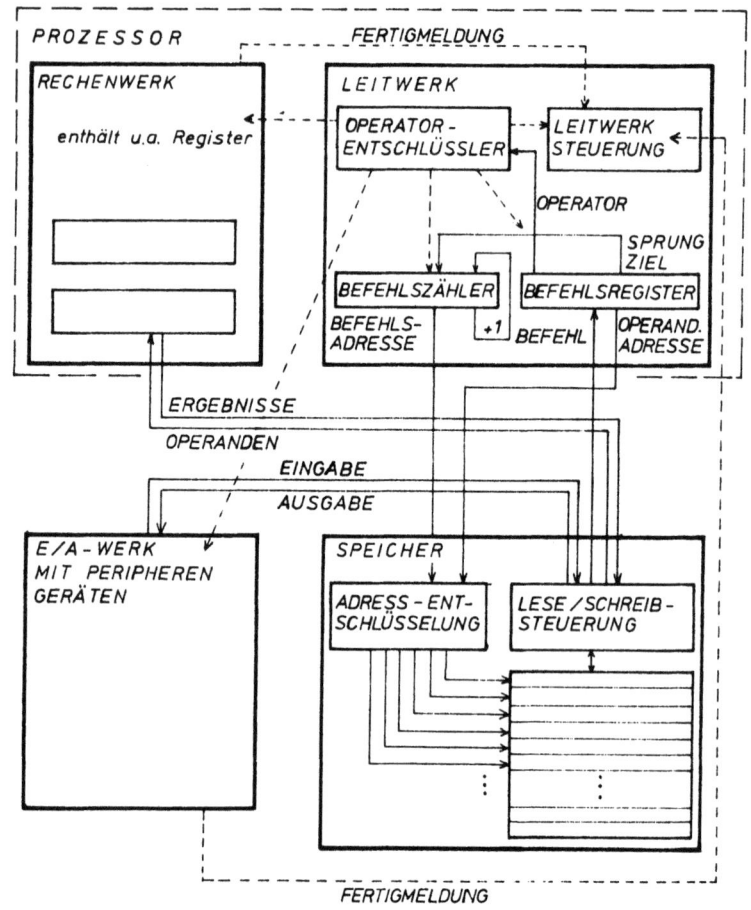

Abb. 2.3.1: von Neumann'sche Maschine

g. Es werden <u>Binärzeichen</u> bzw. <u>Binärsignale</u> verwendet, um alle Daten (Befehle und Operanden und maschineninterne Größen wie Adressen) darzustellen. Die numerischen Operanden sollen <u>Dualzahlen</u> (Radixschreibweise, Basis 2) sein. Von Neumann beschrieb alle wichtigen Algorithmen des dualen Rechnens.

Das von Neumann'sche Interpretationsschema erlaubt die Konstruktion eines sehr einfachen Leitwerkes und erzwingt dafür eine syntaktisch arme Programmsprache, die zur Programmierung kaum geeignet ist. Je billiger Maschinenarbeit im Verhältnis zu menschlicher Arbeit wurde (vgl. Abschnitt 10) und je komplexer die Programme wurden, umso weniger annehmbar wurde die "Maschinensprache" für den Benutzer. Überraschenderweise wurde aber nur in Ausnahmefällen das von Neumann'sche Interpretationsschema zugunsten syntaktisch komplexerer Schemen ersetzt (etwa: [Weber H 67],[Wilner W 72a]), fast durchweg wird die Transformation auf syntaktisch komplexere Schnittstellen zwischen P und SYNT durch eine Substitution von Interpretationen durchgeführt, die auf das von Neumann'sche Schema zurückführen (vgl. 2.7), oder durch Programmübersetzung.

Es ist ebenso erstaunlich, daß die von Neumann'schen Prinzipien für die weit überwiegende Anzahl von Rechenanlagen im wesentlichen gültig geblieben sind. Wichtige Abweichungen sind:

a. gleichzeitige Prozesse in den Funktionseinheiten
b. Befehle werden vielfältig strukturiert, insbesondere mehrere Adressen, Hilfsangaben; gelegentlich Befehle unterschiedlichen Formats in einer Anlage
c. Adressierung verläuft über eine Folge von Transformationen, die es vor allem erlauben, ohne Änderung der Adressen in den Befehlen wechselnde Operandenzellen zu benutzen und das Programm an wechselnden Orten im Speicher zu lagern.
d. externe Signale werden vom Leitwerk zusätzlich bei der Interpretation berücksichtigt
e. durch Komposition von Strukturen aus den von Neumann'schen Bausteinen entstehen Mehrprozessor-Anlagen, Feldrechner und Rechnernetze; diese machen jedoch bisher nur einen unbedeutenden Anteil aller Rechner aus.

Schließlich ist es erstaunlich, daß sich die von Neumann'sche Struktur auch unter stark veränderten Betriebsformen behaupten konnte (vgl. 2.5).

2.4 Klassifizierung und Gliederung von Rechenanlagen

Eine Einteilung der Rechenanlagen nach Klassen der bevorzugten Anwendung ist zunächst nahegelegt und erweist sich als bemerkenswert schwierig. Dies ist ein weiterer erstaunlicher Zug des von Neumann'schen Schemas, so weitgehend anpassungsfähig zu sein, daß die große Vielfalt der Anwendungen nicht zu einer Vielfalt von Strukturen geführt hat; die meisten strukturellen Unterschiede gehen auf unterschiedliche technologische oder genealogische Voraussetzungen der Rechenanlagen zurück. In 2.5, 2.6, 2.9 und 8.2 werden Einflüsse von Betriebsform, Wortlänge, Serien/Parallel-Prinzip und Anwendungen dargestellt.

Eine prinzipielle Klassifizierung ist ziemlich einfach aus dem Interpretationsschema herzuleiten [Flynn M 72], beläßt jedoch fast alle bisher installierten Rechenanlagen in einer Klasse. Er betrachtet die Zahl der gleichzeitigen Interpretationen, nennt sie "Zahl der Befehlsströme" und klassifiziert nach

SI: ein Befehlsstrom (single instruction stream)

MI: mehrere Befehlsströme (multiple instruction streams).

Im von Neumann'schen Schema erzeugt das Leitwerk nicht nur einen Befehlsstrom, sondern auch einen Operandenstrom. Es sind auch Organisationen eingeführt worden, in denen ein Befehlsstrom auf mehrere Operandenströme einwirkt (Feldrechner). So unterscheidet man zusätzlich nach

SD: ein Operandenstrom (single data stream)

MD: mehrere Operandenströme (multiple data streams).

Man gewinnt damit eine Einteilung, die neben der von Neumann-Maschine (die heute die in 2.3 beschriebenen Erweiterungen aufweist) von ihr abgeleitete Maschinen enthält (vgl. Abb. 2.4.1). Ein verfeinertes Schema findet sich in [Händler W 74b] .

Die Untergliederung von Rechenanlagen (vgl. Abb. 2.4.2) trennt zunächst in Zentraleinheit (central unit) und Peripherie. Die Peripherie (peripherals) besteht aus einer Menge von Geräten, die über uniforme Schnittstellen (Kanal-Schnittstellen (channel interface) an die Zentraleinheit angeschlossen sind. Dieselbe Schnittstelle erlaubt die Verbindung mehrerer Rechenanlagen zu Rechnernetzen (computer network), meistens durch zwischengeschaltete Einheiten.

Die Peripherie umfaßt drei Klassen von Geräten: Eingabegeräte, Ausgabegeräte und periphere Speicher. Es sind Bauformen und Betriebsformen möglich, bei denen sich die durch diese Einteilung gezogenen Grenzen verwischen.

Eingabegeräte (input device): mit ihnen nimmt das System Daten von außen auf. Eingabegeräte sind z.B. Lochkartenleser (card reader), Lochstreifenleser (paper tape reader), Magnetbandgeräte (magnetic tape transport), Diagrammabtaster (diagram scanner), Tastaturen (keyboard) (an Schreibmaschinen (type writer)), Fernschreibern (tele type writer), elektronischen Sichtgeräten (display), Schriftlesegeräte (character reader), binäre Fühler (binary sensor), Analog-Digital-Wandler (analog-to-digital converter);

Ausgabegeräte (output device): mit ihnen gibt das System Daten nach außen ab. Ausgabegeräte sind z.B. Drucker (printer), Schreibmaschinen, Fernschreiber, Sichtgeräte, Lochkartenstanzer (card punch), Lochstreifenstanzer (paper tape punch), Magnetbandgeräte, Zeichengeräte (plotter), Schalter (switch), Digital-Analog-Wandler.

Ein kombiniertes Ein-Ausgabe-Gerät, das einem Benutzer direkten Informationsaustausch mit dem Rechensystem erlaubt, heißt Benutzerstation (user terminal). Hierzu zählen z.B. Fernschreiber, Sichtgeräte mit Tastatur.

Klassifikation nach [Flynn M 72]	SISD	MIMD	SIMD	MISD
Name	von Neumann-Maschine	Mehrprozessoranlage aus SISD	Feldrechner	Prozessorkette
Anzahl 1974	ca. 200.000	< 1000	< 10	?
Zahl gleichzeitiger Befehlsströme	1	2..4	1	2..10
Zahl gleichzeitiger Operandenströme	Ebenso groß wie Zahl der Befehlsströme		16..1024	1
Hauptentwurfsziel	Universalität	Leistungssteigerung bestehender Anlagen	Hoher Durchsatz in uniformen, gleichzeitigen Prozessen	Hoher Durchsatz in uniformen, sequentiellen Prozessen
Wird behandelt in Abschnitt	3 bis 8	8.5	9	(9)

Abb. 2.4.1: Typen von Rechenanlagen nach Zahl unabhängiger Befehls- und Operandenströme

Periphere Speicher (peripheral storage, auxiliary storage) sind solche Speicher, die aus technischen Gründen nicht, wie der Zentralspeicher, innerhalb der Zentraleinheit betrieben werden. Hierzu gehören vor allem Speicher mit bewegten magnetisierbaren Schichten, wie Plattenspeicher (disk storage), Trommelspeicher (drum storage) und - oft in dieser Funktion zusätzlich - Magnetbandgeräte. Andere Bauformen, die optische Speicherung benutzen, haben sich bisher nicht allgemein durchgesetzt. Periphere Speicher erlauben meist keine wortweise Adressierung.

In der Peripherie sind meist zwei Funktionen durch eine wei-

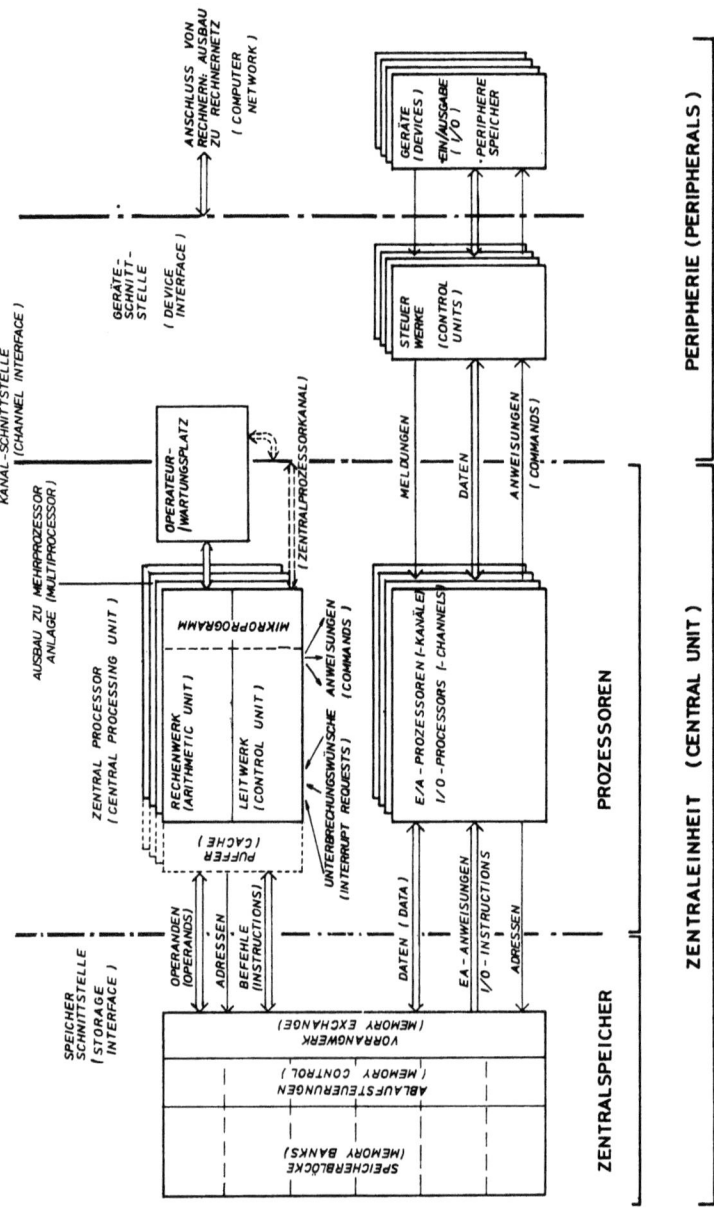

Abb. 2.4.2: Wichtigste Verkehrswege und Schnittstellen in Rechenanlagen

tere, gerätespezifische Schnittstelle (device-interface) getrennt: das eigentliche Gerät (device), und das elektronische Steuerwerk (control unit), das das Gerät an die Kanalschnittstelle anpaßt; diese Funktion wird oft für mehrere Geräte in einem Steuerwerk vereinigt. Durch Datenübertragung (data transmission) lassen sich Geräte an einem entfernten Ort betreiben.

Die <u>Zentraleinheit</u> (oft auch Rechner genannt) besteht aus <u>Zentralspeicher</u> (central storage) und Prozessoren (processors). Der Zentralspeicher umfaßt immer einen <u>Hauptspeicher</u> (main memory) und gelegentlich einen <u>Ergänzungsspeicher</u> (extended store). Der Hauptspeicher ist stets, der Ergänzungsspeicher gelegentlich "adressierbar", d.h. er kann Lese- und Schreibaufträge unter Bezeichnung einer Adresse ausführen. Ergänzungsspeicher werden in einer Technik, die der des Hauptspeichers gleicht, gebaut, sind etwas langsamer und billiger, und haben stets eine Vorrichtung zum blockweisen Austausch von Daten mit dem Hauptspeicher (etwas abweichend: [DIN 44300]).

Der Hauptspeicher ist meist aus mehreren technisch unabhängigen Speichermoduln mit eigenen Steuerungen aufgebaut; die Parallelanordnung (vgl. 1.12) erlaubt eine Anpassung der Kapazität an die Bedürfnisse und erhöht den maximalen Durchsatz auf das Vielfache des maximalen Durchsatzes eines einzelnen Moduls. Die konkurrierenden Aufträge der Prozessoren werden meist über ein Vorrangwerk geordnet, das Verkehrswege und Speichermoduln zuteilt.

Die Prozessoren realisieren die Funktionen SYNT und SEM des Interpretationsschemas: insbesondere realisiert der <u>Zentralprozessor</u> oder Rechnerkern (central processing unit, CPU) das von Neumann'sche Interpretationsschema. Er zerfällt in Leitwerk und Rechenwerk; gelegentlich treten Zentralprozessoren auf, die ihren Speicherverkehr nicht direkt, sondern über Pufferspeicher abwickeln (z.B. sogenanntes Cache Memory). Sind Leitwerk oder Rechenwerk ihrerseits durch einen Interpretationsvorgang verwirklicht, so ergibt sich ein Beispiel für Mikroprogrammierung; dann gehören zu den Werken Einheiten vom Typ P, SYNT, SEM, Z (vgl. 2.2), die dann z.B. Mikroprogrammspeicher (P) und Mikroleitwerk (SYNT) heißen. Das Leitwerk erlaubt oft die Unterscheidung in einen Teil, der der Interpretation des Programms dient (Befehlswerk) und einen Teil, der Signale aus der Zentraleinheit ("Alarme") und aus der Peripherie ("Eingriffe") aufnimmt und zur <u>Unterbrechung</u> (interrupt) des laufenden Interpretationsvorganges verwenden kann (Unterbrechungswerk).

Zentralprozessoren können oft Peripheriegeräte über eigene Kanalschnittstellen bedienen, wovon meist für den Operateurarbeitsplatz und den Wartungsarbeitsplatz, bei kleinen Maschinen aber auch für den allgemeinen Peripheriebetrieb Gebrauch gemacht wird. In jüngster Zeit wird der Wartungsarbeitsplatz zu einem eigenen Wartungsprozessor ausgeweitet, der unabhängig Funktionen der Anlage neben und außerhalb des Betriebs überprüfen kann.

In allen außer den kleinsten Rechenanlagen gibt es neben dem
Prozessor ein autonomes Ein/Ausgabewerk, das die Verbindung
zur Peripherie herstellt. Der Begriff Ein Ausgabe wird in
einer Rechenanlage in zwei Perspektiven verwendet:

- Perspektive der Rechenanlage: Ein-Ausgabe ist jeder Datenverkehr mit der Außenwelt (Nicht-Rechensystem): daher
  "Ein/Ausgabe"-geräte
- Perspektive der Zentraleinheit: Ein-Ausgabe ist jeder Datenverkehr mit der Außenwelt (Nicht-Zentraleinheit, also
  Ein/Ausgabegeräte und periphere Speicher): daher "Ein/-
  Ausgabe"-werk.

Als Kanal (channel) bezeichnet man eine Funktionseinheit, die
einen Datenweg zwischen einem Steuerwerk und dem Zentralspeicher herstellt. Ein autonomes Ein/Ausgabewerk kann aus
Kanälen bestehen, insbesondere aber aus Ein/Ausgabeprozessoren (input/output processors). Von einem Ein/Ausgabeprozessor
werden wir immer dann sprechen, wenn eine Funktionseinheit,
die nicht Zentralprozessor ist, durch Interpretation eines
Programms im Hauptspeicher die Ein/Ausgabe abwickelt. Ein/-
Ausgabeprozessoren können Kanäle enthalten. Ein/Ausgabewerk
und Zentralprozessor arbeiten meist gleichzeitig; das Ein/-
Ausgabewerk verständigt den Zentralprozessor von der Beendigung des Übertragungsauftrags durch einen "Eingriff" im Leitwerk.

Einen Überblick über Funktionseinheiten eines Rechensystems
in die in Abschnitt 1 eingeführten Kategorien gibt Abb.
2.4.3.

2.5 Betriebsformen von Rechensystemen

Wir übertragen die in 1.11 definierten Betriebsformen auf Rechensysteme. Aufträge an Rechensysteme heißen Rechenaufträge
(computing jobs). Die Betriebsformen werden überwiegend durch
das Betriebssystem bestimmt, eine Menge zusammenwirkender
Programme, die durch Steuerung des zeitlichen Ablaufs und der
Lagerung der Benutzerprogramme den Betrieb im Sinne eines Optimierungszieles ordnen, Datenaustausch zwischen den Benutzerprozessen ermöglichen, Daten aus abgelaufenen Prozessen verwahren und Betriebsmessungen zur Abrechnung und Systemweiterentwicklung durchführen.

Wir verfolgen an Abb. 2.5.1 von einfachen, anfänglichen Betriebsformen fortschreitend, das Optimierungsziel des Betriebs, die Betriebsform, wobei zwischen der äußeren, vom Benutzer wahrgenommenen Form, und der inneren, im Rechensystem
vorliegenden Betriebsform getrennt wird, die entstehenden
Ansprüche an die Rechenanlage und allgemeine Auswirkungen.
Die Reihenfolge stellt zugleich eine historische Folge zwischen 1950 und 1970 dar, wenn man die letzte Form, Realzeitbetrieb, ausnimmt, für die es in der zweiten Hälfte der 50er
Jahre schon Beispiele gibt.

Bei einem Abschnittsbetrieb liegen Rechenaufträge im Sinne

FUNKTIONS-EINHEIT	KAPAZITÄT	MAXIMALER DURCHSATZ	BEARBEITUNGS-ZEIT	BESCHAFFUNGS-KOSTEN	MTBM	MTTR	
RECHEN-SYSTEM	1 BIS 100 RECHEN-AUFTRÄGE	10^{-1} BIS 10^2 RECHENAUFTR./h LEISTUNGSUNTER-SCHIEDE CA 10^6	0,01 BIS 10 h	10^4 BIS 5×10^7 DM	1 BIS 10^3 h	ca 1 h	MTBM BEZIEHT SICH AUF FEH-LER IRGENDEIN-ES SYSTEMTEILS
ZENTRAL-PROZESSOR	1 BIS 100 OPERATIONEN	10^3 BIS 10^8 OPERATIONEN JE SEKUNDE	10^{-3} BIS 10^{-7} SEK/OPERATION	10^3 BIS 10^7 DM	10^{-2} BIS 10^4 h	ca 1 h	
ZENTRAL-SPEICHER	10^4 BIS 10^8 BITS	10^5 BIS 2×10^7 OPERATIONEN/SEK	5×10^{-8} BIS 10^{-6} SEK	0,05 BIS 5 DM/BIT	10^7 BIS 10^{10} h JE BIT	ca 1 h	
PERIPHERER SPEICHER	10^7 BIS 10^{12} BITS	500 BIS 5 BLÖCKE JE SEK	0,01 BIS 0,2 SEK	5×10^{-3} BIS 5×10^{-4} DM JE BIT	ca 10^{12} h JE BIT	ca 10 h	MTBM OHNE KORRIGIERB. FEHLER
LOCHKARTEN-LESER	BIS 10^4 KARTEN	1 BIS 20 KARTEN JE SEK	0,5 BIS 1 SEK	5×10^3 BIS 2×10^5 DM	20 BIS 1000 h	ca 0,2 h	
DRUCKER	1 BIS 200 ZEICHEN	10 BIS 3000 ZEICHEN/SEK	0,1 BIS 0,05 SEK	10^4 BIS 2×10^5 DM	10^2 BIS 10^3 h	ca 0,5 h	
FERN-SCHREIBER	1..2 ZEICHEN	7 BIS 20 ZEICHEN/SEK	0,14 BIS 0,05 SEK	10^4 DM	10^3 h	ca 2 h	
BINÄRES SCHALT-GLIED	1 SIGNAL-N-TUPEL	10^5 BIS 10^9/SEK	10^{-5} BIS 5×10^{-10} SEK	0,5 BIS 20 DM (EINZELBAU-ELEMENT)	10^7 BIS 10^8 h	AUSTAUSCH 0,1 h	

Abb. 2.4.3: Funktionseinheiten eines Rechensystems nach den in Abschnitt 1 eingeführten Kategorien

Optimierungsziel	Äußere Betriebsform	Innere Betriebsform	Ansprüche an Anlage
Durchsatz des Rechensystems (→ minimale Kosten je Auftrag)	Abschnittsbetrieb (gestarteter Prozeß nimmt keine externen Nachrichten auf) (örtlicher) Stapelbetrieb	a. Serieller Betrieb des Rechensystems b. Abgesetztes EA-System, Band als Zwischenträger; serieller Betrieb der Zentraleinheit c. Mehrprogrammbetrieb I. E/A-Strom auf Platte gepuffert. E/A gleichzeitig zu rechnen. Zentralprozessor durch Unterbrechung im Multiplexbetrieb zwischen Eingabe, Verarbeitung, Ausgabe. "Spooling" d. Mehrprogrammbetrieb II. Zusätzliche Programme im Hauptspeicher sollen Durchsatz während aller Peripheriezeiten aufrecht erhalten	Zentralisierte Peripherie (billig), externe Datenhaltung auf Karten, Bändern b: E/A-Konverter, c: Plattenspeicher, möglichst Kanäle, Unterbrechung der Z.-Proz. zur Synchronisation, Privileg.Operationen, Speicherschutz d: Mehr Hauptspeicher, Hilfe für Abbildung Programmadressen → Maschinenadressen
Schrittweise Einbeziehung des Benutzers in Optimierung Datenträgertransportzeit entfällt	Stapelfernbetrieb	b, c, d geeignet	Entfernte Peripherie mit Datenübertragung (teuer), Konzentratoren, Front-End-Rechner
Angepaßte Benutzerstationen (Fernschr. Sichtgeräte), große Zahl gleichzeitig aktiv, Vorzug für Kleinaufträge	Teilnehmerbetrieb	e. Spezieller Mehrprogrammbetrieb: meist zyklischer Zeitscheibenbetrieb zur Bevorzugung von Kleinaufträgen; zyklisches Laden und Verdrängen (swapping), wenn Hauptspeicher nicht ausreichend; möglichst mit Rechnen überlappt	Benutzerstationen, Datenübertragung, Konzentratoren; schnelle Peripherie-Speicher: Trommeln, große (langsame) Kernspeicher, sonst Ansprüche wie d.
Befreiung von Datenhaltung beim Benutzer und wiederholter E/A.	Langfristige Datenhaltung	f. zusätzlich: Verwaltung des Prozeß-Erbes. Sicherung (Kopieren, Zugriffsschutz).	Große periphere Speicher (Platten, Bänder)
Auftrag muß nicht fertig formuliert sein, insbes. bei Codierung, Test)	Gesprächs-(Dialog-, interaktiver) Betrieb (gestarteter Prozeß nimmt äußere Nachrichten auf)	wie e; f aber erschwerte Zeitverhältnisse (EA-Wartezeiten relativ groß, zusätzliche Unterbrechungen)	
Erfüllung der Benutzertermine	"Realzeitbetrieb" (besser: Terminbetrieb) oft zugleich Dialog-Betrieb	Meist spezielle Lösungen, wo Terminsicherung sich gegen Durchsatz (Kosten) durchsetzt	Schneller Statuswechsel des Zentralprozessors, oft spezielle EA-Wandler

(Marginal annotations, top, right-to-left arrows:)
- Relativer Durchsatz des Zentralprozessors steigt / Relativer Durchsatz des Zentralprozessors sinkt
- Mittlere Bearbeitungszeit (Rechensystem) steigt
- Mehr Speicher
- Größe und Laufzeit des Betriebsystems steigt
- Lösung abhängig von Verhältnis E/A-Phase: Rechenphase

Abb. 2.5.1: Betriebsziele und Betriebsformen (ohne Multiprozessoranlagen und Rechnernetze)

von eigendeterminierten Aufträgen nach 1.3 vor; es gibt keine Wechselwirkung mit dem Benutzer bei der Bearbeitung des Auftrags; dieser (der Abschnitt) ist vielmehr bei Übernahme in das Rechensystem vollkommen festgelegt. Wählt man als Optimierungsziel die Minimierung des Kosten-Durchsatz-Verhältnisses des Rechensystems, so folgt zunächst, daß das ganze System an einem Ort konzentriert wird, insbesondere unter Verwendung weniger, aber leistungsfähiger Ein/Ausgabegeräte; der Abschnittsbetrieb ist dann ein örtlicher Stapelbetrieb (local batch processing); man beachte, daß Stapelbetrieb auch eine Bezeichnung für die inneren Betriebsformen a. und b. (vgl. unten) ist.

Verschiedene innere Betriebsformen eignen sich zur Verwirklichung eines örtlichen Stapelbetriebs. Welche am günstigsten ist, hängt von der Bemessung der Rechenaufträge und von Anlagenparametern ab. Rechenaufträge zerfallen in eine Sequenz von Peripherie-Aufträgen und Zentralprozessor-Aufträgen (Verarbeitungsaufträgen). Im einfachsten Fall liegt ein Verarbeitungsauftrag vor, dem ein Peripherieauftrag vorhergeht (Programm- und Operanden-Eingabe) und ein Peripherieauftrag (Ergebnis-Ausgabe) nachfolgt. Überwiegen die Peripheriebearbeitungszeiten, so heißt der Rechenauftrag peripherieintensiv, sonst verarbeitungsintensiv. Besitzt das Rechensystem zu einem Zeitpunkt nur einen Rechenauftrag, so wird er einen schlechten relativen Durchsatz (Auslastung) der Peripherie erzeugen, wenn er verarbeitungsintensiv ist, und einen schlechten relativen Durchsatz (Auslastung) des Zentralprozessors, wenn er peripherieintensiv ist (vgl. 8.3). Der letzte Fall ist dann schlechter, wenn der Kosten/Durchsatz - Gradient des Zentralprozessors im "Arbeitspunkt" höher als der der Peripherie ist (vgl. 1.15). Die skizzierte einfachste innere Betriebsform ist

a. Serieller Betrieb des Rechensystems.
Die Füllung beträgt höchstens eins; jeder Rechenauftrag wird ausgeführt, bevor sein Nachfolger übernommen wird. In einem engeren Sinn als oben wird auch diese Betriebsform Stapelbetrieb genannt (so [DIN 44300]). Aus den dargelegten Gründen ist sie nur akzeptabel bei sehr verarbeitungsintensiven Aufträgen oder relativ kleinem Aufwand für den durch schlechte Auslastung vergeudeten Prozessordurchsatz. Die Betriebsform erlaubt den kleinsten Betriebssystemaufwand, ergibt die besten Bearbeitungszeiten und hat den geringsten Speicherbedarf. Da der Durchsatz der Zentralprozessoren aber viel schneller gewachsen ist als der der peripheren Geräte, sind verarbeitungsintensive Aufträge selten geworden, weshalb diese Betriebsform in den Hintergrund getreten ist.

b. Betrieb mit abgesetztem E/A-System.
Peripherieintensive Aufträge ließen sich bei Kürzung der Peripheriephasen wirtschaftlicher behandeln. Darf man voraussetzen, daß bei Auftragsübernahme die Eingabe vollständig vorliegt (Abschnittsbetrieb), so kann man ein getrenntes Peripheriesystem einsetzen, das die Eingabe für eine Folge von Rechenaufträgen auf einen Zwischenspeicher (ein

Band) überträgt, von dem das der Verarbeitung dienende System sie in wesentlich kürzerer Zeit übernehmen kann, da der maximale Durchsatz eines Bandspeichers ca. 50 mal größer als der anderer Eingabegeräte (z.B. Lochkartenleser) ist. Damit erscheinen nun fast alle Aufträge verarbeitungsintensiv. Die Ausgabe wird wiederum auf ein Band übertragen und dann vom abgesetzten Peripheriesystem gedruckt. In das Verarbeitungssystem wird also mit jedem Band ein Stapel (batch) von Aufträgen eingebracht, was auch dieser Betriebsform die Bezeichnung Stapelbetrieb eingebracht hat. Das Peripheriesystem ist natürlich nur wirtschaftlich, wenn seine Zentraleinheit sehr geringe Kosten hat. Man nennt es auch einen E/A-Konverter. Beide Zentraleinheiten sind in seriellem Betrieb (Kapazität: ein Auftrag). Speicherbedarf und Bearbeitungszeit sind gegenüber a wesentlich angestiegen. Das Gesamtsystem ist im Simultanbetrieb.

c. Mehrprogrammbetrieb I.
Die innere Betriebsform b läßt sich im wesentlichen aufrechterhalten, wenn man eine einzige Rechenanlage verwendet. Man muß dann aber der Peripherie erlauben, dem Zentralprozessor einen Zeitmultiplexbetrieb zu diktieren, in welchem er zwischen Verarbeitung und E/A-Konversion wechselt, möglichst Kanäle einführen, die die Konversion über längere Zeit ohne Rückgriff auf den Zentralprozessor durchführen, und den Bandspeicher ersetzen durch einen Speicher, der für Zugriffe zu wechselnden Speicherorten besser geeignet ist: einen Plattenspeicher. Die schubweise Verarbeitung geht in einen kontinuierlichen Betrieb über. Der Zentralprozessor arbeitet nun im Mehrprogrammbetrieb (multiprogramming mode), in dem er zwischen einem Benutzerprogramm, Eingabe-Programm und Ausgabe-Programm wechselt. Die beiden letzten Programme gehören dem Betriebssystem an und müssen gegen ein möglicherweise fehlerhaftes Benutzerprogramm geschützt werden. Für das Betriebssystem werden privilegierte Operationen eingeführt (3.3), mit denen es alle Betriebsmittel in kontrollierter Form dem Benutzerprozeß übergeben und entziehen kann. Die Rückwirkungen auf die Anlage auf Größe und Laufzeitanteil des Betriebssystems sind beträchtlich. Das Rechensystem ist in einem Simultanbetrieb.

d. Mehrprogrammbetrieb II.
Man kann noch verlangen, daß der Zentralprozessordurchsatz während aller Peripheriephasen aufrechterhalten wird, also auch während des Ladens von der Platte in den Hauptspeicher, während des Entladens auf die Platte, aber auch dann, wenn die Verarbeitungsphase wegen neuer Eingaben, Beschaffung von im System gespeicherten Programmen, Fehlern o.ä. abbricht. Dazu erweitert man den Hauptspeicher derart, daß in ihm mehrere Programme mit ihren Operanden Platz finden, von denen eines, das dazu "rechenfähig" sein muß (das heißt nicht selbst auf eine Zulieferung wartend), die entstehende Auslastungslücke füllen kann. Für das System bedeutet das nicht nur, daß der Hauptspeicher eine größere Kapazität erhält, sondern daß durch eine

Umsetzung der Adressen des Programmes das Programm selbst unabhängig von seiner Lage im Hauptspeicher zur Ausführungszeit formuliert werden darf (oder man muß Einschränkungen bei der Speicheraufteilung hinnehmen, die die relative Füllung inakzeptabel machen).

Es sei hier darauf hingewiesen, daß mit dem Übergang von a auf b und c eine Funktionseinheit in eine Kette entwickelt wird, deren Glieder schwankende Bearbeitungszeiten aufweisen und zur Durchsatzsicherung durch Puffer verbunden sind (vgl. 1.12); mit dem Übergang auf d werden Teilaufträge nach Durchlaufen der Bearbeitungsphase wieder in eine bereits durchlaufene Warteschlange eingebracht, um Daten vom peripheren Speicher aufzunehmen. Eine analytische Behandlung eines solchen Systems folgt in 8.4.

Die äußere Betriebsform ändert sich, sobald der Benutzer in die Optimierung einbezogen wird. Zunächst kann man dem entfernten Benutzer den Transport der Datenträger (Karten, Bänder, Ausdrucke) abnehmen, indem man fernangeschlossene Ein/Ausgabe-Geräte zuläßt. Man kommt zu einem Stapelfernbetrieb (remote batch operation). Die Anlage erhält nun mehr, aber leistungsschwächere Ein/Ausgabegeräte, womit sich die Kosten erhöhen; hinzukommen die Kosten für Datenübertragung. Da Übertragungswege mit großem maximalen Durchsatz billiger sind als mehrere Wege mit in der Summe gleich großem Durchsatz, kann man u.U. das Übertragungsnetz durch Einbringung von Konzentratoren optimieren, die Datenströme zusammenfassen bzw. aufgliedern. Außerdem ist abzuwägen, ob alle Verarbeitung zentral erledigt werden soll oder ein Teil durch abgesetzte Rechner (gelegentlich: Front-End-Rechner). Damit entsteht bereits ein Rechnernetz.

Indem man dem Benutzer nun zusätzlich ein individuelles, seinem Durchsatz angepaßtes Ein/Ausgabegerät (Benutzerstation) zuteilt, hat man zahlreiche Ein/Ausgabegeräte zugleich in Betrieb, bezüglich deren Aufträge das System simultan betrieben wird. Diese äußere Betriebsform heißt Teilnehmerbetrieb (oft: time sharing, was aber auch Zeitmultiplex bedeutet). Als innere Betriebsform benutzt man eine Modifikation von c oder besser d, die zu günstigen Bearbeitungszeiten für Aufträge kurzer Verarbeitungszeit führt.

e. Mehrprogrammbetrieb für Teilnehmersystem (Zeitscheibenbetrieb).
Im einfachsten Schema wird für den Zentralprozessor eine Warteschlange von Verarbeitungsaufträgen unterhalten, in der alle übernommenen Verarbeitungsaufträge enthalten sind. Die Aufträge werden nach FCFS (1.10) für jeweils eine "Zeitscheibe" (time slice) bedient und dann an das Ende der Warteschlange eingereiht, wenn sie nicht erledigt werden konnten. Damit werden Kurzaufträge, die in wenigen Zeitscheiben erledigt werden können, bevorzugt gegenüber Langaufträgen, die erhebliche Wartezeiten hinnehmen müssen und deren Lagerung teuer wird. Obendrein führt jeder Abbruch am Ende einer Zeitscheibe zu zusätzlicher Sperrzeit für die Benut-

zeraufträge. Verfeinerte Schemen sondern daher Langaufträge aus und behandeln sie getrennt. Außerdem muß die Warteschlange, die ca. 10 bis 100 Aufträge enthält, überwiegend auf einem peripheren Speicher untergebracht werden. Der entstehende zyklische Lade- und Verdrängungsverkehr heißt <u>Swapping</u>. Werden, wie in d, mehrere rechenfähige Programme gehalten, so kann man die Peripheriezeiten zu überbrücken hoffen. Als peripherer Speicher wird meist eine Trommel verwendet, da ihre Zugriffszeit geringer als die einer Platte ist. Es werden aber auch Ergänzungsspeicher verwendet, deren Durchsatz so groß ist, daß die Lade- und Verdrängungszeiten unter denen bei Benutzung einer Trommel bleiben.

Man muß nun dem Benutzer die Haltung seiner Daten abnehmen und sie dem System übertragen, da der Durchsatz und die Bedienung der Benutzerstation die Übergabe großer Datenmengen ärgerlich machen. Damit ergibt sich als - zusätzliche - äußere Betriebsform <u>langfristige Datenhaltung</u> und für die Anlage die Notwendigkeit, Speicher sehr großer Kapazität (meist Platten, Bänder) einzuführen. Durch Zuverlässigkeit dieser Speicher, zusammen mit dem vorsorglichen Anlegen von Kopien, muß das System einen mittleren Fehlerabstand für Lageraufträge von mehreren Jahren bieten.

Eine weitere äußere Betriebsform gewinnt man, indem das Konzept des Abschnitts verlassen wird und Aufträge nicht mehr fertig formuliert übernommen werden, sondern durch ein Wechselspiel von Verarbeitung, Ausgaben und Eingaben festgelegt werden; vor allem kann man auch verlangen, daß der übernommene, nicht abgeschlossene Auftrag durch einen Nachauftrag modifiziert wird. Diese äußere Betriebsform heißt <u>Gesprächsbetrieb</u> (Dialogbetrieb, interaktiver Betrieb, <u>conversational</u> mode).
Bezüglich der Lageraufträge kann man bereits die langfristige Datenhaltung als einen Gesprächsbetrieb auffassen. Wirtschaftlich kann man einen Gesprächsbetrieb in Teilnehmersystemen durchführen.

Der <u>Realzeitbetrieb</u> (Terminbetrieb) schließlich unterwirft die Zeitsteuerung des Rechensystems vorrangig äußeren Terminen; der Durchsatz als Zielgröße tritt noch weiter als im Teilnehmerbetrieb zurück. Von der Anlage wird meist verlangt, daß der Abbruch und die Neuaufnahme eines Auftrags im Zentralprozessor besonders einfach auszuführen ist und daß verfeinerte Techniken bei der Auswertung externer Signale durch das Leitwerk verwendet werden (vgl. 3.5). Die Peripherie enthält oft Wandler zur Umsetzung von Digital- und Analogsignalen. Meist liegt ein Gesprächsbetrieb zusätzlich vor.

Das Übersichtsbild (Abb. 2.5.1) zeigt noch die Auswirkung der Betriebsformen auf den relativen Durchsatz des Zentralprozessors, auf die Bearbeitungszeit, auf die Speicherkapazität und auf Größe und Laufzeitanteil des Betriebssystems.

2.6 Codes und Formate

Wir verschaffen uns nun einen Überblick über die Darstellung von Daten in Rechenanlagen. Wir begegnen dabei einer großen Vielfalt von Darstellungsformen, sowohl von Rechensystem zu Rechensystem als auch innerhalb eines Rechensystems, verschiedenen Formen von Speicherung und Verarbeitung angepaßt. Im Betrieb müssen also Zeichen in andere Zeichen lediglich zum Zweck einer jeweils passenden Darstellung gewandelt werden.

In der Datenverarbeitung spielen Binärzeichen deshalb eine große Rolle, weil

a. viele Daten binär sind (ja-nein, true-false, lebend-tot etc.)

b. alle Daten zur Verarbeitung in gängigen Rechenanlagen durch Binärsignale dargestellt werden. In der Übermittlung und Verknüpfung von Daten können weniger Fehler auftreten, wenn das Signal nur in zwei verschiedenen Arten gedeutet werden kann (Verzerrungen, Amplitudenverfälschungen). Für die Speicherung von Daten benutzt man physikalische Systeme mit mehreren stabilen Zuständen. Systeme mit mehr als zwei stabilen Zuständen sind aufwendig oder unsicher.

Eine Folge von Zeichen mit fester Anzahl, die in einem Zusammenhang als Einheit angesehen werden, heißt <u>Wort</u> (word). Die Anzahl heißt <u>Wortlänge</u> (word length).

Eine Vorschrift zur eindeutigen Abbildung eines Zeichenvorrats (Ausgangsmenge) auf einen anderen Zeichenvorrat (Bildmenge) heißt <u>Code</u>. Die Durchführung der Abbildung wird auch Codierung genannt; "Code" dient oft auch zur Bezeichnung der Bildmenge. Wahl der Bildmenge und Wahl der Abbildung sind für die technische Informationsverarbeitung von großer Bedeutung. Wesentliche Kriterien sind:

a. Die Zeichen der Ausgangsmenge müssen alle darstellbar sein, möglichst sind in der Bildmenge noch Reservezeichen zu halten für eine spätere Erweiterung der Ausgangsmenge.

b. In der technischen Datenverarbeitung stehen meist binäre Elementarzeichen zur Verfügung. Man bildet daher die Zeichen der Ausgangsmengen in Binärworte ab; die Codierungstheorie lehrt, wie man bei statistischer Kenntnis des Gebrauchs die minimale mittlere Wortlänge ermitteln und annähern kann ([Bell D 68], [Henze E 74], [Kameda T 73]); die Differenz zwischen der Minimallänge und der verwendeten Wortlänge heißt Redundanz und kann nutzvoll eingesetzt werden. Gesichtspunkte optimaler Codierung sind erst in jüngster Zeit zur Datendarstellung in Rechensystemen benutzt worden: B 1700 [Wilner W 72b].

c. Codierung und Rückcodierung sollen leicht vorzunehmen sein.

d. Typische Algorithmen sollen an Daten dieser Darstellung

leicht durchzuführen sein: überragende Bedeutung der Dualzahlen als binärer Zahlencode.

e. Technische Randbedingungen können verlangen, daß die Verfälschung eines Bit in einem Binärwort entdeckt oder sogar korrigiert werden kann; andere technische Forderungen sprechen gegen Codeworten aus nur gleichen Zeichen. Solche Forderungen lassen sich durch Redundanz erfüllen.

f. Verträglichkeit zu etablierten Codes (z.B. neugeschaffener Code enthält bereits eingeführten).

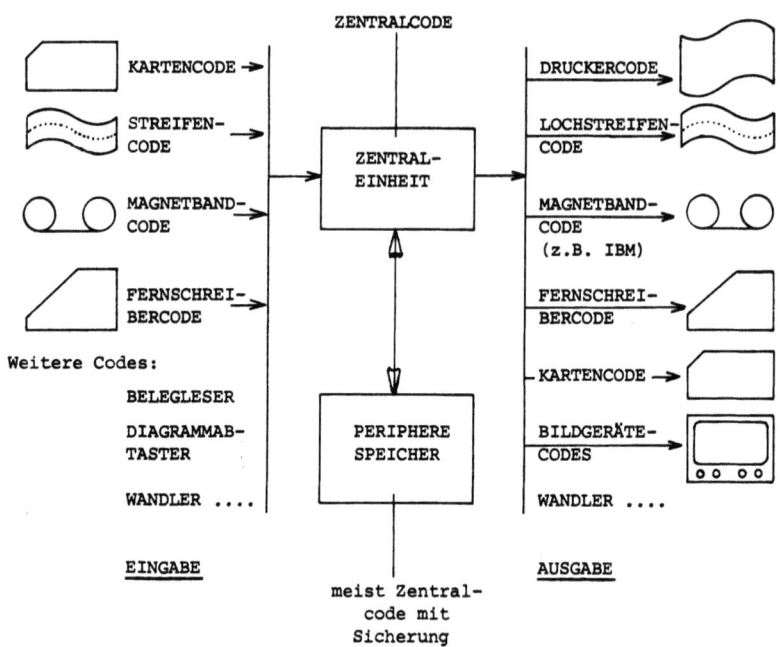

Abb. 2.6.1: Verwendung verschiedener Codes in einem Rechensystem

Abb. 2.6.1 zeigt, in welchem Umfang in einem Rechensystem verschiedene Codes verwendet und gewandelt werden können. In einer Rechenanlage sind zwei wichtige Gruppen von Codes zu unterscheiden:

Codes für maschineninterne Nachrichten (das sind vor allem Befehle, Adressen, Steuerworte verschiedener Art)

Codes für Operanden (hier sind vor allem numerische Größen und alphanumerische Größen zu unterscheiden).

Die <u>Darstellung von Befehlen</u> hängt so eng mit der Strukturierung und Wirkungsweise des Zentralprozessors zusammen, daß sie in einem besonderen Abschnitt 3.2 behandelt wird. <u>Adressen</u> werden als Dualzahlen verschlüsselt, was durch die Dualzahloperationen in der Maschine nahegelegt ist, keine unnötige Redundanz einführt und zu einfachen Selektionsverfahren für die Anwahl der Zellen im Speicher führt.

Bei der <u>Darstellung der Operanden</u> trennt man zwischen Zahlen und solchen Operanden, deren Werte allgemeine Zeichenfolgen sind. Obwohl rein arithmetische Prozesse eine abnehmende Bedeutung im Einsatz von Rechenanlagen haben (ca. 30 % aller Programme sind arithmetisch orientiert; die relative Häufigkeit arithmetischer Operationen dürfte insgesamt bei ca. 10 % liegen), werden die Rechenanlagen so gebaut, daß arithmetische Operationen in einfacher Weise bezeichnet und ausgeführt werden können, die komplex sind im Verhältnis zu gängigen Operationen an nicht-arithmetischen Operanden; auch werden oft verschiedene Codes für arithmetische Operanden in einer Maschine vorgesehen. Die Bevorzugung der Zahlen liegt darin begründet, daß arithmetische Prozesse sehr wirkungsvoll auf diese Operationen an diesen Formaten zurückgeführt werden können, während nicht-arithmetische Prozesse auf viel allgemeineren Elementarschritten aufbauen, die konfektioniert anzubieten (wie in den Grundrechenarten) bisher offenbar nicht lohnt. Beispiele für allgemeine Zeichencodes gibt Abb. 2.6.2. Ein besonderer Vorteil der 8-Bits-Codes ist, daß sie die "gepackte" Speicherung von Dezimalziffern (mit je 4 Bits je Ziffer) in den Grenzen der 8-Bits-Zeichen erlauben.

Für eine <u>Zahlendarstellung</u> gibt es zwei wichtige Bewertungsgrößen:

<u>Zahl der wesentlichen Stellen</u> (das sind die Stellen, die eine Information tragen können, ohne führende Nullen),

<u>Bereich</u> (das ist das durch größte und kleinste darstellbare Zahl gegebene Intervall).

Die Lage des Bereiches kann durch eine Verabredung festgelegt werden. ζ sei eine Zahl in einer Darstellung zur Basis B mit n_ζ Stellen. Wir verabreden einen B-al-Punkt (z.B. Dual-, Dezimal-) rechts neben der rechten Stelle von ζ und einen "Skalenfaktor" B^x, der die Lage des mit ζ beschreibbaren Intervalls festlegt (es werden also Zahlen $Z = \zeta \cdot B^x$ dargestellt). Gilt der Skalenfaktor implizit für eine Klasse von Zahlen, so legt er für diese den B-al-Punkt fest. Es handelt sich dann um eine <u>Festpunktdarstellung</u>. In Maschinen setzt man $x = 0$ (alle Festpunktzahlen ganz) oder $x = -n_\zeta$ voraus (alle Festpunktzahlen echte Brüche). Die Zahl der wesentlichen Stellen ist nach einer Treppenfunktion von der Größe von Z abhängig, mit dem größten Wert an der Obergrenze des Bereiches (vgl. Abb. 2.6.3). Das ist im Sonderfall, daß nur ganze Zahlen darzustellen sind, natürlich unbedenklich. Im allgemeinen Fall ist Z aber als Repräsentant aller reellen Zahlen eines Intervalls anzusehen, dessen Mitte Z bildet. Es ist dann erwünscht, eine reelle Zahl mit möglichst vielen Stellen annä-

b_4	b_3	b_2	b_1	$b_7 b_6 b_5$ = 0 0 0	0 0 L	0 L 0	0 L L	L 0 0	L 0 L	L L 0	L L L
0	0	0	0	NIL	DATA LINK	SP	0	@	P	`	p
0	0	0	L	START HEAD		!	1	A	Q	a	q
0	0	L	0	START TEXT	DEVICE	"	2	B	R	b	r
0	0	L	L	END TEXT	CONTROL	#	3	C	S	c	s
0	L	0	0	END TRANSM		S	4	D	T	d	t
0	L	0	L	ENQUIRY	NEG ACKN	%	5	E	U	e	u
0	L	L	0	ACKNOWLEDGE	SYNCHRON	&	6	F	V	f	v
0	L	L	L	BELL	END BLOCK	'	7	G	W	g	w
L	0	0	0	BACKSPACE	CANCEL	(	8	H	X	h	x
L	0	0	L	HORIZ TAB	END MEDIUM	)	9	I	Y	i	y
L	0	L	0	LINE FEED	SUBSTITUTE	*	:	J	Z	j	z
L	0	L	L	VERT TAB	ESCAPE	+	;	K	[Ä	k	{ ä
L	L	0	0	FORM FEED	FILE SEPAR	,	<	L	\ Ö	l	| ö
L	L	0	L	CARR RET	GRP SEPAR	-	=	M	] Ü	m	} ü
L	L	L	0	SHIFT OUT	RECORD SEP	.	>	N	^	n	‾ ß
L	L	L	L	SHIFT IN	UNIT SEP	/	?	O	_	o	DE

ISO-7-BIT-CODE MIT DEUTSCHEN SONDERZEICHEN [DIN 66003]

DE = DELETE

b_4	b_3	b_2	b_1	$b_8 b_7 b_6 b_5$ = 0 0 0 0	0 0 0 L	0 0 L 0	0 0 L L	0 L 0 0	0 L 0 L	0 L L 0	0 L L L	L 0 0 0	L 0 0 L	L 0 L 0	L 0 L L	L L 0 0	L L 0 L	L L L 0	L L L L
0	0	0	0	NIL	DATA LINK	DIGIT SELECT		SP	&	-						{	}	\	0
0	0	0	L	START HEAD	DEVICE CONTR	START SIGNIF				/		a	j	~		A	J		1
0	0	L	0	START TEXT	DEVICE CONTR	FIELD SEP	SYNCHRON					b	k	s		B	K	S	2
0	0	L	L	END TEXT	TAPE MARK							c	l	t		C	L	T	3
0	L	0	0	PUNCH OFF	RESTORE	BYPASS	PUNCH ON					d	m	u		D	M	U	4
0	L	0	L	HORIZ TAB	NEWLINE	LINE FEED	READER STOP					e	n	v		E	N	V	5
0	L	L	0	LOWER CASE	BACKSPACE	END BLOCK	UPPER CASE					f	o	w		F	O	W	6
0	L	L	L	DELETE	IDLE	ESCAPE	END TRANSM					g	p	x		G	P	X	7
L	0	0	0	GRAPHIC	CANCEL							h	q	y		H	Q	Y	8
L	0	0	L	REVERSE LINE	END MEDIUM						`	i	r	z		I	R	Z	9
L	0	L	0	START MANUAL	CURSOR CONTR	SET MODE		¢	!	¦	:								
L	0	L	L	VERT TAB	CUSTOMER	CUSTOMER	CUSTOMER	.	$	,	#								
L	L	0	0	FORM FEED	FILE SEPAR		DEVICE CONTR	<	*	%	@					⌠		⊣	
L	L	0	L	CARR RETURN	GRP SEPAR	ENQUIRY	NEG ACKN	(	)	_	'								
L	L	L	0	SHIFT OUT	REC SEPAR	ACKNOWLEDGE		+	;	>	=					⑂			
L	L	L	L	SHIFT IN	UNIT SEPAR	BELL	SUBSTITUTE	|	¬	?	"								EO

IBM EBCDI (extended binary coded decimals interchange) CODE
vgl. [IBM/370d]; LVM: long vertical mark, EO: eight ones, SP: space

Abb. 2.6.2: Codes: ISO 7-Bit-Code und IBM EBCDI Code

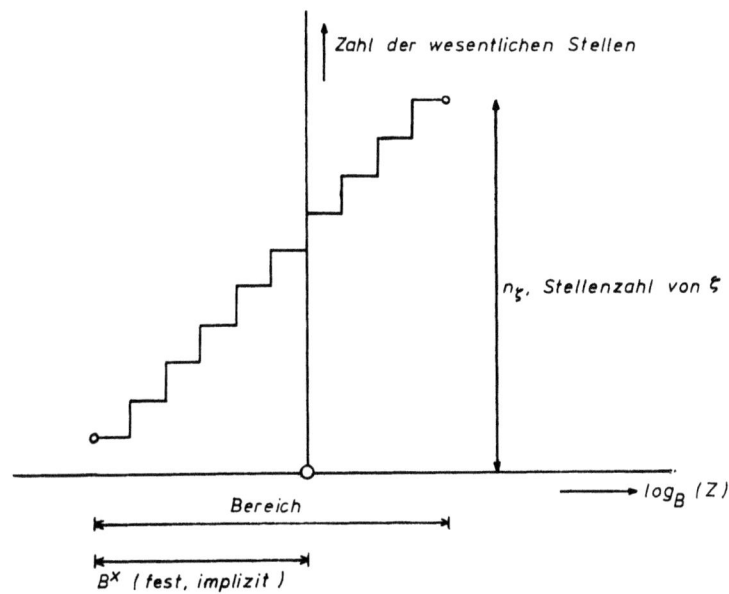

Abb. 2.6.3: Zahl der wesentlichen Stellen in Abhängigkeit von der Größe im Darstellungsbereich (Festpunkt).

hern zu können. Das kann man durch einen variablen Exponenten x erreichen, der es gestattet, stets im Intervall

$$B^{-1} \leq \zeta \leq 1 - B^{-n_\zeta} \qquad (2.6.4)$$

in dem n_ζ wesentliche Stellen vorhanden sind, zu verbleiben. Ein solcher Exponent muß natürlich explizit der Zahl angefügt werden. Er werde durch eine Ziffernfolge ξ dargestellt, die wieder eine B-al Zahl sei. Diese Darstellung von Z als ζ ξ heißt Gleitpunktdarstellung, da durch Veränderung von ξ der B-al Punkt an wechselnde Stellen in Z gelegt werden kann. Nutzt man die Genauigkeit voll aus, d.h. hat ζ nur wesentliche Stellen, so heißt die Gleitpunktdarstellung normalisiert. Für Beispiele vgl. 3.7. Mit der Gleitpunktdarstellung erhält man als weiteren Vorteil bei kleinem Stellenaufwand für ξ einen sehr großen Bereich. Im Vergleich einer Festpunktdarstellung und einer Gleitpunktdarstellung gleicher Stellenzahl ist die Festpunktdarstellung bezüglich der maximalen Zahl wesentlicher Stellen überlegen; diese ist jedoch nur an der Obergrenze des Bereiches gegeben, während die Gleitpunktdarstellung im ganzen Bereich gleiche Zahl wesentlicher Stellen bietet (vgl. Abb. 2.6.5). Der Exponent x kann ein Vorzeichen haben; zur Darstellung in der Maschine verwendet man ein positives x

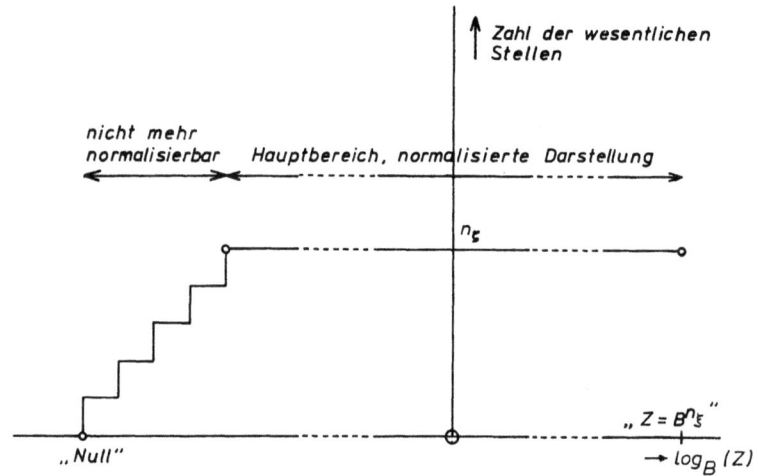

Abb. 2.6.5: Zahl der wesentlichen Stellen bei Gleitpunktdarstellung $Z = \zeta \cdot B^{\pm \xi}$; $\zeta < 1$ hat n_ζ, ξ(ganz) hat n_ξ Stellen, beide zur Basis B zu deuten

zur Darstellung von x, das man als $\chi := \xi + |\min(x)|$ gewinnt. Ein so gebildetes χ heißt <u>Charakteristik</u>. Stellt man sie vor die Mantisse ζ, so kann man bei normierter Darstellung zwei Gleitpunktzahlen der Form $\pm \chi \zeta$ wie Festpunktzahlen durch Vergleich von links und Auswertung der ersten verschiedenen Stelle in der Größe vergleichen. Die Mantisse verabredet man zumeist als echten Bruch (d.h. B-al-Punkt links neben der linken Stelle). Die Null stellt man als Gleitpunktzahl mit Null als Mantisse und kleinstem möglichen Exponenten dar.

Bei der Wahl des Gleitpunktformates kann man - durch Aufteilung der Stellenzahl zwischen ζ und ξ (bzw. χ) - Bereich gegen Zahl der wesentlichen Stellen tauschen. Einen weiteren Entwurfsparameter gewinnt man, wenn man den expliziten Skalenfaktor nicht als B^χ, sondern als G^χ wählt (vgl. [IBM 370 d] [TR 440 u]). Man benutzt dann z.B. B=2, G=16 und erhält für den Nachteil, auch bei nicht ausgeweitetem Bereich (d.h. kürzerem Exponenten) in der unveränderten Gesamtwortlänge eine geringere Zahl wesentlicher Stellen bieten zu können, da führende Nullen (im Beispiel bis zu 3) geduldet werden müssen, den Vorteil, weniger oft das Resultat einer Rechnung normalisieren zu müssen. Zur Durchführung der Addition und Subtraktion müssen die Operanden zunächst auf gleiche Exponenten gebracht werden; auch dieses ist weniger häufig bei großen Basen G notwendig [Amdahl G 64].

Negative Zahlen werden meist in Komplementdarstellungen von Maschinen verarbeitet (siehe 3.7).

Die Basis B von ζ und ξ ist - für Gleitpunkt- und Festpunktdarstellung - überwiegend 2; die Zahlen sind also als Binärworte dargestellt, die als Dualzahlen gedeutet werden.
Mit dieser Wahl gewinnt man eine Darstellung, die nicht redundant ist (Ausnahmen durch die Normalisierungsregel bei Gleitpunktdarstellung) und günstige Algorithmen für die Grundrechenarten ergibt. Wo aber der Gesichtspunkt der einfachen Codierung überwiegt, wie in jeder ein/ausgabeintensiven Datenverarbeitung, sind Darstellungen zur Basis 10 günstiger. In diesem Fall wird die extern als Dezimalziffernfolge dargestellte Zahl codiert als Binärwortfolge, wobei jeder Dezimalziffer ein Binärwort entspricht. Beispiele finden sich in Abb. 2.6.6.

Dezimal-Zeichen	BINÄR - CODE						
	Dual (direkt)	Drei-Exzess	Aiken	Gray	CCITT2	Biquinär	1 aus 10
0	OOOO	OOLL	OOOO	OOOO	OLLOL	O OOOOL	OOOOOOOOOL
1	OOOL	OLOO	OOOL	OOOL	LLLOL	O OOOLO	OOOOOOOOLO
2	OOLO	OLOL	OOLO	OOLL	LLOOL	O OOLOO	OOOOOOOLOO
3	OOLL	OLLO	OOLL	OOLO	LOOOO	O OLOOO	OOOOOOLOOO
4	OLOO	OLLL	OLOO	OLLO	OLOLO	O LOOOO	OOOOOLOOOO
5	OLOL	LOOO	LOLL	OLLL	OOOOL	L OOOOL	OOOOLOOOOO
6	OLLO	LOOL	LLOO	OLOL	LOLOL	L OOOLO	OOOLOOOOOO
7	OLLL	LOLO	LLOL	OLOO	LLLOO	L OOLOO	OOLOOOOOOO
8	LOOO	LOLL	LLLO	LLOO	OLLOO	L OLOOO	OLOOOOOOOO
9	LOOL	LLOO	LLLL	LLOL	OOOLL	L LOOOO	LOOOOOOOOO
Arithmetisches Gewicht	8421		2421			5 43210	9876543210

Abb. 2.6.6: Binärcodes für den Zeichenvorrat der Dezimalziffern

Um den von Neumann'schen Prinzipien folgend, Daten verschiedener Bestimmung (Befehle, numerische oder nicht-numerische Operanden) im selben Speicher unterzubringen und mit denselben Einrichtungen verarbeiten zu können, achtet man auf einfache Beziehungen zwischen den Formaten (der Wortlänge) verschiedener Datentypen.

Bei genauerer Untersuchung hat man zu trennen:

adressierbare Einheit (wir werden <u>virtuelle Wortlänge</u> sagen)

technische <u>Wortlänge im Speicher</u> (das Format, das der

Speicher in einer elementaren Operation aufnehmen oder ausliefern kann)

technische Wortlänge im Prozessor (das größte Format, das in einem elementaren Schritt bearbeitet wird).

Alle drei Wortlängen stehen zumeist in einfacher Beziehung zueinander.
Die zu behandelnden Datentypen verlangen folgende Formate:

Befehle: 16 bis 48 Bits
Adressen: 2 bis 48 Bits (in Befehlen oft verkürzt)
Festpunktzahlen:
    8 bis 64 Bits und Vielfache
Gleitpunktzahlen:
    24 bis 64 Bits; Vielfachformate machen längere Mantisse möglich
Zeichenketten: beliebige ganze Vielfache von 4 bis 8 Bits; gelegentlich Bitketten.

Höher strukturierte Datentypen werden aus diesen Elementen zusammengesetzt.

Die virtuelle Wortlänge erlaubt die Unterscheidung von Maschinenklassen:

Maschinen mit variabler Wortlänge:
selten, vgl. [Wilner W 72a,b], Speicherwortlänge und Prozessorwortlänge ist mittleren Erfordernissen angepaßt.

Zeichenmaschinen (gelegentlich "Byte-Maschinen"):
Speicherwortlänge und Prozessorwortlänge mit maximalem Prozessordurchsatz wachsend, vgl. [Amdahl G 64],[IBM 370 d], [S 4004/150-2],[S 4004/151],[S 4004/220] ,[Bell C 71, S.225]; verschiedene Befehlsformate (möglichst 2^k-Vielfache des Zeichenformats) nahegelegt. Zeichenfelder haben freie Länge, werden durch Feldlängenangabe oder Feldbegrenzer abgeteilt. Diese, nach Anzahl wichtigste, Maschinenklasse erfüllt auch mit Einschränkungen die Entwurfsziele anderer Klassen. Die Prozessorwortlänge orientiert sich an den arithmetischen Formaten (Vielfaches des Zeichenformates); Speicherwortlänge ist 2^k-Vielfaches des Zeichenformates.

Kurzwortmaschinen (virtuelle Wortlänge 10-20 Bits):
Speicherwortlänge und Prozessorwortlänge i.a. mit virtueller Wortlänge übereinstimmend. Befehle oft über 2 Worte; Zahlformate ausreichend für unkomplexe Prozeßdatenverarbeitung, nicht ausreichend für komplexe numerische Probleme (diese dann durch Operationen an Operanden mehrfacher Wortlänge belastet und durch meist fehlende Gleitpunktoperationen), Zeichenfolgenverarbeitung tritt zurück.

Maschinen mittlerer Wortlänge (virtuelle Wortlänge 20-36 Bits):
Das Format ist zugleich Zahlenformat (doppelt lange Zahlenformate werden meist zusätzlich geboten) und Befehlsformat. Zeichenfolgen werden durch (möglichst einfach gewählte) Unterteilung des Formates dargestellt (erschwert Behandlung freier Zei-

chenfolgen). Prozessorwortlänge und Speicherwortlänge entsprechen der virtuellen Wortlänge oder sind doppelt so groß.

Langwortmaschinen (virtuelle Wortlänge über 40 Bits):
Hauptzweck: komplexe numerische Prozesse; Verwendung mehrfacher Zahlwortlängen nur noch in Ausnahmefällen; i.a. 2 Befehle je Wort; Prozessorwortlänge ebenso groß; Speicherwortlänge u.U. größer zur Erhöhung des Leseauftragsdurchsatzes bei adreßkonsekutivem Zugriff.

Eine Aufstellung von Maschinen nach Wortlänge findet sich in [Bell C 71, S. 44] . Mit dem maximalen Durchsatz des Zentralprozessors wachsen im allgemeinen auch die Wortlängen, was davon herrührt, daß leistungsstarke Maschinen zu einem großen Teil für komplexe arithmetische Prozesse eingesetzt werden, die zur Eindämmung von Rundungsfehlern große Zahlwortlängen brauchen, und Befehle großer Wortlänge benötigen (vgl. 3.2, 8.6).

Einige Maschinen schreiben die Verwendung des Wortes als Kennzeichen in das Wort hinein ([B5500 b] , [B 6700] , [TR 440 u]); dies ermöglicht entweder

a. bei Zugriff zu kontrollieren, ob der Operator auf einen passenden Operanden angewendet wird bzw. ob das Leitwerk mit dem Befehlszählerstand wirklich einen Befehl beschafft, oder

b. unspezifische Operatoren zu verwenden, also z.B. mit einem Typ von Additionsbefehl Fest- und Gleitpunktoperanden zu verarbeiten.

2.7 Interpretationshierarchie

Rechensysteme sind vorzugsweise hierarchisch aufgebaut, d.h. Ordnungen, die Handlungen oder Funktionseinheiten zusammenfassen, werden auf diese Zusammenfassungen wieder angewendet, und so fort. Zwei Beispiele von großer allgemeiner Bedeutung werden in 2.7 und 2.8 behandelt:

die Hierarchie von Interpretationsvorgängen,

die Hierarchie von Ausschnitten aus der aktuellen Datenumgebung eines Prozesses.

Eine Interpretationshierarchie entsteht (vgl. [Hartenstein R 73] , [Hartenstein R 74]), indem innerhalb des Schemas des Abschnitts 2.2 (z.B. Abb. 2.2.2) die Funktionseinheit SYNT bzw. SEM nach demselben Interpretationsschema organisiert ist. Die syntaktische Einheit von F,F.SYNT, enthält dann 4 Untereinheiten, F.SYNT.P, F.SYNT.SYNT, F.SYNT.SEM und F.SYNT.Z.

Da das Interpretationsschema ja sequentiell arbeitet, z.B. SYNT den nächsten Schritt erst aus dem Programm abspaltet, wenn SEM den vorigen Schritt ausgeführt hat, sollen die Einheiten von F.SYNT nicht gleichzeitig zu F.P., F.SEM oder F.Z arbeiten. Man kann daher auf dieselben physischen Funktions-

einheiten zurückgreifen, die auch F realisieren und diese
z.B. im Zeitmultiplex die Aufgaben von F.SEM und F.SYNT.SEM
versehen lassen. Noch näherliegend ist es, F.P. und F.SYNT.P
oder F.Z. und F.SYNT.Z durch denselben Speicher zu verwirklichen. Die Beauftragung der Funktionseinheit F.SYNT wird durch
den Abschluß der Handlung von F.SEM ausgelöst und besteht darin, daß F.SYNT den Anfang <u>seines</u> Programmes in F.SYNT.P. bezeichnet erhält; benutzt man <u>eine</u> einzige Funktionseinheit P
für F.P und F.SYNT.P, so geht das Schema in den Aufruf einer
syntaktischen Analyseprozedur F.SYNT über, die einen Programmkörper (in F.SYNT.P) hat, der Operanden (aus F.P) verarbeitet.

Beispiel 2.7.1: Interpretation eines Programmes in einer
höheren Sprache. Im Hauptspeicher liegt·ein Programm vor
in einer Sprache, die durch das von Neumann'sche Interpretationsschema dieser Maschine M nicht interpretiert werden
kann. Um das Rechensystem wie eine Funktionseinheit H arbeiten zu lassen, die dieses Programm als Inhalt von H.P
ausführt, baut man eine Interpretationshierarchie auf, in
der H.SYNT und H.SEM mit Hilfe vorhandener Einheiten M.SYNT
(Leitwerk), M.SEM (Rechenwerk) verwirklicht werden, die
wir - M.SYNT - als H.SYNT.SYNT und H.SEM.SYNT arbeiten lassen bzw. - M.SEM - als H.SYNT.SEM und H.SEM.SEM. Für die
Speicher H.P, H.Z, H.SYNT.P, H.SYNT.Z, H.SEM.P, H.SYNT.Z
verwenden wir den (nach dem von Neumann'schen Schema ohnehin nicht nach den Funktionen P und Z gegliederten) Hauptspeicher Sp. In ihm sind also auch die syntaktische Prozedur, die H.SYNT beschreibt, und die semantischen Prozeduren, die H.SEM beschreiben, gespeichert.

Die "weiche" Realisierung der Interpretationshierarchie durch
zeitteilige Benutzung von Leit- und Rechenwerk und zeit- und
raumteilige Benutzung des Hauptspeichers erlaubt eine Substitutionstiefe, die nur durch die Hauptspeichergröße begrenzt
ist; vor allem ist auch rekursive Substitution möglich.

Das Schema ist allerdings unwirtschaftlich, wo die Flexibilität nicht gebraucht wird. Technische Rechenanlagen kommen mit
Befehlsvorräten von 30 bis 600 Befehlen aus; Anlagen mit nur
einem Befehl sind theoretisch möglich [van der Poel W 56] .
Damit erweisen sich die Bearbeitungszeiten dieser elementaren
Aufträge - unabhängig von der Struktur der über ihnen in vielen Schichten errichteten Komplexanweisungen - als Systemparameter p_j (vgl. 1.15) mit besonders großem $\frac{\partial L_s}{\partial p_j}$ (vgl. 1.15.5);

die Funktionseinheiten, die die Elementaroperationen verwirklichen, erhalten daher schnellere (und teurere) Einheiten P
(Schaltnetze oder "Mikroprogramm"speicher) und Z (z.B. Register).

Beispiel 2.7.2: Mikroprogrammierter Zentralprozessor.
Werden Funktionseinheiten des von Neumann'schen Interpretationsschemas (Leitwerk LW oder Rechenwerk RW) durch Interpretation realisiert, wobei LW.P oder RW.P die interne
Gliederung von Speichern (Zellenteilung, Adressierung,
nicht notwendigerweise Schreiboperationen neben Leseope-

rationen) haben, so spricht man von Mikroprogrammierung (vgl. 3.9). In diesem Fall werden besondere Speicher für die Funktionen LW.P oder RW.P eingesetzt. LW.Z und RW.Z werden durch spezialisierte Register verwirklicht, die eine Beauftragung in beliebige Tiefe nicht erlauben; dagegen sind Mikroprozeduraufrufe begrenzter Aufruftiefe (etwa Unterfunktion Addition bei verschiedenen arithmetischen Operationen) sehr wohl möglich.

LW.SYNT und RW.SYNT können - dann zeitteilig! - durch eine einzige Einheit realisiert werden, die Mikroleitwerk heißt; LW.SEM und RW.SEM sind elementare Verknüpfungsschaltungen im Leitwerk und Rechenwerk.

2.8 Aktueller Ausschnitt

Aus technischen Gründen können nicht alle Daten, die ein Rechensystem beherbergt, in Speichern der kleinsten Zugriffszeit untergebracht werden. Tatsächlich wird eine Anzahl verschiedener Speicher verwendet, die man mit dem zugehörigen Verkehrsschema auch als Speicherhierarchie bezeichnet. Im voll ausgebauten Fall besteht sie aus:

a. gelagerte Datenträger: Bänder, Plattenstapel im Archiv

b. große periphere Speicher ("Tertiärspeicher"): Bandspeicher, Plattenspeicher, Streifenspeicher

c. schnelle periphere Speicher ("Sekundärspeicher"): Trommelspeicher, Plattenspeicher

d. Ergänzungsspeicher

e. Hauptspeicher ("Primärspeicher")

f. Prozessorpuffer (Cache Memory)

f. Register.

In dieser Folge verkleinert sich die Zugriffszeit von mehreren Minuten auf wenig über eine Nanosekunde (10^{-9}s); der Preis je Bit erhöht sich von a bis g von 10^{-6} DM auf ca. 5 DM.

Das zu der Folge der Speicher gehörige Verkehrsschema ist das des aktuellen Ausschnitts. Es kann - ähnlich wie die Interpretation - auch hierarchisch verwendet werden und bietet wirtschaftliche Lösungen für die Speicherung von Daten. Der Durchsatz des Rechensystems und die Bearbeitungszeit der Rechenaufträge hängt wesentlich von der Bearbeitungszeit der Lese- und Schreibaufträge ab; letztere verteilen sich nicht gleichmäßig auf alle Adressen, die ein Prozeß erreichen kann, sondern man beobachtet, daß es eine Untermenge von Adressen gibt, die nicht notwendig ein zusammenhängendes Intervall bildet, in das über kurze Zeit betrachtet bevorzugt die Zugriffe fallen (wir nennen die Untermenge die aktuelle Umgebung des Prozesses) und daß diese Untermenge - über längere Zeit - Veränderungen unterworfen ist.

Der Umfang der aktuellen Umgebung hängt natürlich von dem

Anteil der Zugriffe ab, die im Betrachtungsintervall mit einer minimalen Überdeckung von Adressen erfaßt werden sollen. Solche Gesichtspunkte sind zuerst bei der Untersuchung von Betriebssystemen untersucht worden, wo man einer "Arbeitsmenge" (working set) spricht, vgl. [Denning P 68], [Denning P 70]. Nach Gesetz 1.15.5 ist das System bezüglich der Speicherbenutzung aber nur dann ausgewogen, wenn häufigerer Benutzung einzelner Adressen auch (differentiell) größerer Aufwand zur Erzielung besserer Speicherbearbeitungszeit gegenübersteht. Man muß also für die am häufigsten beauftragten Adressen schnellere Speicher vorsehen. Dies ist unmöglich, da die aktuelle Umgebung schon in einem Prozeß "wandert" und von Prozeß zu Prozeß eine ganz verschiedene Lage im Adreßraum hat. Man kann aber bei der Programmierung bereits dafür sorgen, daß die aktuelle Umgebung zugriffsgünstig untergebracht wird, wofür man - neben dem primären Auftragsverkehr am Speicher - einen sekundären Verkehr für die laufenden Verlagerungen aufwenden muß. Will man das Programmieren von solchen Rücksichten freihalten, so muß man sich anders helfen. Man trennt dann zwischen dem Prozeßadressenraum (das ist die Menge der vom Prozeß verwendeten Adressen) und der Menge von Zellen der technischen Speicher (Maschinenadressenraum) und etabliert prozeßspezifische Abbildungen des Prozeßadreßraumes auf den Maschinenadressenraum. Die Abbildung wird erforderlichenfalls während des Prozesses fortlaufend geändert, um schnellste Speicher häufigst gebrauchten Programmadressen zuzuordnen. Eine solche Abbildung haben wir bereits für den Mehrprogrammbetrieb II gefordert (2.5).

Betrachten wir zunächst nur 2 Speicher, so wird ein einer aktuellen Umgebung angenäherter Anteil der Daten des Prozesses (Befehle, Operanden) in einem schnellen Speicher untergebracht; diesen Anteil nennen wir aktuellen Ausschnitt des Prozeßadressenraumes. Automatisieren wir die fortlaufende Anpassung der Abbildung, so erscheint der Prozeßadressenraum in einem schnellen Speicher untergebracht, dessen Kapazität für den Prozeßadressenraum i.a. nicht ausreicht. Es wird ein "virtueller Speicher" (virtual storage) mit der Größe des Programmadreßraumes und der Geschwindigkeit des den Ausschnitt beherbergenden Speichers vorgespiegelt. Eine Verwirklichung dieses Prinzips kann nicht allein nach obigem Ansatz mit dem Optimierungskriterium 1.15.5 beurteilt werden, da dem Vorteil schnellerer Zugriffe der Aufwand für

Verwirklichung der Abbildung Prozeßadressenraum → Maschinenadressenraum und für

zusätzliche Transporte zum Laden und Verdrängen der Inhalte des aktuellen Ausschnittes (sekundärer Verkehr)

gegenübersteht, der in die Betrachtung einzubeziehen ist.

Die Ausnutzung des Prinzips des aktuellen Ausschnittes kann dazu führen, besondere Operationen nur nach oder doch bevorzugt an Inhalten des aktuellen Ausschnitts auszuführen:

Programm wird nur ausgeführt, soweit es im Hauptspeicher

gespeichert ist (aktueller Ausschnitt aus Inhalten der peripheren Speicher).

Operanden werden nur verarbeitet, wenn sie in schnell zugreifbaren Zellen (Registern) untergebracht sind.

Die erste Konsequenz wird fast durchweg, die zweite gelegentlich gezogen (CDC 6600/7600 [Thornton J 64]).

Damit das Prinzip des aktuellen Ausschnitts wirkungsvoll verwendet werden kann, muß

> die aktuelle Umgebung möglichst gut vorhersagbar sein (dann kann der Ausschnitt jeweils so aktualisiert werden, daß er der kommenden Umgebung entspricht und die <u>Trefferrate</u> (hit ratio) möglichst groß wird; unter Trefferrate versteht man den Anteil der Aufträge im Prozeßadreßraum, der aus dem aktuellen Ausschnitt bedient werden kann),

> die aktuelle Umgebung sich nur langsam verändern (sonst belastet der durch Laden und Verdrängen induzierte sekundäre Verkehr den Durchsatz der Speicher derart, daß der unmittelbar dem Prozeß dienende primäre Verkehr durch Belegtzustände gedrosselt wird) und

> die aktuelle Umgebung so kleinen Umfangs sein, daß Aufwands- und damit Geschwindigkeitsunterschiede gerechtfertigt sind.

Das adreßräumlich lokale Verhalten eines Programmlaufes und die Vorhersagbarkeit dieses Verhaltens ist vermutlich fundamentalen unteren Schranken unterworfen, die wie Schrittzahl und Speicherbedarf einen Algorithmus und seine Verwirklichung auf einer Maschine charakterisieren. Das von Neumann'sche Interpretationsprinzip (sequentielle Befehlsspeicherung) führt zu günstigen Verhältnissen.

Die Tabelle 2.8.1 enthält eine vergleichende Übersicht verschiedener Anwendungen des Prinzips des aktuellen Ausschnitts, die im einzelnen später erklärt werden.
Folgende Gesichtspunkte sind jeweils wichtig:

a. Größe des Ausschnitts. Teilen sich mehrere Prozesse in die Benutzung eines schnellen Speichers zur Verwirklichung des Ausschnitts, so kann man jedem Prozeß einen für ihn angemessenen Ausschnitt zuteilen unter Variation der Zahl der konkurrierenden Prozesse: der Ausschnitt eines Prozesses ist anpaßbar [Denning P 68].

b. Originaltreue. Haben wir nur den Prozeß P zu berücksichtigen, der den aktuellen Ausschnitt verwendet, so kann das Original, soweit es im Ausschnitt enthalten ist, aufgegeben werden. In dem Sonderfall, daß der Prozeß P im Ausschnitt nur liest, der Ausschnittsinhalt also nicht verändert wird, kann der Vorteil, den Rücktransport bei Aufgeben des Ausschnitts zu sparen, so schwer wiegen, daß man das Original aufbewahrt. Ist aber ein zweiter Prozeß, Q, im Spiel, der im Original zu lesen versucht, so erhält er, wenn P ge-

Beispiel	Ausschnitt liegt in	Original liegt in	Größe des Ausschnitts	Originaltreue
Haltung von im engeren Sinne aktuellen Operanden in Registern (vgl. 3.2)	Registern	(Haupt-Speicher)	1 bis 32 Worte	erübrigt sich, da Original nicht gehalten wird
Haltung von aktuellen Indizes in speziellen Registern (vgl. 3.4)	Spezial-Registern	(Haupt-Speicher)	1 bis 16 Worte	erübrigt sich, da Original nicht geführt wird
Im weiteren Sinn aktuelle Operanden (Vorgriff, Nachgriff) (vgl. 3.6)	Spezial-Puffer-Speicher	Haupt-Speicher	1 bis 32 Worte	durch Adressenvergleiche gewährleistet
Aktuelle Befehle (Vorgriff Look-Ahead, Nachgriff) (vgl. 3.6)	Spezial-Puffer-Speicher	Haupt-Speicher	1 bis 32 Worte	durch Adressenvergleiche gewährleistet oder durch Ablaufinvarianz
Zentralprozessor (cache memory) (vgl. 8.3)	Spezial-Speicher	Haupt-Speicher	1K bis 4K Worte	Schreiben stets auch im Original oder Überwachung durch Adreßvergleiche Ablaufinvarianz
Aktuelle Seitenkachel-Zuordnung (vgl. 3.4)	Spezial-Registern	Haupt-Speicher	4 bis 256 Zuordnungen	Keine Änderung während Gültigk. des Ausschnittes
Aktuelle Prozess-Segmente (vgl. 3.4)	Haupt-Speicher	peripherem Speicher	ca. 1K bis 50K Worte anpaßbar	Erübrigt sich, da Original als ungültig angesehen wird; Ausnahme: Ablaufinvarianz
Aktuelle Prozesse (vgl. 8.4)	Haupt-Speicher	peripherem Speicher	ca. 10K bis 500K Worte anpaßbar	
Mikroprogramme (falls ladbar)	Mikroprogramm-Speicher	Platten-Speicher	4 bis 40K Worte	durch Ablaufinvarianz gewährleistet

Beispiel	Ladeverfahren	Verdrängungsverfahren	Assoziation	Trefferrate
Haltung von im engeren Sinne aktuellen Operanden in Registern (vgl. 3.2)	Nicht automatisch: durch Programmierer Automatisch: durch Compiler	durch Assembler: durch Compiler	Explizit durch Befehle	(100 %)
Haltung von aktuellen Indizes in speziellen Registern (vgl. 3.4)	Nicht automatisch: durch Programmierer Automatisch: durch Compiler	durch Assembler: durch Leitwerk	Explizit durch Befehle Assoziativ	(100 %) ~80 %
Im weiteren Sinn aktuelle Operanden (Vorgriff, Nachgriff) (vgl. 3.6) Aktuelle Befehle (Vorgriff Look-Ahead, Nachgriff) (vgl. 3.6)	Vorgriff: durch Weiterzählen aktueller Adressen Nachgriff: Aufbewahrung letztgebrauchter N Größen	First-in/first-out je getrennt für Vorgriff und Nachgriff	Assoziativ Assoziativ (für Vorgriff auch implizit)	Stark schwankend ~80 %
Zentralprozessor (cache memory) (vgl. 8.3)	Bei Aufruf einer nicht aktuellen Größe wird Block von 8 bis 16 Worten geholt	Jeweils längstens nicht gebrauchter Block ("LRU") oder ähnlich	Über Block oder ähnliche Einheit ganz oder teilweise assoziativ	80-95 %
Aktuelle Seitenkachel-Zuordnung (vgl. 3.4)	Einzeln, bedarfsweise	Jeweils längstens nicht gebrauchte Zuordnung ("LRU") oder ähnlich	Assoziativ	90-99 %
Aktuelle Prozess-Segmente (vgl. 3.4)	Durch Programmierer festgelegt oder automatisch (z.B. Demand Paging)		Einsetzen der Adressen oder Basisadressen oder Kacheladr., dann über Adressen	10^3 bis 10^5 Operationen je Nichttreffer
Aktuelle Prozesse (vgl. 8.4)	Betriebsmittelzuteilung des Betriebssystems		Über Zuordnungen der Listen des Betriebssystems	10^3 bis 10^5 Operationen je Nichttreffer
Mikroprogramme (falls ladbar)	in ganzen Programmpaketen nach Bedarf, Vorgabe durch Betriebssystem		Direkt	(100 %)

Abb. 2.8.1: Beispiel zum Prinzip des aktuellen Ausschnitts

schrieben hat, einen ungültigen Inhalt; dann muß entweder mit jeder Änderung des Ausschnitts die Änderung des Originals erzwungen werden, was aufwendig ist, oder das Original ist zu sperren, und die Zugriffe von Q sind in den Ausschnitt zu lenken oder auszusetzen, bis mit Rücktransport des Ausschnitts das Original auf den aktuellen Stand gebracht ist (was meist in einer zeitkritischen Situation geschieht). Schreibt auch Q, so fallen Original und Ausschnitt für alle Operationen zusammen; meist bedeutet dieser Fall, daß auf den Ausschnitt verzichtet wird.

c. Ladeverfahren. Welche Größen sind zu laden? bei hoher Trefferrate kann man sich damit begnügen, jeweils ein aktuell benötigtes, nicht im Ausschnitt befindliches Datum zu beschaffen; bei schlechter Lokalität des Zugriffs ist man auf vorsorgliches Laden (z.B. Folgebefehle oder ähnliche Speicheradreßumgebung zum aktuellen Zugriff oder problemimmanente Datenmenge ("Segment") angewiesen). Vorsorgliche Verfahren nutzen den Ausschnitt schlechter, verursachen einen höheren Sekundärverkehr, bauen aber einen arbeitsfähigen Ausschnitt schneller auf als solche, die nur den aktuellen Bedarf erfüllen.

d. Verdrängungsverfahren. Häufig gebraucht: Verdrängung des Datums mit längstzurückliegendem Zugriff (least recently used, LRU) oder längstzurückliegendem Laden (first in - first out, FIFO); weitere Verfahren siehe [Herzog U 74].

e. Assoziation im Ausschnitt. In einigen Fällen wird bei der Herstellung des Programms auf die Verwendung des Ausschnitts Rücksicht genommen; dann können die zu verwendenden Adreßangaben sofort auf den Ausschnitt bezogen werden (so z.B. Kennzeichnung von Registern). In der Regel sind aber dem Programm nur Adressen in seinem Prozeßadreßraum bekannt, aus dem der Ausschnitt in zur Programmierzeit nicht vorhergesehener Folge gegriffen wird. Dann muß zur Prozeßzeit automatisch das Problem gelöst werden, aus Tafeln, die die Abbildung Prozeßadreßraum → Ausschnitt darstellen, die gesuchten Daten zu finden; gelegentlich werden auch die Prozeßadressen neben den Daten explizit im Ausschnitt notiert (der Ausschnitt wird dann zu einem "assoziativen Speicher", vgl. 3.4 und 9.3).

Ist man bezüglich der Unterbringung von Daten im Ausschnitt frei, so ist auch noch ein Verfahren anzugeben, wo gespeichert werden soll (z.B. zuerst auffindbare ausreichend große Lücke, kleinste ausreichend große Lücke o.ä.).

Es sei noch bemerkt, daß das Prinzip des aktuellen Ausschnitts keineswegs immer eine Verbesserung der Zugriffsverhältnisse erbringen muß. In manchen Fällen wird der Prozeß beschleunigt, wenn man auf den Ausschnitt verzichtet und einen langsameren, aber ausreichend großen Speicher akzeptiert.

2.9 Parallel- und Serienrechner

Wir betrachten nun noch ein letztes allgemeines Merkmal, das sich - wie die Wortlänge - auch zur Klassifizierung von Rechenanlagen eignet, obschon es fast nur noch historische Bedeutung hat. Transport und Verarbeitung der Stellen eines Wortes können gleichzeitig oder sequentiell erfolgen (dann mit der niedrigsten Stelle des Zahlformates beginnend). Im ersten Fall spricht man von einem Serienrechner, im zweiten Fall von einem Parallelrechner.

Das Serienprinzip ist besonders naheliegend, wenn der Speicher die Zeichen (Bits) eines Wortes seriell abgibt und aufnimmt (einige Trommel- und Laufzeitspeicher) und wenn man aufwandsarme Rechenwerke sucht. Serienrechenwerke brauchen nur das Schaltnetz für eine Stelle; nach Durchlauf aller Stellen der beiden Summanden durch das einstellige Rechenwerk ist die Addition ohne nachfolgenden Übertragsabbau bereits fertig. Identitätsprüfungen und Größenvergleiche sind besonders einfach durchführbar. Wenn die Steuerung des Rechenwerkes nicht einen erheblichen Anteil hat, kann man daher mit dem Serienprinzip zu sehr billigen Rechenwerken kommen. Nachteilig ist, daß für ganz elementare Operationen (Löschen, boolesche Operationen) das Serienprinzip ca. w mal langsamer ist als das Parallelprinzip (w Wortlänge), für Additionen ca. $\frac{w}{1 + \log_2 w}$ mal langsamer, vgl. [Hotz G 72].

Das Serienmaschinenkonzept führte zu einer Reihe aufwandsarmer Maschinen in den 50er Jahren: ACE [Wilkinson J 53], DEUCE, Minima-Konzept [van der Poel W 52], ZEBRA [van der Poel W 59], Z 22/Z 23 [Z 22], alle gekennzeichnet durch Einsatz serieller Speicher als Hauptspeicher. Zeichenweise sequentiell arbeitende Maschinen (Dezimalmaschine: Siemens S 2002 [S 2002], und Maschinen für Zeichenketten freier Länge, IBM 1401 und Nachfolger [Bell C 71, S. 224]) folgten später. Diese beiden benutzten bereits Kernspeicher als Hauptspeicher.

Das Serienprinzip hat an Bedeutung aus folgenden Gründen verloren:

1. Serielle Speicher haben als Zentralspeicher ihre Bedeutung verloren.

2. Die Addition (als zeitgünstige Operation auf Serienmaschine) hat an Bedeutung verloren, weil

   nicht-numerische Datenverarbeitung wichtiger geworden ist,

   Multiplikation und Division heute fast durchweg Maschinenoperationen sind, die auf die Addition nicht mehr direkt zurückgreifen.

3. Zentralprozessoren

3.1 Gliederung und Grundfunktionen

Ein Zentralprozessor besteht (in erster Unterteilung) aus zwei Funktionseinheiten: <u>Rechenwerk</u> und <u>Leitwerk</u> (vgl. Abb. 2.4.2). Wesentliche Funktionen wurden bereits in 2.4 beschrieben. Das Rechenwerk (arithmetic unit) ist eine Funktionseinheit, die Rechenoperationen ausführt. Dabei werden auch Operationen der booleschen Algebra, Vergleichen, Verschieben etc. zu den Rechenoperationen gezählt. Das Leitwerk (control unit) ist eine Funktionseinheit, die aus dem gespeicherten Programm eine Sequenz von Befehlen ableitet, diese Befehle entschlüsselt und die für die Ausführung erforderlichen Signale an andere Funktionseinheiten (vor allem Rechenwerk, Speicher, Ein-Ausgabe-Werk) abgibt. Entsprechend zerfällt die Erledigung eines Befehles in eine

<u>Abrufphase</u> (instruction fetch), die im Leitwerk stattfindet, und eine

<u>Ausführungsphase</u> (execution), die im Rechenwerk oder im Ein-Ausgabe-Werk stattfindet.

Diese Phasen haben wir in 2.2 als syntaktische und semantische Phase eingeführt. Das Leitwerk nimmt spontane Signale aus der Rechenanlage auf, die den programmgesteuerten Ablauf abändern, indem die laufende Interpretation unterbrochen und die Interpretation eines anderen Programmes aufgenommen wird. Solche spontanen Signale, die aus (nicht direkt abhängigen) Abläufen in verschiedenen Teilen der Anlage herrühren, heißen <u>Eingriffe</u> (input/output interrupt request), wenn sie von der Peripherie herrühren, sonst <u>Alarme</u> (exception, alarm).

Die Schnittstelle des Zentralprozessors zum Speicher umfaßt:

einen Weg für Worte, die zwischen Speicher und Zentralprozessor transportiert werden (Befehlsworte, Operanden),

Wege zur Übermittlung der Schreib- und Lese-Aufträge an den Speicher und der zugehörigen Adressen.

Wege zur Übermittlung von Zuständen des Speichers an den Prozessor.

Die Schnittstellen des Zentralprozessors zum Ein-Ausgabe-Werk umfassen:

Wege zur Übermittlung von Aufrufen zwischen Prozessor und Ein-Ausgabe-Werk (Auftrag für einen Ein-Ausgabe-Vorgang, Eingriff bei Abschluß oder Fehlschlag eines Ein-Ausgabe-Auftrags). Hierzu gehören meistens Detailangaben, die im Speicher an verabredeten Stellen aufgezeichnet werden (Ein-Ausgabe-Steuerangaben, Fehlerwörter etc.). Außerdem sind Wege zur Übermittlung der Eingriffe notwendig.

Die Schnittstellen zum Operateur- und Wartungsplatz enthalten Wege für Anzeigen von internen Zuständen des Prozessors (Betriebszustände, Registerinhalte), Steuerleitungen für Einstellung des Taktes, für technische Starts, Einstellung von Registerinhalten, vor allem auch Löschung zur Herstellung eines definierten Anfangszustandes (Normierung).

In neueren Rechenanlagen wird der Funktion des Wartungsplatzes ein eigener Prozessor zugeordnet, der auch dazu dient, die Anlage im Betrieb unabhängig zu überwachen und den Urstart (anfängliches Laden eines Programmes in den leeren Hauptspeicher) zu ermöglichen (vgl. etwa [CDC 7600a], [Gaib W 72]); diese Einrichtungen werden in 3.12 beschrieben.

3.2 Befehlsformate

Mit dem Befehl muß das Leitwerk über so viele Daten verfügen, daß die Maschine einen elementaren Auftrag ausführen kann. Gehen wir davon aus, daß es sich um eine Operation handelt, in der ein Ergebnis aus zwei Operanden erzeugt wird (zweistellige Operation), so sind folgende Daten notwendig:

Operator	z.B. 8 Bits
2 Adressen für Operanden	z.B. 32 Bits
Adresse für Ergebnis	z.B. 16 Bits
Adresse für Folge-Befehl	z.B. 16 Bits
Ausnahmekriterium	z.B. 4 Bits
Adresse für Ausnahme-Folge-Befehl	z.B. 16 Bits
Summe	94 Bits.

Im allgemeinen Falle wäre noch zu wünschen, mehrere, kollaterale Befehle als Nachfolger zu bezeichnen bzw. solche Befehle anzugeben, die vor Ausführung dieses Befehles ausgeführt sein müssen. Bei heutigen Speicherpreisen ist es nicht ertragbar, alle diese Angaben im Befehl unterzubringen. Daher beinhalten die von Neumann'schen Prinzipien bereits, daß die Adresse für den Folgebefehl im Leitwerk (Befehlszähler) gehalten wird und daß Ausnahmen in der Befehlsfolge durch besondere Sprungbefehle behandelt werden. Damit sind die beiden Richtungen bereits gezeigt, in die man sich zwangsläufig bei Verkürzung der Befehlslänge bewegt:

a. Erweiterung des aktuellen Ausschnitts (Vorteil: Daten

schneller greifbar, Nachteil: Sekundärverkehr, Trägheit bei Umgebungswechsel, insbesondere bei Prozeßwechsel), hier durch den Befehlszähler.

b. Einführung zusätzlicher Befehle und Operationen (Verlängerung der Bearbeitungszeit für den Prozeß), hier durch die Sprungbefehle und -operationen.

Die Einführung des Befehlszählers setzt voraus, daß ein Zugriff zur Zelle mit der nächsthöheren Adresse überhaupt in einfacher Weise möglich ist, wenn der Befehl gebraucht wird. In den 50er Jahren wurden Maschinen gebaut, die einen <u>Trommelspeicher als Hauptspeicher</u> verwenden. Dabei ergeben sich erträgliche Zugriffszeiten nur, wenn zum Zeitpunkt der Befehlsanforderung die gesuchte Zelle nur noch um einen kleinen Drehwinkel von den Leseköpfen entfernt ist. Die Zelle, die auf die zuletzt zum Befehlslesen verwendete folgt, ist bereits überlaufen und nur mit großer Wartezeit wieder zugänglich. Solche Maschinen (ACE [Wilkinson J 53], IBM 650 [Hughes E 54]) verwenden im Befehl stets eine Nachfolgeradresse, was zugleich wegen des billigen Speichers erträglich ist.

Die Einführung der Sprungoperationen ist nur bei bestimmten Kosten- und Programmcharakteristiken zu rechtfertigen:

In der Zentraleinheit werde ein Auftrag A bearbeitet. Er zerfällt in einen Lagerauftrag L an den Hauptspeicher Sp für die Dauer b_L und in N Verarbeitungsaufträge an den Zentralprozessor Zp, wobei N die Zahl der Operationen des Auftrags ist. Das zugehörige Programm mit Operanden umfasse B Worte der Wortlänge w. Mit den Kosten Q_L für den Lagerauftrag und Q_{Op} für die mittlere Zentralprozessoroperation ergeben sich die Kosten für den Auftrag zu

$$Q_A = Q_L + N \cdot Q_{Op} . \qquad (3.2.1)$$

Nach 1.14.6 und 1.14.2 folgt

$$Q_A = K_{Sp} \frac{\overline{f}_L}{k} \cdot \frac{1}{\varphi} \cdot b_L + N \cdot \frac{K_{ZP}}{\varepsilon_{ZP} \cdot c_{ZP}} , \qquad (3.2.2)$$

worin

K_{Sp}, K_{ZP} die zeitlichen Kosten der beiden Funktionseinheiten,

f_L die Füllung durch den Lagerauftrag,

k die Hauptspeicherkapazität,

b_L die Lagerzeit

φ die relative Füllung des Hauptspeichers,

ε_{ZP} der relative Durchsatz des Zentralprozessors,

c_{ZP} der maximale Durchsatz des Zentralprozessors

sind.

In einem Mehrprogrammbetrieb ergebe sich ein Mittelwert

$$\bar{f}_L = \bar{m} \cdot \frac{N}{\varepsilon_{ZP} \cdot c_{ZP}} \quad (\bar{m} > 1), \qquad (3.2.3)$$

wobei $\bar{m}$ ausdrückt, um welchen Faktor die Lagerzeit größer als die Summe der Operationszeiten ist; $\bar{m}$ charakterisiert also die Bearbeitungszeitstreckung für den Auftrag A. Wir ersetzen noch $\bar{f}_L$ durch B·w und gewinnen

$$\bar{Q}_A = \frac{N}{\varepsilon_{ZP} \cdot c_{ZP}} (K_{Sp} \frac{B \cdot w}{k} \frac{\bar{m}}{\varphi} + K_{ZP}) \qquad (3.2.4)$$

als <u>mittlere Kosten je Auftrag in der Zentraleinheit</u>.

Für heutige Rechenanlagen ist typisch, daß beide Summanden von ähnlicher Größenordnung sind:

Es sei $K_{Sp}/k = 0{,}5 \cdot 10^{-8}$ DM/s · Bit (Kaufpreis 10 Pfg/Bit)

$B = 20.000$

$w = 30$

$\bar{m} = 2$

$\varphi = 0{,}8$

$K_{ZP} = 0{,}01$ DM/s (Kaufpreis 200.000 DM).

(Mit anteiligen Betriebskosten kann man 1 DM Kaufpreis $5 \cdot 10^{-8}$ DM/s gleichsetzen).

Dann ist

$K_{Sp} \cdot \frac{B \cdot w}{k} \cdot \frac{\bar{m}}{\varphi} = 0{,}75$ Pfg/s ,

$K_{ZP} = 1$ Pfg/s,

die Kosten bei 60 s Gesamtbearbeitungszeit im Zentralprozessor (120 s Lagerzeit) sind also 105 Pfg.

Wir ziehen nun diese Beziehung zur Beurteilung der Sprungbefehle heran. Indem wir von Sprungbefehlen auf Ausnahmekriterien und Ausnahme-Folge-Befehlsadressen übergehen, wachse die Wortlänge von w auf w + s. Außerdem nimmt die Zahl der Operationen N, in der ein Anteil j von Sprüngen enthalten war, auf N(1-j) ab. Die Summe der Bearbeitungszeiten im Zentralprozessor geht damit aber nur unwesentlich zurück, da nur Befehlszugriffe erspart werden, die meist überlappt zur Vor-Operation durchgeführt werden. Wir berücksichtigen dies durch Multiplikation von j mit ν ($\nu \approx 0$). So erhält man für die Verwendung von Sprungbefehlen

$$\bar{Q}_{As} = \frac{N}{\varepsilon_{ZP} \cdot c_{ZP}} (K_{Sp} \cdot \frac{B \cdot w}{k} \cdot \frac{\bar{m}}{\varphi} + K_{ZP}) \qquad (3.2.5)$$

und ohne Sprungbefehle

$$\bar{Q}_{A\bar{s}} = \frac{N(1-j\cdot\nu)}{\varepsilon_{ZP} \cdot c_{ZP}} (K_{Sp} \frac{B(w+s)(1-j)\bar{m}}{k\cdot\varphi} + K_{ZP}) \quad (3.2.6)$$

Sprungbefehle sind dann nicht zu rechtfertigen, wenn

$$\bar{Q}_{As} > \bar{Q}_{A\bar{s}} \quad \text{ist.} \quad (3.2.7)$$

Dies ist offenbar für verschwindende Bitkosten $\frac{K_{Sp}}{k}$ des Hauptspeichers der Fall. Bei sinkenden Speicherkosten steigt allerdings zunächst auch $\bar{m}$, weil der Mehrprogrammbetrieb attraktiver wird (vgl. 8.3), bis $\varepsilon_{ZP} \approx 1$ erreicht ist. Außerdem spielt die Anzahl der Operationen je Befehl, die das Verhältnis N/B beeinflußt, eine Rolle. Sprungbefehle sind bei Programmcharakteristiken großen N/B-Verhältnisses ungünstig. Typische Werte für die Sprunghäufigkeit j liegen bei 0,25. Ist $j\nu \ll 1$, so folgt aus (3.2.7)

$$s < \frac{j}{1-j} w . \quad (3.2.8)$$

Bei typischen Werten (w = 30, j = 0,25) müßten wir also die Ausnahmenachfolge mit weniger als 10 Bit beschreiben, was nicht gelingt, so daß Sprungbefehle günstiger sind. Anders fällt dieses Kriterium bei Mikroprogrammen aus, wo w = 50 typisch ist und j $\approx$ 2/3. Dann gehört die Ausnahmenachfolge in das Befehlswort.

Es gibt nun noch zwei weitere Ansätze zur Kürzung der Befehle: Kürzung der Adressen und Verringerung der Anzahl der Adressen. Das erste Prinzip führt darauf, die Adressierung zumeist auf einen aktuellen Ausschnitt zu beschränken, in dem man mit Kurzadressen auskommt. Hiermit kann man eine Zelle aus einer Teilmenge des Speicheradressenraumes erreichen (vgl. 3.4, offene Basisadressierung) oder lediglich ein Register aus einem Satz von z.B. 16 Registern. Im letzteren Fall spricht man wegen der geringen Adreßlänge (4 Bits) oft von "Halbadressen". Dieser Einsparung erbringt wieder eine Vergrößerung des aktuellen Ausschnitts und zusätzliche Transporte.

Zur Erörterung des zweiten Prinzips, der Verringerung der Zahl der Adressen, benutzen wir folgende Notation:

 ω bezeichne den Operator,

 <A> bezeichne den Inhalt der Zelle mit der Adresse A,

 >X< bezeichne die Adresse einer Zelle, in der X gespeichert ist.

Eine Maschine ist eine n-Adreßmaschine, wenn die Befehle für zweistellige Operationen n Adressen zur Bezeichnung der Operandenzellen und der Ergebniszelle enthalten. Ist noch eine Nachfolgeradresse angegeben, so sprechen wir von einer n+1-Adreßmaschine. Eine Dreiadreßmaschine (three-address-machine) hat also für zweistellige Operationen Befehle der Form

  ω > Operand 1 <> Operand 2 <> Ergebnis <

Eine Dreiadreßmaschine kann die Zellen für Operanden und Ergebnisse im ganzen (virtuellen) Speicher frei wählen - wir kennzeichnen sie dann durch sss-, was zu großen Befehlswortlängen führt (unser Beispiel 56 Bits), oder in einem Teiladressenraum. So verwendet die CDC 6600 [Thornton J 64] bzw. CDC 7600 [CDC 7600a] Dreiadreßbefehle für alle Verarbeitungsoperationen, bei denen die Adressen 3 Bits lang sind (1 aus 8 Registern). Solche Befehle kennzeichnen wir durch rrr. Dazu müssen natürlich für die einstelligen Operationen "Laden", "Entladen eines Registers", für die eine Quelle und eine Senke anzugeben ist, Befehle des Typs ω r s vorhanden sein.
An dem Beispiel der Berechnung von

$$Z := \frac{(A - B * C) * (D + E/F)}{A + B * C} \qquad (3.2.9)$$

stellt sich die Befehlsfolge der Dreiadreßmaschine folgendermaßen dar:

Beispiel 3.2.10: Programm für Dreiadreßmaschine
```
    * > B  < > C  < > H1 <
    - > A  < > H1 < > H2 <
    / > E  < > F  < > H3 <
    + > D  < > H3 < > H3 <
    * > H2 < > H3 < > H2 <
    + > A  < > H1 < > H1 <
    / > H2 < > H1 < > Z  <
```

Wir haben weniger Operationen aufzuwenden, als zweistellige Operatoren im Ausdruck auftreten. Das liegt daran, daß wir die Berechnung von B * C nur einmal vorzunehmen brauchten. H1, H2, H3 sind Zwischenergebnisse. Der einstellige Operator := (Wertzuweisung) belastet das Programm nicht.

Es gibt zwei Möglichkeiten, auf eine Adresse zu verzichten: es wird eine Adresse für einen Operanden und das Ergebnis verwendet (Verlust des Operanden!), ein Verfahren, daß wir Überdeckung nennen werden, oder man kann implizit eine Zelle voraussetzen, wo ein Operand zu finden ist; dieses Verfahren bezeichnen wir als Implizierung.
Zweiadreßmaschinen werden vor allem durch Überdeckung gewonnen. Sie haben also für zweistellige Operationen Befehle der Form

  ω > Operand 1 <> Operand 2, später Ergebnis <

Beispiel 3.2.11: Programm zur Berechnung von 3.2.9 für eine Zweiadreßmaschine:

```
Befehl:                 Wirkung:
* > B < > C  <          C : = B * C    (C verloren!)
→ > C < > H1 <          H1: = C        (B * C aufbewahren)
- > A < > C  <          C : = A - C
/ > E < > F  <          F : = E / F
+ > D < > F  <          F : = D + F
* > C < > F  <          F : = C * F    (Zähler berechnet)
+ > A < > H1 <          C : = A + H1   (Nenner berechnet)
/ > F < > C  <          C : = F / C    (Ausdruck berechnet)
→ > C < > Z  <          Z : = C
```

Ein neuer Operator, →, besorgt das Kopieren, wo es sich nicht durch die Operand2/Ergebnis-Überdeckung erübrigt. Diese Operation dient nicht nur der Aufbewahrung des Wertes von B * C, sondern auch der abschließenden Wertzuweisung. Unser Programm hat die anfänglichen Werte von C und F zerstört; ist das nicht erlaubt, so erweitert es sich um 2 Kopierbefehle und benötigt zwei weitere Zellen für Zwischenwerte. Das Programm ist von 7 auf 9(11) Befehle angewachsen, die Zahl der Operationen ebenso. Nach unserer Voraussetzung sind die Befehle 40 Bits lang, der Speicherbedarf ist also 360 (440) Bits.

Für Zweiadreßmaschinen lassen sich gelegentlich kürzere Programme erzielen, wenn eine nicht kommutative Operation auch mit vertauschten Operanden angeboten wird, also neben

$s_1 := \omega(s_1, s_2)$ auch (3.2.12)

$s_2 := \omega(s_1, s_2);$ (3.2.13)

im Beispiel: neben X : = X - Y auch Y : = X - Y. Man spricht hier von zueinander symmetrischen Befehlen.
Zweiadreßmaschinen vom Typ ss (z.B. RW 400, [Porter E 60]) sind weniger häufig als vom Typ rs, der oft auch als Anderthalbadressmaschine bezeichnet wird. r bezeichnet eines aus wenigen (4..256) Registern. Beispiele: Ferranti Pegasus [Elliott W 56], IBM/360 und /370 [Amdahl G 74],[IBM 370d], DEC System 10 (PDP 10) [DEC 10], SDS/Xerox Sigma 5, Sigma 7, Univac 1106 .. 1110 [Univac 1110e]. Mit Einführung des Register"satzes" erhält man die typischen Vor- und Nachteile eines aktuellen Ausschnitts. Für die nicht kommutativen Operationen ist es nun noch wünschenswert, die Operanden nicht zunächst in richtige Stellung bringen zu müssen, also bei Befehlen der Form ω r s alle Wirkungen

r : = ω (r,s)   (3.2.14)
r : = ω (s,r)   (3.2.15)
s : = ω (r,s)   (3.2.16)
s : = ω (s,r)   (3.2.17)

zu ermöglichen, was für eine Verknüpfung vier Befehlstypen notwendig macht. Die größte Bedeutung haben die Formen (3.2.14) und (3.2.15), da meistens das Ergebnis der Weiterverarbeitung dienen und daher im aktuellen Ausschnitt bleiben soll. Bei überlappender Arbeit zwischen Leitwerk und Rechenwerk (vgl. 3.11) stellen sich mit (3.2.16) und (3.2.17) besondere Schwierigkeiten ein (vgl. 3.6, 3.11).

Beispiel 3.2.18: Für eine Anderthalbadreßmaschine mit Befehlen der Form (3.2.14) und (3.2.15) lautet das Programm:

```
⟶ > C  < > R1 <      R1 : = C
*  > B  < > R1 <      R1 : = B * R1
⟶ > R1 < > R2 <      R2 : = R1    (B * C aufbewahren)
-  > A  < > R2 <      R2 : = A - R2
⟶ > F  < > R3 <      R3 : = F
/  > E  < > R3 <      R3 : = E / R3
+  > D  < > R3 <      R3 : = D + R3
*  > R2 < > R3 <      R3 : = R2 * R3
+  > A  < > R1 <      R1 : = A + R1
/  > R1 < > R3 <      R3 : = R1 / R3
⟶ > R3 < > Z  <      Z  : = R3
```

Alle Eingangsgrößen mögen im Speicher stehen. Zwischenwerte in Registern sind durch R1, R2, R3 bezeichnet. Es werden 11 Befehle zu je 28 Bits (dabei 4 Bits für Bezeichnung des Registers) benötigt.

Die Einadreßmaschinen (single address machine) benutzen neben dem Überdeckungsprinzip das Implizierungsprinzip. Als implizit vereinbarten Ort für den Operanden 2 bzw. das Ergebnis dient ein Register im Rechenwerk, das mit einer Funktionseinheit verbunden ist, die aus dem Inhalt dieses Registers und dem Inhalt der bezeichneten Speicherzelle die Summe erzeugen kann und diese in das Register speichert. Diese Eigenschaft hat diesem Register die Bezeichnung Akkumulator eingetragen. Wir brauchen jetzt zwei Kopieroperatoren, die "speichere" und "lade" heißen sollen und den Akkumulatorinhalt in eine Speicherzelle kopieren bzw. den Inhalt einer Speicherzelle in den Akkumulator.

Beispiel 3.2.19: Die Berechnung von 3.2.9 erfolgt nun nach

```
lade        > B  <
*           > C  <
speichere   > H1 <
lade        > A  <
-           > H1 <
speichere   > H2 <
lade        > E  <
/           > F  <
+           > D  <
*           > H2 <
speichere   > H2 <
lade        > A  <
+           > H1 <
speichere   > H1 <
lade        > H2 <
/           > H1 <
speichere   > Z  <
```

Das Programm umfaßt 17 Befehle zu (unser Beispiel) 24 Bits. Es verwendet keine symmetrischen Befehle; mit solchen (also etwa <AC>:=X-<AC> neben <AC>:=<AC> - X, AC Akkumulator), wären wir auf 14 Befehle gekommen. Überschreibungen von Ausgangswerten finden nicht statt. Der Speicherbedarf (Befehlslänge 24 Bits) beträgt 408 (336) Bits.

Günstigere Ergebnisse erhält man, wenn mehrere Register zugelassen werden. Am Einadreßformat kann man festhalten, wenn man das auszuwählende Register im Operator angibt, vgl. etwa CGK TR 440 [TR 440u].

Bringt man den Ausdruck in eine Postfixnotation (vgl. etwa [Bauer F 71]), so kann man ihn mit einem Operanden/Zwischenwertkeller berechnen. Die Postfixdarstellung von (3.2.9) lautet

ABC*-DEF/+*ABC*+/ (3.2.20)

Die Zeichenfolge ist von links abzuarbeiten; jeder Operand ist "auf" den Keller als jüngster Eintrag zu schreiben; jeder Operator wird auf den jüngsten und zweitjüngsten Eintrag angewendet und ersetzt diese beiden durch das Ergebnis, das nun jüngster Eintrag ist. Die Postfixnotation ist als Programm geeignet und ergibt sich direkt aus der syntaktischen Analyse bei der Übersetzung.

Beispiel 3.2.21: Wir verwenden wieder "lade" und "speichere", die nun den jüngsten Eintrag "auf" den Keller ergeben bzw. ihn entfernen.

Befehlsfolge:	Kellerinhalt:	Erläuterung
lade >A<	A	
lade >B<	A|B	
lade >C<	A|B|C	
*	A|H1	H1=B*C
-	H2	H2=A - H1
lade >D<	H2|D	
lade >E<	H2|D|E	
lade >F<	H2|D|E|F	
/	H2|D|H3	H3=E / F
+	H2|H4	H4=D + H3
*	H5	H5=H2 * H4
lade >A<	H5|A	
lade >B<	H5|A|B	
lade >C<	H5|A|B|C	
*	H5|A|H6	H6=B * C
+	H5|H7	H7=A + H6
/	H8	H8=A / H7
speichere >Z<		

Die zweimalige Berechnung von B*C hätten wir sparen können, wenn wir als 5. Befehl ein Kopieren des jüngsten Eintrags in den Speicher eingesetzt hätten. Man bemerke noch, daß "speichere" einen Transport darstellt, der den (letzten) Eintrag löscht, kein Kopieren. Wir haben 18 Befehle gebraucht mit 8·8 + 10·24 = 304 Bits.

Die Maschine nach dem Kellerprinzip braucht für die zweistelligen Operatoren keine Adresse, ist also eine Nulladreßmaschine (zero-address-machine). Die Unterstützung von LIFO-Datenstrukturen ist - über die Berechnung von Ausdrücken hinaus - aus vielfältigen Gründen erwünscht, insbesondere bei der syntaktischen Analyse und bei Unterprogrammaufrufen. Beispiele zu Nulladreßmaschinen sind Burroughs B 5500, B 6700 [B 5500b] [B 6700].

Indem wir an dem Ausdruck (3.2.9) die Maschinen vergleichen, erhalten wir

	Speicherbedarf für Programm	Operationen	Leseaufträge an Hauptspeicher
3 - Adr.-M.	392 Bits	7	14
2 - Adr.-M.	360(440)Bits	9(11)	16(18)
$1\frac{1}{2}$ - Adr.-M.	308 Bits	11	10
1 - Adr.-M.	408(336)Bits	14(17)	10(12)
0 - Adr.-M.	304 Bits	18	9

Die Bearbeitungszeit wird durch die Zahl der Leseaufträge an den Hauptspeicher meist realistischer abgeschätzt als durch die Zahl der Operationen. Soweit man Maschinen durch ihre Wirksamkeit bei der Berechnung von Ausdrücken beurteilen kann, ergeben sich folgende Schlüsse:

a. Der Übergang von Drei- auf Nulladreßmaschinen spart Füllung und Durchsatz im Hauptspeicher. Mit (3.2.3) ergibt sich, daß teure Hauptspeicher zu diesem Übergang drängen. Die Vorteile werden durch Trägheit (beim Wechseln des aktuellen Ausschnitts) und Programmkomplexität (z.B. Aufwand für Codeerzeugung durch Übersetzer) erkauft; in letzterem Punkt ist die Nulladreßmaschine allerdings sehr günstig.

b. Der Vorteil der Einführung symmetrischer Operationen (Zwei-, Einadreßmaschine ist erheblich); auch die Codeerzeugung wird entlastet.

c. Ein besonders interessanter Vergleich ergibt sich zwischen Drei- und Nulladreßmaschinen. Sehen wir von übereinstimmenden Operanden und Teilausdrücken ab, so sind in einem Ausdruck mit v zweistelligen Verknüpfungen an v+1 Operanden v Verknüpfungen durchzuführen. Die Dreiadreßmaschine verwendet ein Programm aus v Operatoren und 3v Adressen. Die Nulladreßmaschine verwendet ein Programm, das einen Operator für jeden Operanden (Laden), einen Operator zur Ergebnisspeicherung und einen für jede Verknüpfung, also 2v+2 Operatoren braucht und v+2 Adressen. Also ist die Füllung des Speichers (w_{op} Operator-Teilwortlänge, w_A Adreßteilwortlänge) für die Dreiadreßmaschine

$$f_{3A} = v \cdot w_{op} + 3v\, w_A \qquad (3.2.22)$$

und für die Nulladreßmaschine

$$f_{0A} = (2v + 2) w_{op} + (v + 2) w_A. \qquad (3.2.23)$$

Die übrigen Maschinen liegen meist zwischen diesen Werten. Aus den Formeln folgt, daß der Speichervorteil der Nulladreßmaschine nur für

$$v > 2 \cdot \frac{w_A + w_{op}}{2w_A - w_{op}} \quad \text{gilt,} \qquad (3.2.24)$$

also dann nicht, wenn die Ausdrücke "klein" sind (v klein) oder $2w_A$ nicht w_{op} übertrifft: für Vielregistermaschinen (w_A = 3 .. 4 Bits) verschwindet der Speichervorteil der Nulladreßmaschine.

Bei Operatoren sind gelegentlich redundante Codierungen anzutreffen, die es erlauben, die Einzelbits unmittelbar zur Steuerung von Baueinheiten der Maschine zu verwenden. Solche Bits heißen <u>Funktionsbits</u> (functional bits); ist der ganze Operator aus Funktionsbits zusammengesetzt, so spricht man von einem <u>analytischen Befehlscode</u> (vgl. ZEBRA [van der Poel W 59], Zuse Z 22 [Z 22]). Meist ist die Codierung so gewählt, daß wenigstens einzelne Bits bzw. Bitgruppen isoliert gedeutet werden können, um zu Beginn der Entschlüsselung sofort Kenntnis über die Länge des Befehls, Beauftragung anderer Werke, Sprung und ähnliche zeitkritische Informationen zu erhalten.

Über Operatoren und Adressen hinaus enthalten Befehle oft noch verschiedene andere Größen, z.B.

a. Typenkennungen
b. Markierungen, mit denen man z.B. die (Art der) Ausführung des Befehls bedingen kann
c. Adressierungshilfsgrößen (vgl. 3.4), wie Adressen von Basisadressen, Indizes; Inkremente für Indizes; Erklärungen über die Referenzstufe des Adreßteils.

Einige Maschinen verwenden Befehle <u>verschiedener Länge</u> (IBM/360 [Amdahl G 64], CDC 6600/7600 [Thornton J 64]). Damit erreicht man kompaktere Programme um den Preis aufwendigerer Leitwerke (Abkehr vom Befehls"zähler").

3.3 Befehlsvorrat

Die Menge der Operatoren, die in Befehlen verwendet werden können, legt den <u>Befehlsvorrat</u> (instruction set) eines Rechners fest. Große Befehlsvorräte erlauben kompakte und laufzeitgünstige Programme, erfordern aber aufwendigere Leitwerke und können zur Codeerzeugung von Übersetzern meistens nicht ausgenutzt werden. Typische Anzahlen von Operatoren sind 30 .. 250.

Die durch die Operatoren bestimmten Befehle werden wir nach den Werken ordnen, die mit ihnen beauftragt werden. <u>Leitwerkbefehle</u> betreffen nur Leitwerk und Hauptspeicher, <u>Rechenwerkbefehle</u> zusätzlich das Rechenwerk, und <u>Ein/Ausgabebefehle</u> betreffen Leitwerk, Hauptspeicher, E/A-Werk und Peripherie. Eine weitere wichtige Unterscheidung ergibt sich dadurch, daß im Mehrprogrammbetrieb die Einwirkungen der Benutzerprozesse auf das Rechensystem eingeschränkt werden müssen, um **gegenseitige** Schädigung zu verhindern und das Betriebsziel durchzusetzen. Man führt daher wenigstens zwei Betriebsmodi ein, die man z.B. Benutzermodus (user mode) und (Betriebs-)Systemmodus (system/executive/master mode) nennt; mit weiteren Modi kann man verschiedenen Schichten des Betriebssystems (vgl. etwa [Dijkstra E 68]) abgestufte Rechte geben. Oft ist für Wartungsbetrieb ein besonderer Modus wünschenswert [TR 440 v]. Das Leitwerk deutet die Befehle abhängig vom Modus. Das kann so weit gehen, daß mit Auftreten eines Befehls, der im aktuellen Modus nicht zugelassen ist, das Programm verlassen wird (vgl. unten: Befehlsfallen). Ist ein Befehl für den Benutzermodus nicht erlaubt, so heißt er privilegiert. Hierzu gehören vor allem Befehle, mit denen Daten modifiziert werden, die die Hauptspeicherzuteilung bestimmen (verdeckte Basisadressen, Seiten-Kachel-Entsprechungen, Zugriffsrechte, vgl. 3.4), die Ein/Ausgabe veranlassen oder globale Maschinendaten (Wecker, Unterbrechungsmasken, vgl. 3.5/3.6) abändern. In der Aufstellung sind solche Befehle gekennzeichnet.

Im folgenden werden nun typische Befehle vorgestellt. Insbesondere bei den Leitwerkbefehlen ergeben sich so zwingende Bindungen an die gewählte Maschinenorganisation, daß sich diese Darstellung nicht verallgemeinern läßt.

Leitwerkbefehle:

Stop (privilegiert)
Unbedingter Sprung (unconditional jump)
Bedingter Sprung (conditional jump): eine Adresse gibt das Sprungziel an. Bei Dreiadreßmaschinen kann man mit den beiden verbleibenden Adressen zwei Operanden bezeichnen, deren Relation (=, ≠, >, ≥, <, ≤) das Sprungkriterium ist. Bei Zweiadreßmaschinen ist dieses nur noch möglich, wenn man das Sprungziel impliziert und festlegt (man verabredet dann, daß das Sprungzeil stets der übernächste Befehl ist, und nennt einen solchen Sprung Skip) oder einer der Operanden der Relation ist in einem bevorzugten Register. Bei Anderthalbregisterbefehlen ist es nahegelegt, die Speicheradresse als Sprungziel zu verwenden und mit der "halben" Adresse ein Kriterium zu bezeichnen, das durch die vorhergehenden Operationen als Nebenwirkung ausgewertet wurde (IBM/360 und abgeleitete Rechner, [Amdahl G 64]). Hat man nur eine Adresse zur Verfügung, so kann man das Vorzeichen des Akkumulatorinhalts als Kriterium verwenden oder - mit einem Skip statt des allgemeinen Sprunges - den Inhalt einer beliebigen Speicherzelle. Nach diesem Schema ist auch eine Relation (Inhaltsvergleich Speicherzelle/Akkumulator) möglich. Meist werden bei Einadreßmaschinen viele Operatoren für den bedingten Sprung aufgewendet, um die Auswahl der Relationsoperanden und Kriterien zu vergrößern. Zur Wertschätzung des Aufwandes, der Sprüngen beim Entwurf des Befehlsvorrates gewidmet wird, erinnere man sich, daß sie meist etwa 25 % aller Operationen ausmachen.
Sprung in Unterprogramm (subroutine call): anders als bei einem unbedingten oder bedingten Sprung wird der Prozeß nach

Durchlaufen des Unterprogramms zu dem Befehl, der auf den Unterprogrammsprung folgt, zurückkehren. Unterprogrammsprünge müssen also den bisherigen Befehlszählerstand als Rückkehradresse (oder ein Datum, aus dem diese erschlossen wird) aufbewahren. Bei Durchlaufen des Unterprogrammes sollen außerdem über Adressen, die zur Zeit der Programmierung des Unterprogramms gewählt werden(!) Aktualparameter aus dem "aufrufenden" Programm zugänglich gemacht werden. Die Situation wird noch dadurch erschwert, daß aus einem Unterprogramm wiederum ein Unterprogramm aufgerufen werden darf (Verschachtelung), insbesondere auch das aufrufende (rekursiver Aufruf, recursive call). Der rekursive Aufruf setzt voraus, daß das Unterprogramm ablaufinvariant ist. Die Organisation von Unterprogrammaufrufen ist für die Wirksamkeit der Maschine sehr wichtig und hat zahlreiche Lösungen hervorgebracht, z.B.:

a. der Befehlszählerstand wird an eine feste Stelle im Unterprogramm gespeichert (keine Rekursion)

b. der Befehlszählerstand wird in einem allgemeinen Register untergebracht (keine Verschachtelung)

c. die Aktualparameter werden vom aufrufenden Programm vor Absprung in das Unterprogramm gespeichert (keine Rekursion)

d. die Aktualparameter (oder ihre Adressen) werden, auf den Absprungbefehl folgend, im aufrufenden Programm untergebracht (keine Rekursion)

e. es wird ein Stapel (stack) von Aufrufsätzen (activation record) angelegt, der Rückkehradressen und Aktualparameter aufnimmt. Wie beim Keller handelt es sich um die LIFO-Struktur, es dürfen aber auch ältere ("tiefere") Eintragungen gelesen bzw. verändert werden. Mit jedem Unterprogrammaufruf kommt ein Aufrufsatz auf den Stapel, mit jedem Rücksprung wird ein Aufrufsatz aufgegeben. Der Aufrufsatz enthält die Adresse für die Rückkehr in das jeweils aufrufende Programm und alle Aktualparameter dieses Programmes (bzw. ihre Adressen). Der Aufrufsatzstapel ist ein Teil der Operandenmenge des Prozesses und vom Programm/Unterprogramm, das ablaufinvariant sein darf, getrennt. Daher ist Rekursion möglich; das Programm darf sogar konkurrent von mehreren Prozessen benutzt werden. Die Schachtelungstiefe ist nur durch die zulässige "Höhe" des Stapels begrenzt. Zur Organisation braucht man Adressen, die die Basis des "obersten" Aufrufsatzes bezeichnen und die Spitze des Stapels (auf der man bei erneutem Aufruf aufbauen wird); bei Rückkehr muß die Basis des tieferen Aufrufsatzes bestimmt werden.

Unterprogrammrücksprung: hierfür ist nur im einfachsten Fall ein unbedingter Sprung tauglich (vgl. oben).

Befehle, die die Adressierung bestimmen: hierzu gehören die Befehle zum Prüfen und Verändern der Adreßhilfsgrößen wie Basisadressen, Indizes, Seiten-Kachel-Entsprechungen, Segmenttafeln, Zugriffsdaten (vgl. 3.4). Diese Befehle sind großenteils privilegiert.

Sprünge mit Moduswechsel (teilweise privilegiert): hierhin gehört z.B. der Systemaufruf (supervisor call), mit dem ein Benutzerprozeß eine Leistung des Betriebssystems anfordert. Der Befehl führt sofort zu einem Wechsel in den Systemmodus, die Prozessorinhalte, die dem Benutzerprozeß gehören (Befehlszählerstand, Registerinhalte) werden an einen festgelegten Platz, der dem Speicherbereich des Benutzers angehört, gerettet und die Art und Berechtigung der Beauftragung (durch eine - meist symbolisch zu verstehende - Sprungadresse beschrieben) wird geprüft. Nur der Anfang dieses Ablaufes wird als Leitwerkoperation durchgeführt, der Rest meist als Befehlsfolge, in die die Operation springt und deren Anfangsadresse durch die Operation (eventuell mit der Sprungadresse) festgelegt ist. Diese Technik, einem Befehl eine Wirkung zuzuordnen, die nicht vom Leitwerk erreicht wird, sondern durch eine angesprungene Befehlsfolge, wird <u>Befehlsfalle</u> (instruction trap) genannt. Sie ermöglicht u.a. auch eine elegante Behandlung von Ausnahmesituationen, z.B. wenn ein Operator nicht definiert ist oder im aktuellen Modus nicht oder nur in aufwendigen Varianten ausgeführt wird. Damit kann man zum Beispiel erreichen, daß in einer einfachen Betriebsform ein Benutzerprozeß im privilegierten Zustand läuft und seine Ein/Ausgabe unmittelbar besorgt. Dasselbe Programm kann in einem Mehrprogrammbetrieb im Benutzermodus laufen, und seine Ein/Ausgabebefehle führen in Befehlsfallen, aus denen das Leitwerk in das Betriebssystem übergeht. Ebenso kann mit dem "Stop" verfahren werden. - Umgekehrt muß es (privilegierte) Befehle geben, mit denen der Systemmodus verlassen werden kann und die einen Benutzerprozeß wieder mit seinem "Status" in den Zentralprozessor einsetzen.

<u>Tue-Befehl</u> (execute-instruction): dieser Befehl sorgt dafür, daß der mit dem Adreßteil bezeichnete Befehl ausgeführt wird und dann das Programm in die Befehlsfolge zurückkehrt. Es handelt sich also um ein Ein-Befehl-Unterprogramm.
<u>Null-Befehl:</u> bleibt wirkungslos.
<u>Blocktransporte:</u> Kopieren (!) einer Folge von Worten von einem Speicherbereich in einen anderen. Bei Ein- und Zweiadreßmaschinen sind über die Adressen indirekt Blocklänge, Quelle und Ziel zu ermitteln.

<u>Befehle zum Laden und Entladen von besonderen Registern des Leitwerks:</u> hierhin gehört vor allem das <u>Weckerregister</u> (timer), das fortlaufend mit der freilaufenden Uhr des Rechners verglichen wird und zu einer Programmunterbrechung führt, und das <u>Unterbrechungswunschregister</u> (interrupt request register), in das die Unterbrechungswünsche gespeichert werden (vgl. 3.5) und das Unterbrechungsmaskenregister (interrupt mask register), dessen Inhalt bezeichnet, welchen Unterbrechungswünschen stattgegeben werden kann.

<u>Rechenwerksbefehle:</u> hier handelt es sich bei unären Operationen (Vorzeichenwechsel, Betragsbildung, Wurzel, Kehrwert) um Befehle, die nur eine Adresse brauchen, bzw. bei Implizierung, gar keine. Für zweistellige Operationen sind die Formate in 3.2 diskutiert worden. Die Rechenalgorithmen, die eng mit der gewählten Darstellung zusammenhängen, werden in 3.7 beschrieben. Fast alle Befehle sind für halbe, ganze, mehrfache Wortlängen sinnvoll.

Laden, Speichern (load, store)

Transporte zwischen Registern

Festpunktoperationen: Summe, Differenz, Produkt, Quotient, Modulo-Operation, Kehrwert, Wurzel ..., dabei können die Operanden unverändert, negativ oder mit dem Betrag verwendet werden.

Gleitpunktoperationen: gleiches Spektrum.

Wandlung Festpunkt ⇄ Gleitpunkt

Boolesche Operationen: binärstellenweise Konjunktion, Adjunktion, Antivalenz, Implikation, Negation ... .

Vektoroperationen: Skalarprodukt, Polynom (aus Koeffizientenvektor und Argument), Tabellensuchen.

Verschiebungen (shift): zyklisch oder abschneidend, links oder rechts, in einem Register oder über mehrere, mit oder ohne Vorzeichenstelle; hierzu wird meist die Stellenzahl, um die zu schieben ist, im Adreßteil des Befehls angegeben; zu den Verschiebebefehlen zählen auch solche, die die Zahl der Einsen im Binärwort zählen.

Ein/Ausgabe-Befehle (privilegiert): diese Befehle werden in Abschnitt 7 behandelt. -

3.4 Adressierung

Das Bild, das wir uns bisher von der Verwendung des Adreßteils des Befehls und vom Inhalt des Befehlszählers gemacht haben, stellt für heutige Maschinen eine starke Vereinfachung dar. Welche Möglichkeiten das Rechensystem für die Benutzung und die Veränderung der Adreßfelder in den Befehlen bereitstellt, hat entscheidenden Einfluß auf Betriebsformen und Wirksamkeit des Systems. Wir werden die teilweise ziemlich komplexen Adressierungsformen an einer Reihe von Forderungen und Lösungen durchlaufen. Dabei schreiten wir von einfachsten zu aufwendigen Lösungen fort. In der Übersicht Abb. 3.4.1 sind Forderungen, Lösungen und ihr Verhältnis zueinander dargestellt.

Wir werden zwischen Programmadressen, Prozeßadressen und Maschinenadressen unterscheiden. Unter Programmadressen verstehen wir die Adressen, die wir im Adreßteil der Befehle des Programms vorfinden oder die als Konstanten im Programm vorhanden sind. Sie bilden den Programmadressenraum. Der Programmablauf (Prozeß) kann aus den Programmadressen und Hilfsgrößen, die Operanden bzw. Ergebnisse des Prozesses sind, also dem prozeßzugänglichen Datenbestand angehören, Adressen gewinnen und im Rechensystem verwenden. Die Adressen, die der Prozeß gegenüber dem Rechensystem verwendet, heißen Prozeßadressen (effektive Adressen); sie sind großenteils von ihm erst erzeugt worden. Das Rechensystem enthält eine Funktionseinheit, die teilweise durch Programmwirkungen, teilweise durch die Speicher der Anlage zustande gebracht wird, und vom Prozeß Lese- und Schreibaufträge mit Adressen akzeptiert und ausführt. Diese Funktionseinheit heißt virtueller Speicher (virtual storage), die Adressen heißen virtuelle

Adressen. In einem Mehrprogrammbetrieb, in dem ja konkurrente Prozesse auftreten, bestehen abwechselnd verschiedene virtuelle Speicher, vom Betriebssystem für den aktuellen Prozeß eingerichtet, ihm allein zugehörig, aber - aus Sicherheitsgründen - ihm nur in Schreib- und Leseaufträgen zugänglich; meist kann der Prozeß auch nicht erkennen, wie sein virtueller Speicher realisiert wird. Der virtuelle Speicher wird durch eine vom Betriebssystem nach Maßgabe seiner Speicherzuteilungspolitik festgelegte Abbildung von virtuellen Adressen auf Speicherzellen der Rechenanlage verwirklicht, wobei besondere Einrichtungen im Leitwerk mitwirken. Als Maschinenadressen bezeichnen wir die Adressen der Speicherzellen der Anlage; die Maschinenadressen überdecken stets den Hauptspeicher, gelegentlich auch den Ergänzungsspeicher und den Trommelspeicher. Ihre Menge nennen wir Maschinenadressenraum. Es sei noch bemerkt, daß die Kapazität des virtuellen Speichers größer, gleich oder kleiner als der Maschinenadressenraum sein kann.

Forderung I: Die Befehlsworte sollen anstelle des Adreßteils Kurzwortkonstanten enthalten können. Ist der Operand eine Größe, die nicht länger als eine Adresse ist, so ist es wirtschaftlicher, diese unmittelbar in das Befehlswort, als in eine eigene Zelle zu schreiben; handelt es sich obendrein um eine ablaufinvariante Größe, so kann es auch keine Bedenken (konkurrenter Betrieb des Programms durch mehrere Prozesse (code sharing) oder durch Rekursion, Sicherheit) geben.

Lösung A: Einführung von Direktoperanden (immediate operand). Durch ein Bit im Befehl wird bezeichnet, ob der Inhalt des Adreßteils als Adresse(n) oder als Operand(en) anzusehen ist. Der Operand wird also durch eine Referenz (Zugriff über Adresse) oder durch keine erreicht. Der Adreßteil heißt daher auch Objekt erster bzw. nullter Referenzstufe. Oft ist durch die Art des Operators bereits entschieden, welche Referenzstufe vorliegt; so werden insbesondere Stellenzahlen für die Verschiebebefehle, Kanal-, Gerätenummern etc. stets als Direktangaben angesehen.

Forderung II: Der Prozeß erzeuge aus den Programmadressen Prozeßadressen; die Programmadressen bleiben unverändert (Ablaufinvarianz). Diese Forderung rührt einmal aus Wirtschaftlichkeitserwägungen her; ist ein Feld von Operanden zu verarbeiten, die alle derselben Befehlsfolge unterliegen, so ist es zu wünschen, durch systematische Abänderung der Operandenadresse dieses zu erledigen, ohne die Befehlsfolge zu ändern. Insbesondere kann man damit den Prozeß Adressen erzeugen und verwenden lassen, die zur Programmierzeit nicht bekannt sind; dieses ist stets in Programmen notwendig, die aus der Übersetzung von Programmen in algol-artigen Programmiersprachen hervorgegangen sind, vgl. [Swoboda J 70c] .

Lösung B: Substitution (indirect addressing). Das Konzept verschiedener Referenzstufen wird erweitert, indem zugelassen wird, daß der Adreßteil A eine Zelle bezeichnet, in der nicht der Operand, sondern die Operandenadresse steht; der

FORDERUNGEN:

LÖSUNGEN	Sinnvoll neben	I Kurzwort-Konstanten	II Prozess-Adressen	III Kurze Programm-adressen	IV Stützung Laden, Montieren	V Zugriffs-schutz	VI Stützung Verschiebung Prozessdaten	VII Mehrere unabhängige Prozess-Adr. Räume	VIII Stützung Aktueller Ausschnitt
A Direktoperanden	B..K	erfüllt	-	-	-	-	-	-	-
B Substitution	A, C..K	-	erfüllt	-	erleicht.	-	erschwert	-	-
C Indizierung	A,B,D..K	-	erfüllt	teilweise erfüllt	teilweise erfüllt	-	teilweise erfüllt	-	-
D Offene Basisadr.	A..C, F, J	-	teilweise erfüllt	erfüllt	erfüllt	-	teilweise erfüllt	-	-
E Speicherorient. Zugriffs-Schutz	A..D	-	-	-	-	teilweise erfüllt	teilweise erschwert	-	-
F Verdeckte Basisadressen	A..D	-	-	-	teilweise erübrigt	erfüllt	erfüllt	-	-
G,H Segmentadressierg. mit verd. Basisadr.	A..C	-	-	teilweise erfüllt	erübrigt	erfüllt	erfüllt	erfüllt	teilweise erfüllt
J Seitenadressierg.	A..D	-	-	-	teilweise erübrigt	erfüllt	erübrigt	-	teilweise erfüllt
K Segmentadressierg. mit Seitenadressg.	A..C	-	-	teilweise erfüllt	erübrigt	erfüllt	erübrigt	erfüllt	erfüllt

Abb. 3.4.1: Adressierung: Übersicht über Forderungen und Lösungen. Wo eine Lösung eine Forderung weder erfüllt noch ihre Befriedigung erschwert ist, ist "-" eingetragen.

Befehl verwendet also <<A>> als Operanden bzw. <A> als
Sprungziel oder Ergebnisadresse. Damit wird es möglich, den
Prozeß eine beliebige Adresse berechnen zu lassen, diese in
A einzusetzen und sich selbst ohne Änderung des Programms
zu modifizieren. A bezeichnet eine Zelle, die zu seinem ab-
laufveränderlichen Datenbestand gehört. Die Substitution
wird durch ein Bit im Befehl bezeichnet.

Beispiel 3.4.2:

Ein Prozeß adressiert den i ten von n Operanden, die je
mehrere Speicherzellen einnehmen und fortlaufend gespeichert sind. Ihr Umfang ist zur Programmierzeit nicht bekannt. Man richtet eine Verweistafel von n Zellen ein;
die i te Zelle wird vom Prozeß mit der Adresse des i ten
Operanden belegt; die Tafel beginne in der Zelle mit der
Adresse a. Der i te Operand kann zur Programmierzeit mit
<a + i - 1> adressiert werden (Schreibung für das Holen
des (ersten Teiles des) Operanden z.B. LADE ∂m, wobei ∂
die Substitution bezeichne und m der zur Programmierzeit
bestimmte Wert von a + i - 1 ist).

Das Konzept läßt sich ausweiten, indem man die Substitution
bis in beliebige Tiefe zuläßt: das ist z.B. dann möglich,
wenn der Befehl gerade die virtuelle (vgl. 2.6) Wortlänge
einnimmt, die Adresse also nur einen Teil (vgl. Abb. 3.4.3).
Das mit der Adresse A im Befehl bezeichnete Wort <A> wird

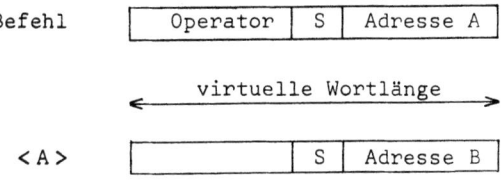

Abb. 3.4.3.: Iteration der Substitution, S ist das Substitutionsbit (Beispiel Einadreßmaschine)

nach Lesen auf die Stelle geprüft, die im Befehl das Substitutionsbit S enthalten hat. als läge ein Befehl vor. Je nach
Wert des Bits wird der Vorgang wiederholt (mit dem Adreßteil von <B> oder abgebrochen. Damit kann man Bäume aus Ver-
weistafeln aufbauen.

Lösung C: Indizierung (indexing). Eine besonders häufige
Form von Adreßänderungen besteht im Addieren von Größen auf
die Programmadresse. Solche Adreßänderungen treten besonders
bei der Verarbeitung von Komponenten konsekutiv gespeicher-
ter Vektoren auf (daher die Bezeichnung Indizierung). Zwar
ist eine beliebige Prozeßadresse über die Substitution er-
zeugbar, aber die Häufigkeit der additiven Modifikationen
macht eine besondere Lösung attraktiv. Der Befehl erhält
nun ein Feld, das einen Index (eine additive Modifikations-

größe) bezeichnet. Der Inhalt dieses Feldes hat die Referenzstufe 1, d.h. er ist als (Kurz-) Adresse eines Index zu deuten. Ein Index wird meist dem aktuellen Ausschnitt zugeteilt, d.h. in einem Indexregister gehalten. Üblich sind 1 bis 8 Indexregister. Auf Vielregistermaschinen können meistens die allgemeinen Register nicht nur für Operanden und Ergebnisse, sondern auch als Indexregister verwendet werden. Damit gewinnt man den Vorteil, Indizes mit Festpunktbefehlen verarbeiten zu können, so IBM/360 [Amdahl G 64] ; bei besonderen Indexregistern wendet man auch besondere Indexbefehle auf. Indizes können auch im Speicher gehalten werden; dieses erübrigt die Buchhaltung über die Unterbringung für den Programmierer bzw. den Compiler, ist aber bei schnellen Rechnern nur erträglich, wenn das Leitwerk automatisch einen aktuellen Ausschnitt in Registern organisiert [TR 440 u].

Im Befehl erscheint nun neben Operator und Adreßteil ein Indexname, meist also eine Kurzadresse (Abb. 3.4.4). Bei Ausführung des Befehls wird auf die Programmadresse der

Operator	Indexname	Adresse

Abb. 3.4.4.: Befehlsformat bei Indizierung (Beispiel Einadreßmaschine)

(Wert des) Index addiert. Meist wird der Indexname null verwendet, wenn keine Indizierung vorgenommen werden soll. Ist das Befehlsformat für den Indexnamen bereits zu knapp, kann er durch einen Vorbefehl angegeben werden [TR 440 u], der auch den Wert beschafft.

Beispiel 3.4.5:

Addition aller Elemente eines Feldes, das in der Zelle 200 ff steht. Die Feldlänge, zur Programmierzeit unbekannt, wird vom Prozeß in Zelle 199 abgelegt. Den Indexnamen setzen wir in unserer Notation in runde Klammern:

```
Adresse:  100   Inhalt:  Lösche <AC>
          101            Lade (3) 199
          102            Addiere (3) 199
          103            Vermindere (3) 1
          104            Sprung, falls <(3)>>0, auf 102
          ⋮
          199            20
          200        ⎫
          ⋮           ⎬ ( 19 Feldelemente )
          219        ⎭
```

Das Programm ist für eine fiktive Einadreßmaschine geschrieben. Zunächst werde der Inhalt des Akkumulators gelöscht, dann erhalte der gewählte Index mit dem Namen 3 (gespeichert in Indexregister 3) den Inhalt der Zelle 199, also die Feldlänge als Wert. Die Addition wird mit einem Speicheroperanden durchgeführt, der in 199+<(3)> gefunden wird, dann wird der Wert des Index 3 um 1 vermindert, und das Programm wird bei Adresse 102 wieder aufgenommen, solange der Index noch einen positiven Wert hat. Am Ende des Programmstücks ist <(3)> = 0 und die Summe der Elemente steht im Akkumulator. Man beachte, daß die Einadreßmaschine neben der Sprungadresse nur ein einfaches Sprungkriterium (als Operator) zuläßt. Ein Vergleich mit dem Inhalt einer beliebigen Zelle wäre nicht möglich. Daher wird das Feld "rückwärts" durchlaufen.

Zur Orientierung in mehrdimensionalen Feldern sind offenbar mehrere Indizes je Operation wünschenswert, insbesondere, wenn dabei nicht ein Vektor verfolgt wird. Zwei Indizes je Befehl werden gelegentlich vorgesehen. Auch ist die Angabe eines Inkrementes/Dekrementes für den Index interessant. Die Veränderung kann mit dem Zugriff geschehen oder - noch wichtiger - vor einem Vergleich (Kombination der Befehle in den Zellen 103 und 104 des Beispiels).

Bisher haben wir nur betrachtet, den Index als eine (prozeßadreß-) lageunabhängige Größe zu verwenden; bei Veränderung der Lage von Programm oder Operanden im Adreßraum wäre der Index nicht betroffen; im Gegensatz dazu ist die substituierte Adresse eine lageabhängige Größe (!). Man kann nun den Index auch als lageabhängige Größe benutzen und z.B. mit ihm die Substitution nachahmen. Man legt dann im Indexregister k die Substitutionsadresse ab, gibt im Befehl die Adresse null und das Indexregister k an und gewinnt dieselbe Wirkung wie mit der (nicht iterierten) Substitution. Solche Techniken haben auch allgemeinere Verwendung.

Beispiel 3.4.6:

Verarbeitung aller k ten Elemente einer Folge gleichformatiger Felder (z.B. Berechnung der i ten Komponente des Summenvektors aus n konsekutiv gespeicherten Vektoren: der Befehl enthält im Adreßteil den Wert von i - 1; ein Index wird mit der Anfangsadresse des ersten Vektors geladen und dann um die Dimension des Vektors vergrößert und der Vorgang n - 1 mal wiederholt.

Beispiel 3.4.7:

Oft wird verabredet, daß die Aktualparameter eines Unterprogramms unmittelbar auf den Unterprogrammsprung folgend einzusetzen sind (kein ablaufinvariantes Programm!). Dann kann man die Parameter über die Programmadressen 1, 2, 3 usf. erreichen, wenn man mit einem Index modifiziert, der als Wert die Absprungadresse enthält (die man zur Rückkehr ohnehin braucht).

Substitution und Indizierung werden sehr oft nebeneinander gebraucht. Das Befehlswort enthält also ein Feld für den Indexnamen und ein Substitutionsbit.

Beispiel 3.4.8:

    Erzeugung von Prozeßadressen auf der DEC 10 (vgl.
[DEC 10], Abb. 3.4.9). Es handelt sich um eine Anderthalbadreßmaschine mit 16 allgemeinen Registern, die auch

	9	4	1	4	18 Bits
Befehl	Operator	r	s	i	m

Abb. 3.4.9:   Erzeugung von Prozeßadressen auf der DEC 10:
r Registeradresse, s Substitutionsbit, i Indexname, m Hauptspeicheradresse

als Indexregister dienen. Die beiden Adressen sind r (für ein Register) und, falls $i \in [1..15]$, m + <i>. Diese Adresse unterliegt aber noch der Substitution. Indizierung und Substitution sind iterativ, d.h. das mit Hilfe der Indizierung gefundene Wort "ersetzt" die rechten 23 Bits des Befehls, und das Verfahren wiederholt sich. Für i = 0 unterbleibt die Indizierung.

Beispiel 3.4.10:

    Wie Beispiel 3.4.7, aber es werden Vektoren als Aktualparameter zugelassen, Ihre Größe ist zur Programmierzeit nicht bekannt. Die Plätze nach dem Unterprogrammabsprung können nun nur noch die Adressen der Parameter aufnehmen. Das Unterprogramm, das etwa den Betrag des Vektors bilden soll, erreicht alle Komponenten mit einem Befehl, in dessen Adreßteil nur die Nummer des Aktualparameters steht; dieser wird mit der Absprungadresse als Index modifiziert und danach der Substitution unterworfen (Zugriff auf erste Komponente) und einer weiteren Modifikation mit einem Index, der von 0 bis n - 1 läuft, wobei n die Feldgröße ist. Der erste Index ist lageabhängig, der zweite nicht.

<u>Forderung III:</u>   <u>Verwendung von Kurzadressen in Befehlswörtern</u>
Prozesse haben die Eigenschaft, sich längere Zeit in einer begrenzten Adreßumgebung aufzuhalten (Schleifen benutzen nur wenige Befehlsadressen; oft benutzen sie auch dieselben Variablen über alle Durchläufe; Felder werden mit denselben Befehlsfolgen für jedes Element durchschritten o.ä.). Wenn man bei dem Prinzip bleibt, in jedem Befehl die volle (für den Maschinenadreßraum technisch notwendige) Adressenlänge einzusetzen, verwendet man eine redundante Codierung, da sich die linken Adreßbits mit nur geringer Wahrscheinlichkeit ändern. Besitzt ein Prozeß eine ausgeprägte, kompakte aktuelle Umgebung, so kann man mit dem Aufbau eines aktuellen Ausschnitts ja nicht nur bessere Zugriffsverhältnisse schaffen (was wir jetzt nicht betrachten), sondern auch mit kürzeren Adressen auskommen, die allerdings nur ausschnittslokal gelten. Diese Forderung ist wegen des erheblichen Kostenanteils der Hauptspeicher sehr gewichtig. Hauptspeicherkosten hängen stark von der Wortlänge ab.

Lösung D: Offene Basisadressen. Man kann die Forderung III erfüllen, indem man eine Grundadresse in einem "Basisregister" bereithält, im Befehlswort nur noch die Differenz der Maschinenadresse zur Basisadresse notiert und bei Übergang in einen anderen Bereich die Basisadresse umstellt; oder man verwendet, um häufiges Umsetzen zu vermeiden, eine Auswahl von gleichzeitig benutzten Basisadressen, muß dann aber im Befehlswort angeben, welches Basisregister jeweils gültig ist. Man erhält dadurch eine Wirkung, die der Adressenmodifikation mit lageabhängigem Index gleicht. Das Verfahren hat bedeutenden Einfluß auf die Adreßlänge im Befehlswort (IBM/360: Kurzadresse von 12 Bits, entsprechen 4096 Bytes Programmadreßraum, mit Basisregisterinhalt auf 24 Bits Prozeßadressenraum aufweitbar, [Amdahl G 74]). Die Befehle bleiben frei von lageabhängigen Adressen, was (vgl. Forderung IV) sehr zu wünschen ist. Wir nehmen zunächst an, daß es sich um "offene" Basisadressen handelt, d.h. daß der Prozeß sie wie andere Operanden verändern kann. Man kann dann mit Vorteil allgemeine Register als Basisregister benutzen.

Das Programm hat jetzt so viele Programmadreßräume, wie es Basisadressen verwendet. Durch den Prozeß werden diese (hoffentlich!) konfliktfrei auf einen Prozeßadressenraum abgebildet. Die Verwendung verschiedener Programmadressenräume unterstützt das Programmieren einzelner Bausteine. Der Übergang von einem Teilraum in einen anderen kann aber nicht nur durch Wechseln oder Ändern der Basisadresse, sondern auch durch Indizierung, Substitution oder durch den Zählprozeß im Befehlszähler geschehen, ist also nicht in einfacher Weise zu kontrollieren. Immerhin ist es prinzipiell möglich, über ihre Basisadresse Programmbausteine im Prozeßadressenraum zu verschieben oder sie auf wechselnde Operandenbereiche arbeiten zu lassen. Da wir zunächst annehmen, daß Prozeßadressen direkt als Maschinenadressen gedeutet werden, muß allerdings eine physische Verschiebung der Daten im Speicher mit der Verschiebung im Prozeßadressenraum einhergehen.
Wir haben uns nun mit weiteren Forderungen zu beschäftigen, die sämtlich aus dem Mehrprogrammbetrieb herrühren.

Forderung IV: Man unterstütze die Ersetzung von Adressen durch den Montierer und Lader. Ein Programm wird oft aus verschiedenen Programmbausteinen "montiert" (gebunden). Dabei ist meistens verabredet, daß alle Programmbausteine in einem eigenen, mit null beginnenden Programmadreßraum formuliert sind und von Daten begleitet sind, die alle (relativ zu ihrem eigenen Programmadreßraum) lageabhängigen Größen, mögen sie in Befehlen oder in den Operanden des Programms stehen, bezeichnen und alle Außenbeziehungen. Beim Montieren (linking) werden alle Programmbausteine konsekutiv in einem Programmadreßraum untergebracht, was die Änderung aller lageabhängigen Werte erfordert. Im Mehrprogrammbetrieb muß der Prozeß mit einer ihm vom Betriebssystem zugewiesenen Teilmenge des Maschinenadressenraumes auskommen. Will man ohne die Abbildung eines virtuellen Speichers, für den die Prozeßadressen gelten, auf dem Maschinenadressenraum auskommen, so hat man vor Ausführung alle lageabhängigen Größen so zu verändern, daß die aus ihnen abgeleiteten Prozeßadressen, werden sie

sie als Maschinenadressen gedeutet, in der zulässigen Teilmenge liegen.

Die Teilmenge ist meistens ein zusammenhängendes Intervall, und die Änderung beruht auf der Addition der Intervallanfangs(maschinen)adresse auf alle Programmadressen oder andere lageabhängige Größen. Der Vorgang ist also ähnlich wie beim Montieren, aber hier liegt nicht eine Verschiebung von Programmadressenräumen zur Eingliederung in einen Programmadressenraum vor, sondern die Umformung von Programmadressen in zulässige Maschinenadressen, in der Hoffnung, die vom Prozeß abgegebenen Adressen würden auch zulässige Maschinenadressen sein. Diese zweite Korrektur der Programmadressen wird einem Programmbaustein namens <u>Lader</u> (loader) übertragen.

Eine Lösung wurde bereits angegeben. Die offenen Basisadressen vereinfachen die Verschiebung des Programmadressenraumes erheblich, da sie die Adreßteile der Befehle lageunabhängig halten.

<u>Forderung V</u>: Man sorge dafür, daß ein Prozeß eine Zelle des Maschinenspeicherraumes nur in zulässiger Weise verwendet, z.B. gar nicht, nur um einen Befehl zum Ausführen zu lesen, nur zum Lesen eines Operanden oder zum Lesen und Schreiben. Diese Forderung wird - unter typischer Vertauschung von Gefäß und Inhalt in der Bezeichnung - "Speicherschutz" genannt; treffender ist <u>Zugriffsschutz</u> (protection). Der Lader, der ja nur Programmadressen ändert, kann Prozeßadressen nicht garantieren.

<u>Lösung E:</u> Speicherorientierter Zugriffsschutz. Jede Zelle des Speichers wird um ein Bit erweitert, das die Zugriffserlaubnis enthält und vom Leitwerk - ohne Einwirkungsmöglichkeit durch den Prozeß - bei Zugriff geprüft wird (IBM 1800, vgl. [Bell C 71]). Weniger aufwendig ist eine Gliederung des Speichers in Intervalle gleicher Größe, die viele (IBM 360: 2048 Bytes) Zellen umfassen. Solche Intervalle nennen wir <u>Kacheln</u>. Man kann es sich dann leisten, die Zugriffsdaten umfangreicher zu machen (IBM 360 [Amdahl G 64]: neben einer Lese/Schreibunterscheidung wird noch eine Prozeßnummer (0..15) angegeben). Diese Schemen stellen die ersten Beispiele dar, in denen privilegierte Befehle zur Adressierung notwendig werden, soll nicht ein fehllaufender Benutzerprozeß das Schutzschema durchbrechen können: Das Ändern der Speicherschutzdaten darf nicht im Benutzermodus erfolgen.

Es sei noch bemerkt, daß die Zugriffsdaten dem Betriebsmittel, nicht dem Prozeß zugeordnet wurden. Natürlicher ist es, diese Daten dem Prozeß zuzuteilen (ohne ihre Veränderung ihm zu gestatten). Dann kann ein Betriebsmittel genau den Prozessen zugänglich sein, die in ihren Daten das Zugriffsrecht tragen, statt nur einem oder allen; diese Lösung ist wichtig, wenn Prozesse Daten austauschen oder Daten gemeinsam verwenden sollen. - Mit Einführung der privilegierten Abbildung des virtuellen Speichers auf den Maschinenadressenraum, die ohnehin prozeßspezifisch ist, wird diese Lösung in einfacher Weise möglich.

Forderung VI: Für einen Mehrprogrammbetrieb ist es höchst wünschenswert, den Lauf eines Programmes abzubrechen, es mit seinen Operanden und Ergebnissen zu verschieben um es dann wieder aufzunehmen. Dabei ist es für die Adressierung ohne Bedeutung, ob das Programm nach Abbruch zunächst auf einen peripheren Speicher ausgelagert wurde oder nicht. Die Daten des Prozesses sollen verschieblich sein. Nach den bisherigen Vorstellungen bedeutet diese Forderung eine Revision der Adreßverschiebung beim Laden. Diese ist nur durchführbar, wenn bei Abbruch bekannt ist, welche Größen lageabhängig sind. Der Prozeß muß also über diese Größen, die er ja selbst erzeugen, kopieren oder löschen kann, Buch führen, z.B. sie an vereinbartem Ort sammeln und alle Register vermerken, die gerade solche Größen enthalten. Ein solches Verfahren ist nicht nur aufwendig, sondern leider auch bei freizügiger Verwendung der Maschinensprache in der Benutzerschaft nicht durchzusetzen.

Lösung F: Verdeckte Basisadresse. Wir führen nun erstmals eine privilegierte Adreßabbildung ein, indem wir nun - wie eingangs schon erläutert - die Prozeßadressen als auf einen virtuellen Speicher bezogen auffassen und diesen in prozeßspezifischer, aber prozeßunzugänglicher Weise auf den Maschinenadressenraum abbilden. Dazu nehmen wir an, daß die zugeteilte Maschinenspeicherteilmenge ein zusammenhängendes Intervall ist. Das Leitwerk erhält ein Register für eine "verdeckte" Basisadresse, die vom Betriebssystem für den Prozeß auf den Anfang seines Maschinenadreßintervalls gesetzt wird: der Prozeßadressenraum beginnt mit Null, für jeden Zugriff wird die verdeckte Basisadresse auf die Prozeßadresse addiert. Wenn wir negative Prozeßadressen ausschließen und in einem zweiten Register, dem Grenzregister (limit register) die höchste zugelassene Prozeßadresse speichern und zusätzlich prüfen, ob sie nicht überschritten wird, haben wir ein prozeßorientiertes Zugriffsschutzschema eingerichtet. Die Adressierung über eine verdeckte Basisadresse stellt einen erheblichen Fortschritt dar; das Programm ist nun lageinvariant, was die Verschiebung zu beliebigem Zeitpunkt erlaubt, insbesondere auch die Adreßumsetzung durch den Lader erspart, nicht aber die durch den Montierer.

Das Schema läßt sich noch verbessern, indem man einem Prozeß mehrere zusammenhängende Bereiche im Maschinenspeicher zur Verfügung stellt. Diesen entsprechen dann mehrere Bereiche im Prozeßadreßraum. Man kann nun jedem Bereich prozeßspezifisch eine eigene Zugriffsklasse zuteilen, aber gewisse Bereiche im Hauptspeicher mehreren Prozessen zuteilen. Insbesondere kann man bei zwei Bereichen in einem unveränderliche Daten halten (z.B. ein Programm) und im anderen veränderliche Daten und dann mehreren Prozessen die unveränderlichen Daten gemeinsam zugänglich machen. Alle beteiligten Prozesse können das unveränderliche Programm konkurrent benutzen ("code sharing"); die Zugriffe auf veränderliche Daten werden immer über das verdeckte Basisregister des anderen Bereiches geleitet, fallen also in ein prozeßspezifisches Maschinenspeicherintervall [DEC 10]. Es ist wichtig, zu erkennen, daß das gemeinsame Programm und die von ihm benutzten Daten an derselben

Stelle im Programmadressenraum aller Prozesse liegen, bzw. bei Verwendung der Modifikationen nach B, C, D an derselben Stelle im Prozeßadressenraum.

Forderung VII: Mehrere unabhängige Prozeßadressenräume.
Die Verwendung vieler Programmbausteine und Operanden/Ergebnisbereiche, die weitgehend unabhängig adressiert in einem Prozeß betrieben werden, sollte so gestützt werden, daß
a. das Montieren erleichtert wird,
b. Programmbausteine bzw. Operanden/Ergebnisbereiche freizügig vergrößert oder verkleinert werden können,
c. durch gemeinsam betriebene Programme keine Einschränkungen bezüglich der Verwendung des Prozeßadressenraumes eintreten.

Wir werden zusammenhängende Bereiche im Prozeßadressenraum Segmente nennen, wenn sie bezüglich der Zugriffsrechte homogen sind und höchstens einen umfangsvariablen Inhalt haben.

Lösung G: Segmentadressierung mit verdeckten Basisadressen.
Man läßt zu, daß ein Prozeß mit einer großen Zahl von Segmenten arbeitet, die durch Segmentnummern unterschieden sind und in sich mit Null beginnend adressiert sind. Zu jedem Segment (vgl. aber K!) gehört eine verdeckte Basisadresse und eine Grenzadresse, durch die die Abbildung auf den Maschinenadreßraum bestimmt wird, sowie eine Angabe über das Zugriffsrecht. Die Größe der Segmente ist nach Programmerfordernissen funktionell bestimmt; z.B. können hierzu Blöcke oder Prozedurrümpfe verwendet werden. Der Übergang von einem Segment in ein anderes geschieht durch Angabe der gewünschten Segment-Nummer; da man meist sehr viele verschiedene Segmentnummern zuläßt, hat nicht zugleich die Nummer des Segments und die Adresse (segmentrelativ) Platz im Adreßformat; solange man im Segment verbleibt, benutzt man nur die segmentrelative Adresse; beim Übergang in ein neues Segment adressiert man indirekt über ein Wort, das beide Größen enthält, besonders gekennzeichnet ist und Steuerwort heißt.

Im Hauptspeicher wird eine Segmentliste geführt, deren Anfangsadresse in einem hierfür eingerichteten Register des Leitwerkes geführt wird. Der Segmentname, z.B. gedeutet als Dualzahl, erlaubt das Aufsuchen der Segmentdaten (Basisadresse, Grenzadresse, Zugriff) in der Segmentliste. Ein Wort mit diesen Daten heißt auch Deskriptor. Die Segmentliste kann nur mit privilegierten Befehlen eingerichtet oder verändert werden. Ein Abirren des Prozesses in fremde Maschinenadreßbereiche ist bei richtigen Basis- und Grenzadressen nicht möglich. Eine Grenzlänge für die Segmenttafel verhindert Suchzugriffe außerhalb der Tafel. Ein aktueller Ausschnitt aus den Segmentdaten kann im Leitwerk aufbewahrt werden, um die Adreßwandlung von den zusätzlichen Hauptspeicherzugriffen zu befreien. Jede Adresse, die der Prozeß hervorbringt, wird über den Inhalt der Segmentliste (bzw. den aktuellen Ausschnitt aus ihr) modifiziert. Dabei gilt für einen Adreßtyp (Befehle, Operanden/Ergebnisse) jeweils der letzteingestellte Segmentname, wenn nicht ein neuer angegeben wird.

Die bisher beschriebene Lösung G ist auf Maschinen nicht zu
finden, da sie mit kleinen Verbesserungen eine weitere, ganz
wesentliche Forderung erfüllt.

Offenbar darf das Montieren nun entfallen, wenn die Übergänge
in andere Programmoduln durch den Segmentnamen und die Adresse im Segment richtig bezeichnet werden können. Ist dies (vor
allem letzteres) nicht der Fall, so wird es doch erheblich
vereinfacht, da keine Verschiebungen im Adreßraum notwendig
sind. Die Segmente können (über ihre individuelle Basisadresse) beliebig im Maschinenadressenraum angeordnet werden; daher
ist auch eine Erweiterung stets möglich, wenn nur ein ausreichend großes Intervall im Maschinenadreßraum beschaffbar ist
und die durch die Adreßlänge bestimmte Kapazität des Segments nicht überschritten wird. Die aus der gemeinsamen Benutzung eines Programms durch mehrere Prozesse herrührenden
Forderungen über die Lage im Prozeßadressenraum entfallen;
ein Segment mit prozeßgemeinsamem Programm kann in vielen
(prozeßspezifischen!) Segmentlisten stehen und mit seiner
Basisadresse, aber prozeßeigener Basisadresse für das Operanden/Ergebnis-Segment richtig betrieben werden.

Schließlich mache man sich noch klar, daß innerhalb eines
Prozesses durch die notwendige Eindeutigkeit der Segmentnummern doch ein einziger, sehr großer Prozeßadressenraum bestimmt ist, in dem mit dem Paar (Segmentnummer, Adresse im
Segment) adressiert wird. Nur gibt es keine heimlichen Übergänge zwischen den Segmenten (Ausnahme: sogenannte lineare
Segmentierung, bei der Überläufe der Adresse in die Segmentnummer zugelassen werden, IBM/360 Mod. 67, vgl. [Gibson C 66]).

Forderung VIII: Die Adressierung unterstütze die Bildung
eines aktuellen Ausschnitts aus den Daten (Programme, Operanden/Ergebnisse) des Prozesses im Hauptspeicher (man verwechsle die Forderung nicht mit den schon beschriebenen aktuellen
Ausschnitten aus der Menge der Indizes, offenen Basisadressen
oder Segmentdeskriptoren). Der genannte Datenvorrat aller gestarteten, aber nicht beendeten Prozesse darf nach Betriebsführungsgesichtspunkten auf die Speicherhierarchie verteilt
werden; der Benutzer, ja sogar der Benutzerprozeß, erhält den
Eindruck, daß ihm ein einziger homogener Speicher (one-level
storage) von der Kapazität des virtuellen Speichers zur Verfügung steht. Damit kann also das Betriebssystem einen Prozeß
arbeiten lassen, dessen Daten nicht vollständig in der zugeteilten Teilmenge des Hauptspeichers untergebracht werden
können. Benötigt der Prozeß Daten, die im Hauptspeicher nicht
verfügbar sind, so werde das Betriebssystem gerufen.

Zur Befriedigung der Forderung kann in den Lösungen bis F
der Programmierer bzw. der Übersetzer den Programmadressenraum
derart aufteilen, daß sich Segmente ergeben, von denen nur
eine beschränkte Anzahl gleichzeitig benötigt wird, und nicht
gleichzeitig benötigte Segmente im Programmadreßraum überlagern; während des Prozesses werden Segmente aus dem Hauptspeicher verdrängt und in ihn geladen; der Prozeß kommt durch die
Überlagerung im Programmadressenraum (overlay) mit dem er-

forderlichen kleinen Prozeßadressenraum aus. Es gibt sehr
viel elegantere Lösungen:

Lösung H: Mit kleinen Erweiterungen des Schemas G erfüllt
die Segmentadressierung diese Forderung. Wir nehmen in die
Deskriptoren eine Angabe über die Lagerklasse auf, d.h. über
die Speichergattung, die das Segment gerade beherbergt. Wird
auf ein Segment zugegriffen, das nicht im Hauptspeicher gelagert ist, so wird eine Unterbrechung der Programminterpretation im Leitwerk erwirkt (vgl. 3.5), der Prozeß bricht ab,
und das Leitwerk lädt eine Adresse des Betriebssystems in
den Befehlszähler, um das gesuchte Segment in den Hauptspeicher transportieren zu lassen. Damit stellen sich die in 2.8
genannten Fragen des aktuellen Ausschnitts (hier vor allem:
wohin? wen verdrängen?). Eine Antwort auf letztere Frage
kann aus Benutzungsstatistiken abgeleitet werden, die zusätzlich beim Zugriff geführt werden können. Das Verfahren
des Ladens bei Bedarf heißt auch "demand fetching".

Lösungen der Art G ∧ H sind in den Rechnern Burroughs B 5000/
6700 zu finden ([Lonergan W 61],[B 5500 b],[B 6700]).

Ein mißlicher Umstand der Lösungen F, G, H ist noch, daß
eine befriedigende Hauptspeicherfüllung nur durch Verschieben von Datenbereichen (Segmenten) erreicht wird. Der Prozeß muß hierzu abgebrochen werden, was, hat er gerade eine
E/A-Operation gestartet, für längere Zeit unmöglich sein
kann, und die Verschiebungszeiten sind erheblich; die Verschiebung belegt den Zentralprozessor.

Forderung IX: Das Verschieben der Daten (Programme, Operan-
den/Ergebnisse) im Hauptspeicher entfalle.

Lösung J: Seitenadressierung. Wir führen nun eine Einteilung
in Kacheln im Maschinenadreßraum durch (Größe konstant, 512,
1024 oder 2048 Worte). Eine "Rasterung" gleicher Art nehmen
wir in allen Prozeßadressenräumen vor. Die Einheiten heißen
hier Seiten (page), weshalb man die Kacheln bei Seitenadressierung auch Seitenrahmen (physical pages) nennt. Die virtuelle Adresse zerfällt in eine Seitennummer und eine Wort
(Byte-)nummer (Abb. 3.4.11). Die Wort-Nummer wird unverändert
in die Maschinenadresse übernommen, die Seitennummer durchläuft eine Ersetzung. Eine Seitentafel, ähnlich der Segmenttafel, enthält die Basisadressen der Kacheln in der Reihenfolge der Seitennummern, so daß eine additive Modifikation
mit der in einem besonderen Register gehaltenen Basisadresse
der Seitentafel auf die gewünschte Kachelbasis führt, die an
die Stelle der Seitennummer tritt. Benutzt der Prozeß nur
die ersten n Seiten des virtuellen Adreßraumes, so ist durch
eine Grenzangabe sicherzustellen, daß höhere Seiten nicht
verwendet werden.

Wir nehmen an, daß die Seitenadressierung in einer Maschine
eingerichtet ist, die nur die Lösungen A, B, C, D enthält.
Ein Speicherschutz und das Laden bei Bedarf (hier: "demand
paging") läßt sich nun dadurch einrichten, daß die Seiten-

tafel wie die Segmenttafel Angaben über Zugriffsrecht und
Lagerklasse aufnimmt.

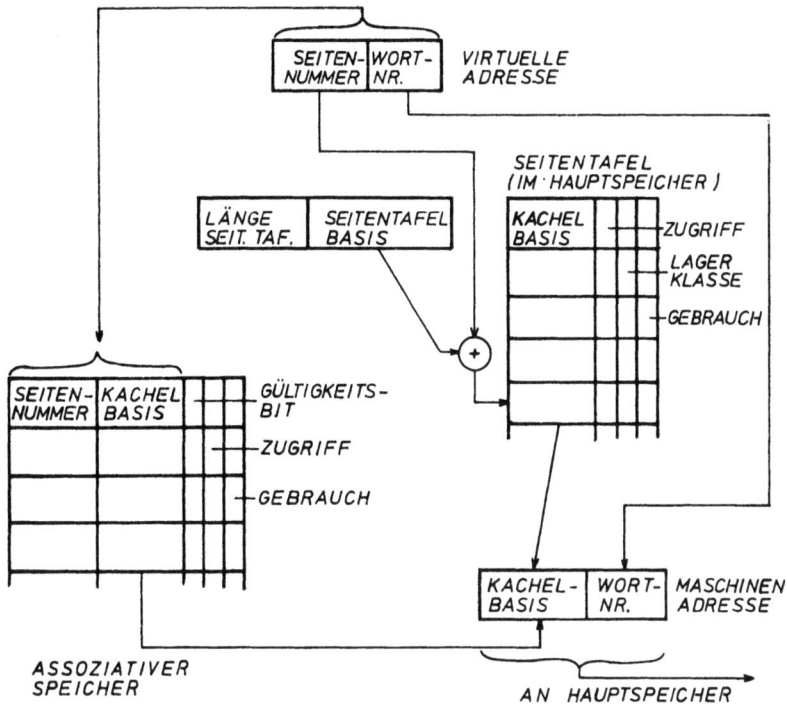

Abb. 3.4.11: Seitenadressierung mit assoziativem Speicher
für aktuellen Ausschnitt aus Seitenliste

Am Beispiel der Seitenadressierung soll noch die Einrichtung
eines aktuellen Ausschnitts gezeigt werden; hier soll er aktuelle Seiten-Kachel-Entsprechungen ohne Hauptspeicherzugriff
beschaffen. Ein assoziativer Speicher übernimmt Schreib- und
Leseaufträge für Zellen, die durch ein inhaltliches Kriterium
bezeichnet werden. Hier ist dieses Kriterium die Identität
zwischen der mit der virtuellen Adresse gegebenen Seitennummer und dem entsprechenden Feld des assoziativen Speichers.
Enthält eine Zelle eine vorgelegte Seitennummer, so wird die
Kachelbasisadresse und das Zugriffsrecht (Ausführen, Lesen,
Schreiben) angegeben. Der hier verwendete assoziative Speicher ist klein (4 bis 128 Zellen) und kann daher wesentlich
schneller arbeiten als der Hauptspeicher, in dem sich die
gesamte Seitentafel befindet. Sooft eine Entsprechung nicht
im assoziativen Speicher enthalten ist, wird sie aus dem
Hauptspeicher in ihn übernommen, in dem Verdacht, daß weitere
Zugriffe auf die Seite nachfolgen. Zur Bestimmung einer Entsprechung, die dazu überschrieben wird, kann man im assozia-

tiven Speicher noch Daten über den Gebrauch der Zellen führen. Für eine Seite, die nicht im Hauptspeicher ist, wird keine Entsprechung im assoziativen Speicher geführt; bei Verdrängung der Seite aus dem Hauptspeicher wird erforderlichenfalls in einem Gültigkeitsbit vermerkt, daß dieser Zelleninhalt als ungültig anzusehen ist. Zu Beginn eines Prozesses und ebenso nach Unterbrechung sind alle Zelleninhalte ungültig.

Besteht der Datenvorrat eines Prozesses aus vielen Segmenten verschiedener Zugriffsrechte, die natürlich nicht alle eine Länge haben, die ein Vielfaches der Seitenlänge beträgt, so entsteht im Maschinenadressenraum ein Verschnitt durch nicht ganz gefüllte Kacheln. Diesem Nachteil steht als Vorteil gegenüber, daß die Seitenadressierung eine schnelle Adreßabbildung bietet, da sie in der Regel ohne Addition auskommt (anders F, G, H!). Gegenüber F (verdeckte Basisadresse) hat sie den wesentlichen Vorteil, daß das Verschieben entfällt, da die Seitenadressierung eine gestreute Anordnung im Maschinenadreßraum ermöglicht. Die Seitenadressierung löst auch die Forderung VIII, wenn auch nicht ganz befriedigend; die Forderungen VIII und IX (nicht aber VII) wurden zum ersten Mal in der Ferranti ATLAS [Kilburn T 71] erfüllt, mit der die Seitenadressierung eingeführt wurde.

Segmentierung und Seitenadressierung haben großenteils komplementäre Eigenschaften. Die Segmentierung erlaubt einen sehr großen Prozeßadressenraum bei kurzen Programmadressen durch Zerlegung in Teilräume mit einer Größe, die durch die funktionalen Bedürfnisse des Programms festgelegt ist. Durch die Unabhängigkeit ist es möglich, während des Prozesses Segmente in ihrer Größe zu verändern, hinzuzufügen oder auszugliedern; aus dem gleichen Grund ist die gemeinsame Benutzung von Programmen möglich. Beide erlauben einen großen Prozeßadressenraum streuend und u.U. nur partiell auf einen meist viel kleineren Maschinenspeicherraum abzubilden, wobei in G die Segmentadressierung auf die verdeckten Basisadressen zurückgreift und das Segment zusammenhängend unterbringt. Die Seitenadressierung benutzt ein nicht programmfunktionales, sondern maschinengegebenes Format für die Seite, das in Hinblick auf einfache Abbildung gewählt ist. Verwendet ein Programm sehr große Segmente, so kann bei Segmentadressierung ein aktueller Ausschnitt nicht oder nur zum Schaden der anderen gebildet werden; bei Seitenadressierung ist ein solcher Ausschnitt im Grenzfall nur wenige Seiten groß. Andererseits hat man nach Laden eines Segments einen besseren aktuellen Ausschnitt gewonnen, als nach Laden einer Seite, die ja nicht funktional abgegrenzt ist. Die Seitenadressierung erübrigt das Verschieben um den Preis schlechter Füllung einiger Kacheln; die Segmentadressierung kann dichte Packung erreichen, aber nur um den Preis meist nicht erträglicher Verschiebezeiten, so daß man bei Segmentierung ebenso eine schlechte Füllung des Hauptspeichers hinnimmt.

Lösung K: Segmentadressierung mit Seitenadressierung. Die Segmentierung wird, wie früher beschrieben, verwendet, aber die Abbildung des Gesamtprozeßadressenraumes auf den Maschinenadressenraum wird der Seitenadressierung übertragen (Abb. 3.4.12). Die Segment-Nummer bestimmt einen Platz in der Segmenttafel, an welchem für dieses Segment nun nicht mehr Basisadresse und Grenzlänge des Segments stehen, sondern Basisadresse und Grenzlänge der Seitenliste des Segments.

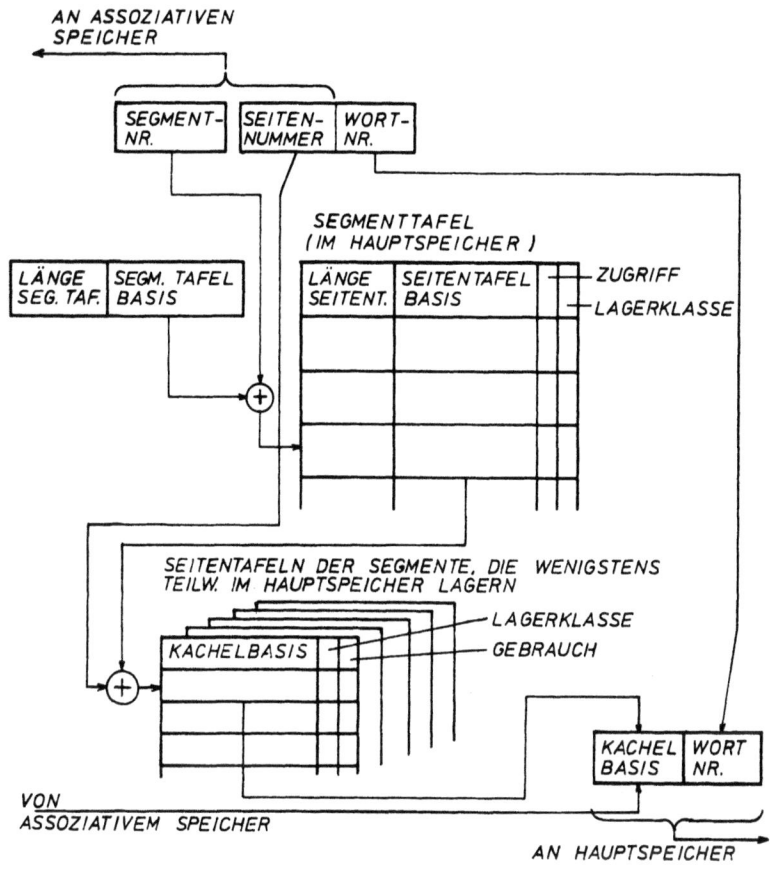

Abb. 3.4.12: Segmentierung mit Seitenadressierung

Die Zugriffsklasse ist eine Eigenschaft des Segments, nicht der Seite, steht also in der Segmentliste. Dort kann auch eine Lagerklasse stehen, sei es, daß die Segmente als Ganzes transportiert werden (dann besorgt die Seitenadressierung lediglich die Anordnung im Hauptspeicher), sei es, daß dort vermerkt ist, daß zu diesem Segment keine Seitenliste gehört, da keine Seite im Hauptspeicher anwesend ist. Es gibt so viele Seitentafeln, wie Segmente mit wenigstens einer Seite im Hauptspeicher vertreten sind. Hier wird Lagerklasse und Gebrauch vermerkt, wenn Segmente partiell im Hauptspeicher gelagert werden. Wie im Schema nach Abb. 3.4.11 wird wieder ein assoziativer Speicher eingesetzt, um einen großen Teil der Adreßzugriffe davon zu befreien, mit zwei Additionen und zwei Vorzugriffen belastet zu sein. Beispiele für Verwendung von Segmentierung und Seitenadressierung finden sich in [Gibson C 67] (IBM/360 Mod 67), [Dennis J 65] (GE 645), [Uhlendorff B 72] (IBM/370).

3.5 Unterbrechungen

Bevor in 3.6 die Arbeitsweise und Gliederung des Leitwerkes behandelt wird, zu der in 2.4 bereits ein einfaches Beispiel der Programmverarbeitung geliefert wurde, soll nun die andere wichtige Aufgabe des Leitwerkes, die Abwicklung von Unterbrechungen, dargestellt werden.
Wir haben drei Anlässe kennen gelernt, zu denen die sequentielle Ausführung der konsekutiven Befehle des Programms verlassen wird:
Sprung : die Ausführung wird an einem anderen Ort fortgesetzt;
Unterprogrammsprung: die Ausführung wird an einem anderen Ort festgesetzt, kehrt aber an den Ausgangsort zurück;
Tue (execute): die Ausführung wird für einen Befehl ausgesetzt und dann wieder aufgenommen.

Alle diese Fälle sind funktional bestimmt durch die im Programm festgelegten Gesetzmäßigkeiten. Mit der Unterbrechung können Prozesse auf den Programminterpretationsprozess einwirken, die zu diesem asynchron sind und je nach Zeitverlauf durchaus verschiedene Ergebnisse herbeiführen. Will man das verhindern, so müssen die Prozesse **synchronisiert** werden, d.h. ein Prozeß, der über seine Handlung H1 nicht fortschreiten darf, bevor ein anderer Prozeß seine Handlung H2 vollendet hat, muß nach Erledigung von H2 aus seinem Wartezustand befreit werden. Die Vermittlung von Nachrichten zwischen Prozessen ist Aufgabe des Betriebssystems; dieses wird durch eine Modusumschaltung und definierte Eingangsadressen erreicht. Die Einwirkung von Prozessen, die zur Programminterpretation asynchron sind, geschieht also durch Umschaltung auf Systemmodus und Umsetzen des Befehlszählers.
Prozesse, die asynchron zur Programminterpretation verlaufen, sind:

a. Fehlerprozesse, die Störungen oder Ausfälle herbeiführen
b. der Uhrprozeß
c. Prozesse anderer Zentralprozessoren
d. Prozesse in peripheren Geräten
e. Verhalten der Benutzer und des Operateurs
f. externe Prozesse, z.B. ein chemischer Prozeß, der vom Rechner gesteuert wird.

Daneben lassen sich Erscheinungen, die keinen asynchronen Charakter haben, sondern durch die Programminterpretation zeitlich festgelegt sind, mit gleichen Mitteln behandeln,

da sie ebenfalls eine Auflösung durch das Betriebssystem
verlangen:

g. Adressierungsfehler (Verletzung des speicherorientierten
   Zugriffsschutzes, Überschreiten der Grenzadresse, Zugriff
   auf nicht im Hauptspeicher gelagertes Segment oder Seite,
   Zugriff auf nicht im Prozeßadressenraum zugelassenes Segment (Seite), falsche Zugriffsart (z.B. Ausführen, wo nur
   Lesen erlaubt)).

h. Operandenfehler (falsche Typenkennung oder für die Operation nicht erlaubter Wert (z.B. null als Divisor)).

i. Operatorfehler (Operator ist nicht definiert oder im aktuellen Modus nicht verwendbar).

j. Operationsfehler (Operanden ergeben Formatüberlauf, z.B.
   bei Addition/Multiplikation).

k. Moduswechsel (z.B. Übergang in Systemmodus).

Die Unterbrechung muß offenbar den aktuellen Ausschnitt des
laufenden Prozesses, soweit er in Speichern, die dem Prozeß
nicht über den Abbruch hinaus gehören, in seinen Speicherbereich retten. Für das Finden einer Betriebssystemadresse,
die für den Unterbrechungstyp spezifisch ist, gibt es verschiedene Möglichkeiten:

alle Unterbrechungen führen auf dieselbe Betriebssystemadresse, die die Situation analysiert und entsprechend im
System verzweigt;

jedem Unterbrechungstyp ist eine Zieladresse zugehörig,
die in den Unterbrechungsablauf fest eingebaut ist;

die Unterbrechung bringt eine Zieladresse mit;

schließlich kann sie sogar - wenn die Wirkung derart einfach ist - den Befehl, der auszuführen ist, mitbringen
(etwa das Erhöhen eines Zelleninhaltes im Hauptspeicher,
wenn nur externe Ereignisse zu zählen sind).

Die eigentliche Schwierigkeit der Behandlung von Unterbrechungen tritt aber dadurch ein, daß die Behandlung einer Unterbrechung durch eine Befehlsfolge endlicher Laufzeit geschieht, während der (und durch die!) wieder Unterbrechungen
notwendig werden.

Die bisher aufgeführten Unterbrechungsarten sind verschieden
dringlich. Daher ist zu verhindern, daß die Bearbeitung einer Unterbrechung durch eine weniger dringliche Unterbrechung ausgesetzt wird. Wir trennen dazu den Vorgang der Unterbrechung von dem Eingehen eines Unterbrechungswunsches
(interrupt request) und lassen den Unterbrechungswunsch,
wenn nötig, warten. Eine Reihenfolge der Unterbrechungswünsche nach Dringlichkeit kann so aussehen:

A. Abschluß der laufenden Operation ist ausgeschlossen:
   (a) einige technische Alarme, z.B. Befehl nicht lesbar.

(g) Adressierungsfehler
(h) Operandenfehler
(i) Operatorfehler
(j) Operationsfehler
(h) Moduswechsel

B. Es können noch wenige Operationen bis zur Behandlung des Unterbrechungswunsches vollzogen werden:

(a) Ausbleiben der Maschinenspannung ("Hauptalarm")
(b) Uhr-(Wecker-)Signal
(f) externe technische Prozesse (in einigen Fällen)

C. Ein Hinausschieben der Behandlung des Unterbrechungswunsches hat nur eine Verschlechterung des Durchsatzes oder der Bedienung zur Folge:

(c) Meldungen anderer Zentralprozessoren
(d) periphere Geräte
(e) Benutzer, Operateur
(f) externe technische Prozesse (in den meisten Fällen)

Man faßt die Unterbrechungswünsche in Gruppen ("Ebenen", "Kanälen") zusammen, innerhalb derer man nach der Eintreffreihenfolge bedient; Vorrang hat die besser priorisierte Gruppe.

Auch gegen einen Unterbrechungswunsch aus derselben Gruppe wird die laufende Unterbrechungsbehandlung geschützt, da sonst "einfache" Funktionseinheiten (Kapazität = 1) mehr als einen Auftrag erhalten könnten oder Verklemmungen (deadlocks) eintreten können. Wird in der Behandlung einer Unterbrechung, die auf einen technischen Fehler zurückgeht, der den Abschluß der Operation nicht erlaubt, wieder derselbe Fehler gemeldet, so stellt die Maschine den Betrieb ein.

Die gestufte Unterbrechungssperre wird z.B. verwirklicht durch ein Register, das für jeden Unterbrechungstyp eine Stelle enthält, in der der Unterbrechungstyp vermerkt wird. Eine Unterbrechung findet nur dann statt, wenn in einem Unterbrechungsmaskenregister (interrupt priority mask register) die entsprechende Stelle markiert ist. Die Unterbrechungsmaske kann im Mehrprogrammbetrieb nicht vom Benutzerprozeß gesetzt werden. Unterbrechungswünsche, die von der Peripherie oder den Kanälen ausgehen, heißen auch <u>Eingriffe</u> (i/o interrupt request), die übrigen heißen <u>Alarme</u> (alarm, exception).

Das betrachtete Prioritätsschema stellt die Behandlung der Eingriffe zurück und ist nur dann gültig, wenn alle Reaktionen, die innerhalb von wenigen Zentralprozessoroperationszeiten notwendig werden, anders erwirkt werden; insbesondere ist hierzu der Zugang der Kanäle zum Hauptspeicher Voraussetzung. Ist dieser Zugang nicht gegeben, so müssen gewisse Eingriffe (Zeichen-, Worteingriffe) wesentlich günstiger eingestuft werden.

Die Häufigkeit von Unterbrechungen ist oft für die Ausnutzung des Rechensystems bedenklich (z.B. mehrere Hundert je Sekunde), insbesondere wenn mit jeder Unterbrechung ein aktueller Ausschnitt ab- und aufgebaut wird. Man richtet dann Peripherie-Prozessoren (Univac 1110 [Univac 1110 e]) oder periphere Rechner (CDC 6600 [Thronton J 64]) ein, die einen großen Teil der Unterbrechungslast tragen und deren Durchsatzanforderungen nicht so hoch sind, daß ein großer aktueller Ausschnitt für den rechnenden Prozeß notwendig ist.

3.6 Leitwerke

Die wesentlichen Eigenschaften von Leitwerken sind bereits dargestellt worden:

Syntaktische Phase der Befehlsausführung (2.3)
Betriebsmodi (2.4)
Befehlsformate (3.2)
Befehlsvorrat (3.3)
Adressierung (3.4)
Unterbrechung (3.5)

Der Arbeitszyklus des Leitwerks ist in Abb. 3.6.1 dargestellt. Zu Anfang muß der Befehlszähler die Anfangsadresse der Programminterpretation enthalten. Die folgende Operation "Rufe Befehl" setzt die im Befehlszähler gespeicherte Prozeßadresse in eine Maschinenadresse um, wenn zwischen Prozeß- und Maschinenadresse unterschieden wird. Abb. 3.6.2 zeigt, durch welches Verfahren der einfache Leseauftrag "Rufe Befehl" auf einer Maschine mit Seitenadressierung zu ersetzen ist. Ist die gesuchte Kachelbasisadresse nicht im assoziativen Speicher, so muß in der Seitentafel aus der Seitennummer (führende Stellen des Befehlszählerinhaltes, für den hier PROZAD steht) und der im Leitwerk gehaltenen Seitentafelbasisadresse die Maschinenadresse bestimmt werden, unter der die Kachelbasisadresse mit Lagerklasse und Zugriffsart gespeichert ist.

Es gibt dann drei Alarmausgänge von "Rufe Befehl": Seite nicht zugeteilt, Kachel nicht im Hauptspeicher, Seite zum Ausführen nicht freigegeben. Ein solcher Alarm bei "Rufe Befehl" macht den sofortigen Abbruch notwendig; der Leitwerkzyklus wird an der Stelle Unterbrechung fortgesetzt; da Alarme an verschiedenen Stellen im Leitwerkzyklus auftreten können, kann dabei vermerkt werden, wie weit die Bearbeitung des Befehls gediehen war.

Der Befehlszählerinhalt wird um 1 erhöht. Wird das Format der Prozeßadressen dabei überschritten, so wird entweder mit null fortgesetzt, oder es muß ein Alarm gegeben werden. Auf Maschinen, deren Befehlsformat nicht konstant ist, muß zunächst das Eintreffen des Befehls abgewartet werden; aus der Entschlüsselung ist dann abzuleiten, wieviele Einheiten weiterzuzählen ist (z.B. IBM/360 [Amdahl G 64]). Bei Maschinen, die innerhalb der virtuellen Wortlänge mehrere Befehle unterbringen (z.B. CDC 6600 [Thornton J 64], B 6700 [B 6700]), wird ein zusätzliches Datum zum Zählen der <u>Befehlssilben</u> im Leitwerk gehalten.

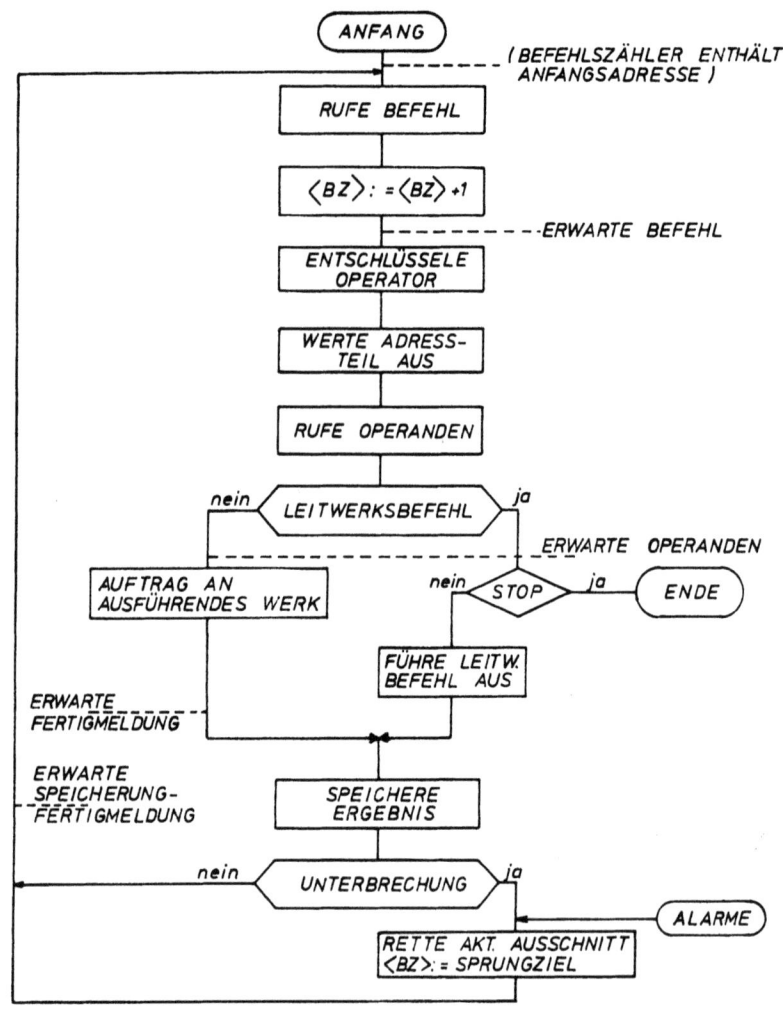

Abb. 3.6.1: Arbeitszyklus eines einfachen Leitwerks

Die Entschlüsselung des Operators kann in einen Alarm führen, der ebenfalls die Fortsetzung ausschließt (Operator im Modus nicht zugelassen, Behandlung durch Befehlsfalle). Nach der Entschlüsselung kann der Adreßteil ausgewertet werden (vgl. Abb. 3.6.3), um die Prozeßadresse(n) zu gewinnen. Im Beispiel ist eine Modifikation über Index und offene Basisadresse dargestellt, wobei angenommen ist, daß keine Modifikation ausgeführt wird, wenn der Name des Index oder der Basisadresse null ist. Es folgt eine Substitution, und der Vorgang ist iterativ. Wird zur Beschaffung des Index

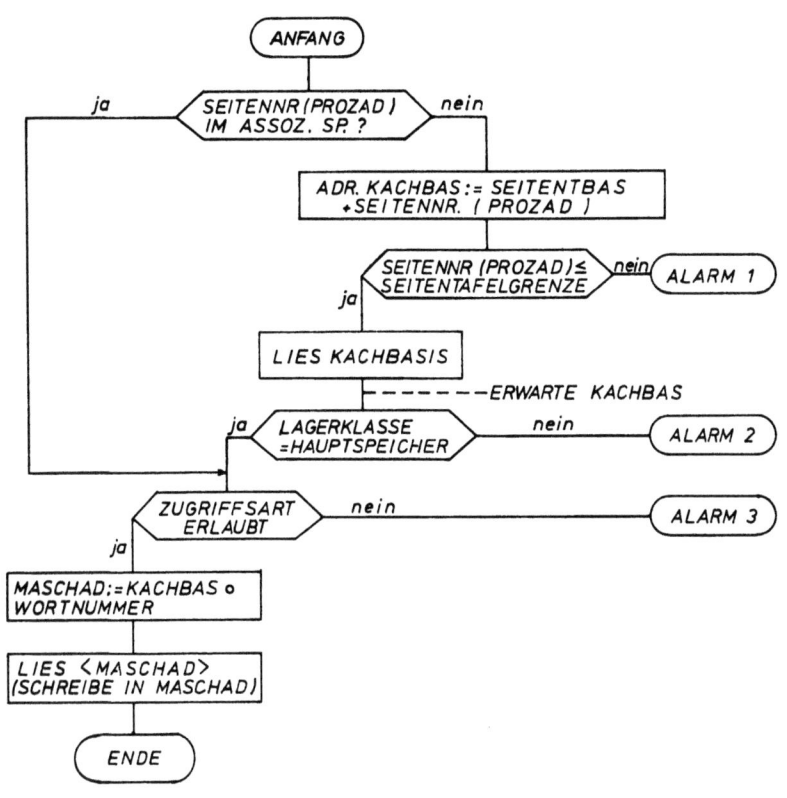

Abb. 3.6.2: Lesen eines Wortes mit der Prozeßadresse PROZA. bei Seitenadressierung (bzw. Schreiben eines Wortes auf Prozeßadresse PROZAD). ADRKACHBAS: Adresse der Kachelbasisadresse; SEITENTBAS: Basisadresse der Seitentafel; KACHBASIS: Kachelbasisadresse; MASCHAD: Maschinenadresse. Alarm 1: Seite nicht zugeteilt; Alarm 2: Seite nicht im Hauptspeicher; Alarm 3: Zugriffsart (Ausführen, Lesen, Schreiben) nicht erlaubt.

oder der Basisadresse ein Zugriff in den Maschinenadressenraum notwendig, weil diese Größen nicht in aktuellem Ausschnitt gehalten werden, so können die zuvor geschilderten Alarme eintreten; diese sind immer für den Schritt PROGAD: <PROZAD> möglich, mit dem die Wiederholung des Verfahrens beginnt.

Ist die Prozeßadresse ermittelt, so werden die Operanden a: gefordert. Dieser Schritt führt in dieselben Alarmmöglich-

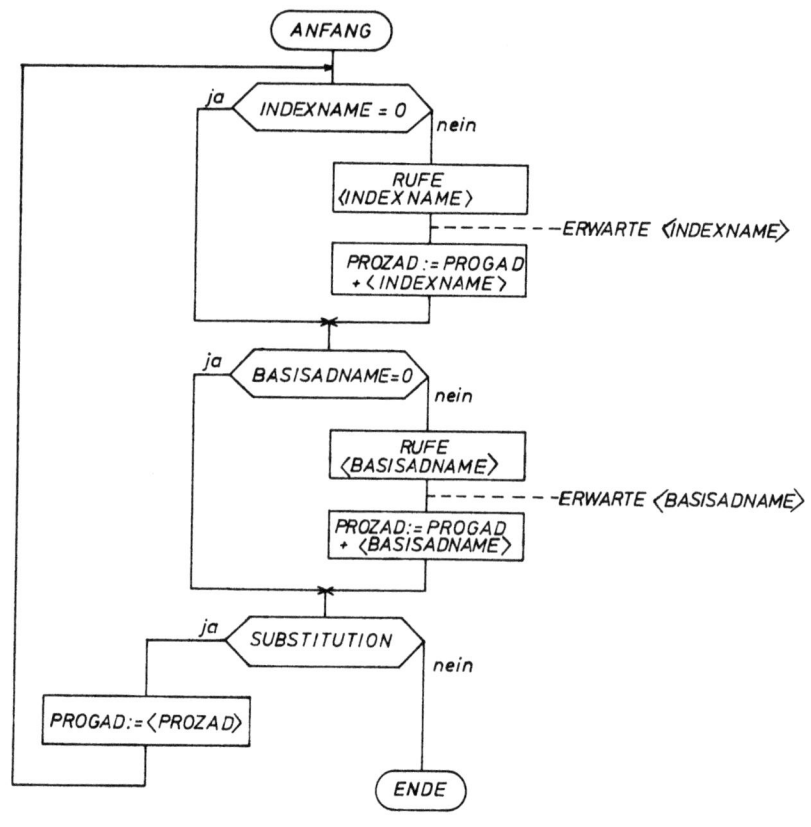

Abb. 3.6.3: Gewinnung einer Prozeßadresse PROZAD aus einer Programmadresse PROGAD durch Indizierung, Modifikation über offene Basisadresse und Substitution, iterativ ausführbar; BASISADNAME: Name der Basisadresse. Die drei Operationen RUFE <INDEXNAME>, RUFE <BASISADNAME> und PROGAD: = <PROZAD> können zu Alarmen führen (vgl. Abb. 3.6.2).

keiten; außerdem können hier Operandenalarme (Typenkennung, Wert) auftreten. Es folgt die Fallunterscheidung, ob das Leitwerk allein die Befehlswirkung erbringt (Leitwerkbefehl) oder nicht. Liegt ein Stop (zugelassen nur im Systemmodus) vor, so endet das Leitwerkprogramm. Sonst ist der Leitwerksbefehl (vgl. 3.3) auszuführen.

Ist ein anderes Werk zu beauftragen, so wird ihm der Operator (meist passend codiert) mit den Operanden als Auftrag zugestellt. Das Leitwerk hat nun zu warten, bis die Ausführung fertig ist, und das Ergebnis an einen Ort zu transportieren, der bei der Adreßauswertung ermittelt wurde.

Dieses Vorgehen ist bei Aufträgen an das Rechenwerk oft, bei Aufträgen an die Kanäle oder die Peripherie fast immer nicht annehmbar, da es den Durchsatz des Leitwerkes erheblich einschränkt. Für die E/A-Befehle wird in der Regel nicht gewartet, sondern ein konkurrenter E/A-Prozeß gestartet, der nach Abschluß durch eine Unterbrechung mit dem Erzeugerprozeß synchronisiert wird. Die Behandlung der Rechenwerksaufträge wird unten untersucht.

Nun ist noch das Ergebnis in den Hauptspeicher zu bringen (falls erforderlich) und eine etwaige Unterbrechung abzuwickeln. Am Ende des Zyklus (oder z.B. nach Eintreffen der Operanden) wird geprüft, ob ein Unterbrechungswunsch vorliegt, der berücksichtigt werden muß. Ist dies der Fall, dann wird der aktuelle Ausschnitt des bisher verfolgten Prozesses in einem ihm zugeteilten Speicherbereich abgelegt, eventuell wird der Modus gewechselt und der Befehlszähler wird neu geladen (vgl. 3.5). Nach Beendigung der Unterbrechungsbehandlung kehrt das Leitwerk in seinen Zyklus zurück; wurde die Unterbrechung durch einen der beschriebenen Alarme im Leitwerkzyklus notwendig, so muß an die Abbruchstelle im Zyklus zurückgekehrt werden; ob tatsächlich der gerade abgebrochene Prozeß fortgesetzt wird, ist in das Ermessen des Betriebssystems gestellt.

Der Leitwerkzyklus ohne die Ausführung (Leitwerk oder anderes Werk) entspricht der in 2.2, 2.3 geschilderten Interpretation auf der von Neumann'schen Maschine, also der <u>Abrufphase</u>, mit den Verfeinerungen, die zu diesem Konzept eingeführt wurden.

Über die in 2.3 dargestellten Einrichtungen kann ein Leitwerk offenbar enthalten:

<u>Adressierungshilfsmittel:</u>

    Indexregister
    Indexassoziativspeicher
    Indexbasisregister (wenn mehrere Indexfelder im Hauptspeicher zulässig sind vgl. [TR 440 u])
    Register für verdeckte Basisadressen
    Grenzadreßregister
    Segmenttafelbasisadreßregister (mit Grenzregister)
    Assoziativspeicher für Segmentdeskriptoren
    Seitentafelbasisadreßregister (mit Grenzregister)
    Assoziativspeicher für Seiten-Kachel-Abbildung

<u>Modusregister</u>

<u>Uhr, Weckerregister</u>

<u>Unterbrechungswerk</u> mit Unterbrechungswunschregister, Unterbrechungsmaskenregister

<u>Befehls- und Operanden/Ergebnis-Register</u>, um das Fortschreiten des Leitwerkes (teilweise) unabhängig vom Hauptspeicher zu gestalten. Ohne Kenntnis des künftigen Prozeßverlaufes kann man auf Verdacht, sie würden gebraucht werden, Befehle

oder Operanden beschaffen, z.B. durch zählende Erhöhung aktueller Befehls- bzw. Operandenadressen. Dieses Verfahren nennt man <u>Befehlsvorgriff</u> (instruction look-ahead) bzw. <u>Operandenvorgriff</u> (operand look-ahead). Vorgriff mit zeitgerechter Zuführung an das verarbeitende Werk heißt auch "<u>Streaming</u>". Bewahrheitet sich der Verdacht, so stehen die Werte mit wesentlich kürzerer Zugriffszeit aus den Registern zur Verfügung, als sie es täten, wenn der Leseauftrag erst bei endgültig bekannter Adresse gegeben würde. Ein Befehlsvorgriff lohnt wegen der hohen mittleren Sprunghäufigkeit (ca. 0,25) nur über wenige Befehle voraus. Bessere Verfahren machen einen Vorgriff auch auf dem alternativen Weg, wenn ein Sprung vorliegt, und bewerten die Alternativen nach empirischer Wahrscheinlichkeit (vgl.[IBM/360 Mod 85],[IBM/370 Mod 168], [IBM/360 Mod 85], [Uhlendorff B 72]. Ebenso kann man durchlaufene Befehle aufbewahren, in der Hoffnung, sie würden in Kürze wieder gebraucht (Befehlsnachspeicherung), oder Ergebnisse, in der Hoffnung, sie würden bald als Operanden wieder auftauchen (Ergebnisnachspeicherung). Man bewahrt dann gewissermaßen die "Spur" des Prozesses im Datenraum auf.
Man kann die vier Verfahren voneinander getrennt halten oder sie in einem einzigen Speicher (Prozessorpuffer, cache memory, 8.3) realisieren. Außer beim Befehlsvorgriff, wo bei Abwesenheit von Sprüngen aus dem aktuellen Befehlszählerstand auf die Adressen der vorsorglich beschafften Befehle geschlossen werden kann, sind diese Größen assoziativ im Ausschnitt zu finden, wo sie mit expliziter Adresse notiert sind.
Sobald wir in Registern des Leitwerkes Inhalte zulassen, die im System zugleich unter einer Maschinenadresse bekannt sind, wie die Inhalte der Assoziativspeicher des Befehlsvorgriffs, begegnen wir den in 2.8 dargestellten Schwierigkeiten der Originaltreue:

Dürfen wir bei Befehlen voraussetzen, daß der Prozeß nicht schreibt, so ist lediglich sicherzustellen, daß ein anderer, gleichzeitiger Prozeß (die Ein/Ausgabe oder Rechenprozeß, den ein anderer Zentralprozessor durchführt) nicht in den mit dem aktuellen Ausschnitt überlappten Teil des Originals schreibt, sei es daß er wartet, in den Ausschnitt schreibt oder daß der Ausschnitt aufgegeben wird. Anders sieht es aus, wenn wir die Änderung von Befehlen durch den Prozeß zulassen, der den aktuellen Ausschnitt besitzt bzw. Ergebnisse dieses Prozesses betrachten: nun muß auch das Lesen durch einen anderen Prozeß Q derselben Forderung unterworfen werden (vgl. 2.8).

Die bisher betrachteten Maßnahmen verringern lediglich die dem Leitwerk sichtbare Zugriffszeit. Daß hier für schnelle Maschinen besondere Maßnahmen wichtig sind, rührt daher, daß die Zugriffszeiten für das Leitwerk erheblich größer aussehen als am Eingang der Baueinheit "Speicher". Das liegt an folgendem:

a. Der Hauptspeicher ist nicht immer frei; bei 10 % relativer Besetztzeit der Schreib-Lesesteuerung und einer Zykluszeit von 500 ns ergeben sich 25 ns mittlere Wartezeit.

b. Am Speicher bewerben sich mehrere Zugreifer (vgl. 6.4).
Ein Vorrangwerk muß entscheiden (z.B. 100 ns).

c. Der Speicher ist vom Leitwerk räumlich getrennt (25 ns).

Die Zugriffszeit von z.B. 300 ns am Speicher erscheint also
als 450 ns. Berücksichtigen wir aber noch eine Abbildung auf
Prozeßadressen, so ergeben sich Zuschläge von 50 bis 150 ns.
Jede Operation braucht im Mittel β Lesezugriffe auf den
Speicher (β = 1 bis 5 sind typische Werte, so daß (β = 2)
auch bei unendlich schnellem Zentralprozessor ein größerer
Durchsatz als

$$c_{ZPmax} = \frac{1}{\beta \cdot t_{Zugr}} \qquad (3.6.4)$$

(t_{Zugr} für $\bar{b}_{Lesen}$, gemessen vom Leitwerk), oder mit dem gewählten Beispiel

$$c_{ZPmax} \approx 1{,}2 \cdot 10^6 \text{ Operationen/s} \qquad (3.6.5)$$

nicht überschritten werden könnte. Also erscheinen aktuelle
Ausschnitte aus dem Hauptspeicher für schnelle Maschinen unumgänglich; da die effektiven Zugriffszeiten zu den Ausschnittsspeichern aber auch (1975) zwischen 50 und 100 ns
liegen, erscheinen Zentralprozessordurchsätze von 5 bis 10 ·
10^6 Operationen/s nicht überschreitbar zu sein.

Es gibt allerdings noch einen anderen Weg, um den Durchsatz
- in gewissem Umfang unabhängig von der Hauptspeicherzugriffszeit - zu erhöhen: Bildung einer Kette (vgl. 1.12). Mit der
Kettenbildung wird bekanntlich zugelassen, daß ein Nachfolgeauftrag an die Kette übernommen wird, bevor der Vorauftrag
abgeschlossen wird. Bei der Organisation des Zentralprozessors bringt das folgende Gefahren:

Es wird eine Leseoperation durchgeführt, bevor alle präzedenten Schreiboperationen derselben Zelle abgeschlossen sind;

es wird eine Schreiboperation durchgeführt, bevor alle präzedenten Lese- und Schreiboperationen derselben Zelle durchgeführt sind.

In beiden Fällen werden falsche Ergebnisse erarbeitet, etwa:

ein Operand wird im Speicher oder in einem Register gelesen, bevor der aktuelle Wert eingetragen wurde,

ein Operand wird mit einem neuen Wert überschrieben, obwohl für den alten Wert noch unerledigte Leseaufträge
warten,

zwei Schreibaufträge wechseln ihre Reihenfolge, der Zwischenwert wird endgültiger Wert.

Hinreichend für die Einhaltung der aufgestellten Regeln ist

natürlich, daß die beteiligten Operationen reihenfolgeinvariant sind.

Abb. 3.6.6 zeigt, wie zum Beispiel die Auflösung in eine Sequenz von Handlungen geschehen kann. Das Bild erlaubt noch zwei andere Deutungen, als eine Kette von Funktionseinheiten und als Zeitdiagramm. Sind die angedeuteten Funktionseinheiten einfach und die Bearbeitungszeiten konstant, so kann jede Funktionseinheit im Nachfolgetakt ihren Anteil an der Nachfolgeoperation ausführen. Es treten Lese- und Schreibaufträge an den Hauptspeicher (ungestrichelte Pfeile) auf und an Register (gestrichelte Pfeile). Wo ein Alarm auftreten kann, ist ein Blitz eingetragen.

Wir betrachten zunächst die Befehle. Ist das Programm ablaufinvariant, so gibt es keine offenen präzedenten Schreibaufträge, und das Lesen ist stets unbedenklich. Ist das nicht vorauszusetzen, so muß das Schreiben jedesmal darauf geprüft werden, ob es in die vorgegriffenen Befehle wirkt; wird eine solche Operation entdeckt, so sind entweder die vorgegriffenen Befehle unbrauchbar oder - viel schlimmer - bereits eingeleitete Operationen sind falsch und eventuell Ergebnisse bereits überschrieben. Man verbietet daher gelegentlich das Abspeichern auf die Befehlsfolge innerhalb eines gewissen Schutzabstandes nach dem abspeichernden Befehl. - Übrigens ist die Schwierigkeit, Adressen für einen befriedigenden Befehlsvorgriff zu finden, auch darauf gebaut, daß der Befehlszähler "gelesen" (extrapoliert) wird, bevor die präzedenten Schreiboperationen (Zählen, Sprünge) erledigt sind. Der Befehlsvorgriff kann als ein Teil der Kettenbildung angesehen werden (vgl. Abb. 3.6.6).

Die Adreßhilfsgrößen (Indizes, Substitutionsadressen) und Operanden sind ebenfalls, beim Lesen, darauf zu prüfen, ob es präzedente Schreiboperationen gibt, beim Schreiben, ob es präzedente Lese- oder Schreiboperationen gibt. Für diese Prüfung ist notwendig, daß wenigstens alle Adressen bekannt sind, zu denen noch Operationen durchzuführen sind. Daher ist der Zyklus (und die Befehlswirkungen) so zu entwerfen, daß Adressen so früh wie irgend möglich festliegen: besonders ungünstig wirkt es sich aus, wenn erst die Ausführungsphase Lese- oder Abspeicheradressen bestimmt (z.B. bei Verarbeiten eines Feldes bis zu einer Grenzmarke, die erst bei der Verarbeitung gefunden wird).

Beim Abspeichern von Ergebnissen (Adreßhilfsgrößen, z.B. inkrementierter Index, oder Rechenwerksergebnisse) treten dann besonders große Schwierigkeiten auf, wenn mehrere Rechenwerke gleichzeitig arbeiten (so IBM 360/91 [IBM 360 Mod 91], CD 6600, 7600 [Thornton J 64], CDC STAR 100 [CDC STAR b]), da dann Überholungen in der Ergebniserarbeitung möglich ist, was zur Vertauschung von Schreibreihenfolgen führen kann. - Im einfachsten Fall einer Kettenbildung, wenn das Leitwerk gleichzeitig zum Rechenwerk arbeiten kann, begnügt man sich meistens mit der Prüfung, daß das Rechenwerk nicht abspeichern wird, bevor das Leitwerk weiterarbeitet (vgl. 3.10). Dieses Verfahren verhängt natürlich viel mehr Sperren über das Leitwerk

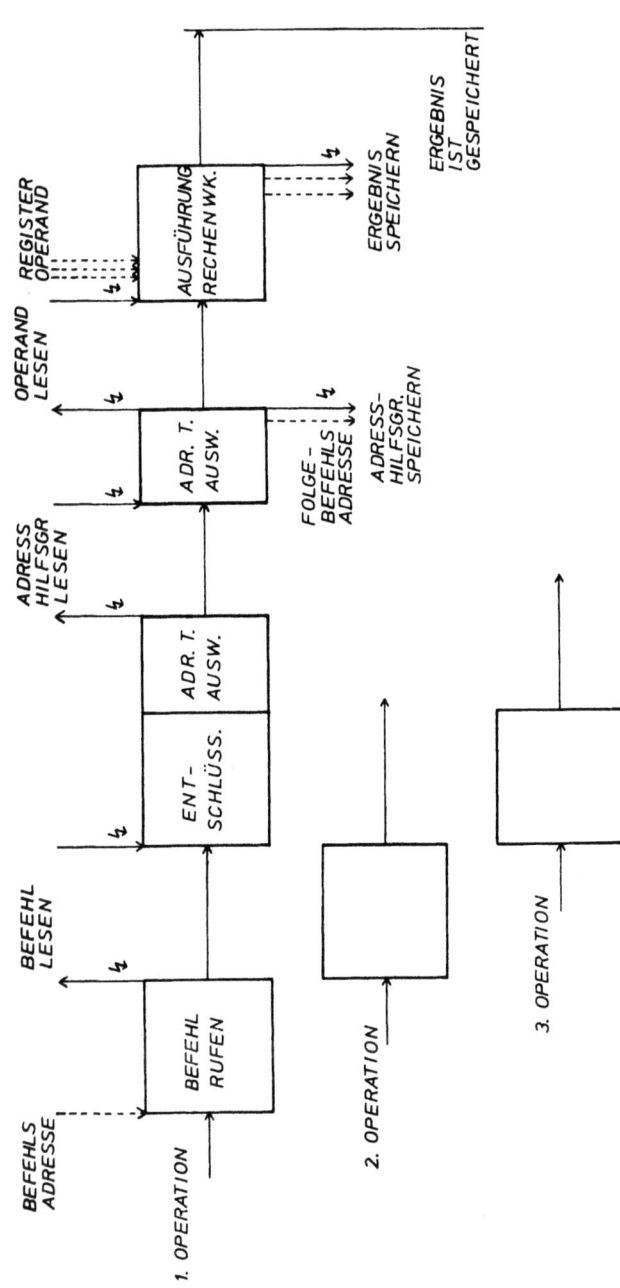

Abb. 3.6.6: Auflösung des Grundzyklus des Zentralprozessors in Sequenz von Handlungen und Andeutung der Verschiebung der Bearbeitung in der Zeit bei Kettenbildung. ↯ markiert einen möglichen Alarm. Operationen mit Registern sind durch gestrichelte Linien gekennzeichnet

als nötig sind.

Schließlich sind die Alarme auch als Schreib/Lesefolgen anzusehen. Beim Durchwandern der Kette müßte jeder Befehl mit den Operanden aufbewahrt werden, wollte man bei einem Alarm in den letzten Gliedern der Kette eine Unterbrechung in dem Zustand erreichen, der auf der sequentiellen Maschine bestünde. Das ist zu aufwendig, und so akzeptiert man, daß die Rekonstruktion der Alarmsituation nicht mehr exakt möglich ist (imprecise interrupt, vgl. [IBM 360 Mod 91]) oder unterdrückt Operationsalarme und speichert unendliche und unbestimmte Ergebnisse (CDC 6600, [Thornton J 64]).

Eine synchrone Kette im Leitwerk und/oder Rechenwerk wird auch **Fließband** (**pipeline**) genannt. Eine Beurteilung des Durchsatzes folgt für verschiedene Zentralprozessorstrukturen in 3.11.

3.7 Arithmetische Algorithmen

Wir verschaffen uns, vor der Darstellung von Rechenwerken, einen Überblick über die wichtigsten Algorithmen für die arithmetischen Grundoperationen. Ausführliche Darstellungen finden sich in [Schecher H 73].

Weit überwiegend werden Zahlen als **Dualzahlen** dargestellt und verarbeitet (vgl. 2.6), was nicht allein im Vorzug für die Binärdarstellung begründet ist, sondern auch in günstigen Eigenschaften der Rechenverfahren für Dualzahlen. Durch Betrachtung einer Additionstafel für ein B-al-System schließt man, daß die Addition in einer Stelle mit der Wahrscheinlichkeit

$$P(\text{Übertrag}) = \frac{B-1}{2B} \qquad (3.7.1)$$

einen Übertrag (carry) in die nächste Stelle liefert; die Wahrscheinlichkeit ist also am niedrigsten im Dualsystem. Allerdings ist die Wahrscheinlichkeit für das Weitergeben eines Übertrags

$$P(\text{Übertragsweitergabe}) = \frac{1}{B}, \qquad (3.7.2)$$

mithin besonders ungünstig, zumal die Stellenzahl der Dualdarstellung ungefähr $\log_2(B)$ mal größer ist als im System mit der Basis B, so daß nach dem Additionsschritt noch - für 2 w-stellige Operanden - ungefähr $\log_2(w)$ Übertragsabbauschnitte durchzuführen sind. Bei der Multiplikation ist der Aufwand ungefähr der mittleren Quersumme proportional; beim Übergang aus einem Vergleichssystem B' mit w'Stellen Wortlänge ist die mittlere Quersumme im B-al-System

$$\bar{q} = \frac{\log B'}{\log B} \cdot s' \cdot \frac{B-1}{2} \qquad (3.7.3)$$

was für B=2 den kleinsten praktisch brauchbaren Wert ergibt.

Festpunkt-Addition und -Subtraktion

Duale Subtraktion wird ersetzt durch Addition des Komplementes zu 2^w oder 2^w-1. Die Bildung des Komplementes zu 2^w-1 ist trivial (O geht in L, L in O über); das Komplement zu 2^w wird ebenso gebildet mit nachträglicher Addition von 1. Wenn man auch die negativen Zahlen nicht als Vorzeichen und Betrag darstellt, sondern als Vorzeichen und Komplement, kann man sofort die verallgemeinerte Summe

$$(\pm a) + (\pm b)$$

richtig ausführen. Bei der Auswertung des Ergebnisses sind in einzelnen Fällen Korrekturen anzubringen. Ein allgemeiner Algorithmus muß außerdem die Bereichsüberschreitung aussondern. Die zu unterscheidenden Fälle sind in einer Tabelle zusammengestellt (Abb. 3.7.4).

Es ist zu beachten, daß die Addition modulo 2 gebildet wird und ein entstehender Übertrag ü von der w ten in die (w+1)te Stelle nicht arithmetisch interpretiert wird. Er liefert aber einen wichtigen binären Steuerparameter: bei Gleichheit der Vorzeichen erlaubt er zu unterscheiden, ob eine Bereichsüberschreitung vorliegt, und bei Rechnung im 2^w-1-Komplement zeigt er notwendige Ergebnis-Korrekturen an.

Beispiel 3.7.5:

Verallgemeinerte Addition in Darstellung durch Vorzeichen (O für +, L für -) und 2^n-Komplement.

Veranschaulichung der richtigen Ausführung an einem Zahlenring der 2^{n+1} Werte. Addition ist Winkeladdition im Ring. Bei der gewählten Zuordnung der Vorzeichendarstellung darf die Vorzeichenstelle wie eine Ziffernstelle behandelt werden, wenn nur Bereichsüberschreitungen ($a+b \geq 2^n$ für a, b > o und $|a| + |b| \geq 2^n + 1$ für a, b < o) richtig erkannt werden.

Beispiel: Berechnung von s := a+b, n=5 (vgl. Abb. 3.7.5)

1. Fall   a = 17 > o, b = 12 > o $s < 2^n = 32$

```
a = 0 | L O O O L
b = 0 | O L L O O
―――――――――――――――――
s = 0 | L L L O L
```

Sonderfall: a = 17 > o, b = 21 > o, $s > 2^n-1 = 31$
(vgl. Abb. 3.7.5)

Arithmetischer Alarm: Additionsüberlauf

```
a = 0 | L O O O L
b = 0 | L O L O L
―――――――――――――――――
s = L | O O L L O
  ≅ - 26 (!)
```

Kriterium $\bar{v}_a \wedge \bar{v}_b \wedge \ddot{u}$

v Vorzeichenstelle
ü Überlauf aus Stelle n

Fall	Bereichs-Überschreitung	Operation im 2^w-Komplement	Operation im 2^w-1-Komplement	Kriterium für Alarm
a,b haben gleiche Vorzeichen	JA	s ist nicht die wahre Summe c	s ist nicht die wahre Summe c	
$\|a\|+\|b\|$ $>2^w-1$ a,b>0	ALARM	s:=a+b-2^w ü:= L	s:=a+b-2^w ü:= L	$(v_1=+)$ $\wedge(v_2=+)$ $\wedge$ ü
a,b>0		s:=$2^w-\|a\|+$ $2^w-\|b\|$ ü:= O	s:=$2^w-1\|a\|+$ $2^w-1-\|b\|$ ü:= O	$(v_1=-)$ $(v_2=-)$ $\wedge$ $\bar{ü}$
$\|a\|+\|b\|$ $\leq 2^w-1$ a,b>0	NEIN	s:=a+b ü:= O	s:=a+b ü:= O	
a,b>0		s:=$2^w-\|a\|+$ $2^w-\|b\|$ ü:= L s ist richtiges Ergebnis im 2^w-Komplement	s:=$2^w-1-\|a\|$ $+2^w-1-\|b\|$ ü:= L s+1 ist richtiges Ergebnis im 2^w-1-Komplement (Einerrücklauf)	
a,b haben verschiedenes Vorzeichen, (Annahme b<o) a≥|b| d.h. s≥0	NEIN	s:=a+2^w-|b| ü:= L	s:=a+$2^w-1-\|b\|$ ü:= L s+1 ist richtiges Ergebnis (Einerrücklauf)	
a<|b| d.h. s<0		s:=a+2^w-|b| ü:= O s ist richtiges Ergebnis im 2^w-Komplement	s:=a+$2^w-1-\|b\|$ ü:= O s ist richtiges Ergebnis	

Abb. 3.7.4: <u>Verallgemeinerte Addition von Dualzahlen</u>
Anstelle von c:=a+b wird s:=(a+b) mod 2 gebildet

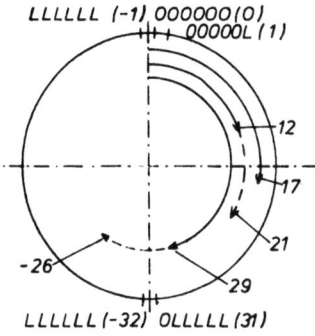

Abb. 3.7.5: Zur Berechnung von 17 + 12 und 17 + 21
(w = 5)

2. Fall a = - 17 < o, b = - 12 < o |s| ≤ 32
(vgl. Abb. 3.7.6)

```
a = L | O L L L L
b = L | L O L O O
-----------------
L|L | O O O L L
```

Nach links überschießende L markiert volle Umrundung

Sonderfall: a = - 17 < o, b = - 21 < o |s| > 32
(vgl. Abb. 3.7.6)

```
a =   L|O L L L L            Alarm mit Kriterium
b =   L|O L O L L              v_a ∧ v_b ∧ ū
-----------------
s = L|O|L L O L O  ≅ + 26 (!)
```

$v_a \wedge v_b \wedge \bar{u}$

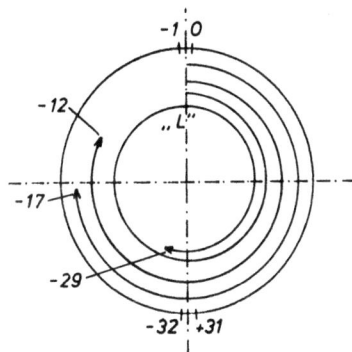

Abb. 3.7.6: Zur Berechnung von -17-12 und -17-21 (w=5)

3. Fall   a = 17, b = - 12   s < 32 (vgl. Abb. 3.7.7)

```
a =  0 | L 0 0 0 L
b =  L | L 0 L 0 0
─────────────────
s = L|0 | 0 0 L 0 L
```

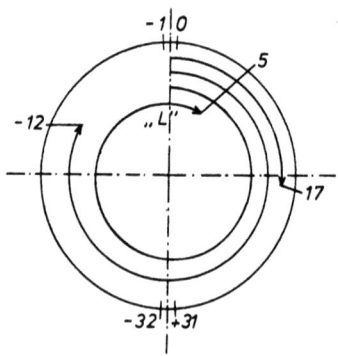

Abb. 3.7.7: Zur Berechnung von 17-12 (w=5)

4. Fall   a = - 17, b = 12 |s|≤32 (vgl. Abb. 3.7.8)

```
a = L | 0 L L L L
b = 0 | 0 L L 0 0
─────────────────
s = L | L L 0 L L
```

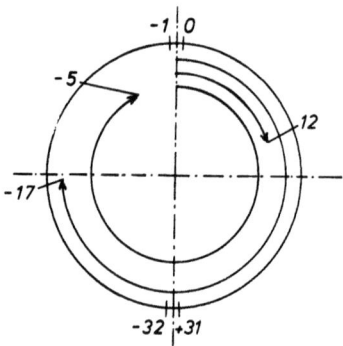

Abb. 3.7.8: Zur Berechnung von -17+12 (w=5).

Die Darstellung im 2^w-Komplement ermöglicht - mit Vorzeichen - die Darstellung auch von -2^w, während +2 nicht dargestellt wird. Es gibt eine Null, mit positiven Vorzeichen. Die Erzeugung des Komplementes durch stellenweise Inversion macht die Addition einer 1 notwendig.

Die Darstellung im 2^W-1-Komplement ermöglicht positive und negative Zahlen bis 2^W-1 darzustellen; +0000... und -LLLLL... stellen beide die Null dar. Das Komplement ist sehr einfach zu erzeugen, in einzelnen Fällen muß eine 1 auf das Ergebnis addiert werden.

Verfahren zur schnellen Addition betrachten je n nebeneinanderliegende Dualstellen als eine Verschlüsselung einer Ziffer aus dem 2^n-System, interpretieren also die Dualzahl als Zahlendarstellung im 2^n-System und ermitteln in ihm Summe und Übertrag für jedes Binär-n-tupel.

Festpunktmultiplikation
==
Die Multiplikation beruht prinzipiell auf dem Aufaddieren des Multiplikanden, gesteuert durch die Stellen des Multiplikators, entsprechend der üblichen Multiplikation mit Papier und Stift im Dezimalsystem.

Beispiel 3.7.9:

```
      L O L L * L L O L    (Multiplikand * Multiplikator)
      ─────────────────
            L O L L
          0 0 0 0
        L O L L
      L O L L
      ─────────────────
      L O O O L L L L
```

In Rechenanlagen werden meistens abkürzende Verfahren benutzt: Verringerung der Zahl der notwendigen Additionen: Zusammenfassung mehrerer Stellen (Multiplikation im 4er und 8er System), Überspringen von Nullfeldern im Multiplikator, Behandlung von L-Ketten im Multiplikator durch Addition und Subtraktion (sind die Stellen ν bis λ (aufsteigende Potenzen) "L" und $\lambda + 1$ "0", so kann der Betrag dieser Stellen zum Produkt durch einen abgeänderten Multiplikator erzeugt werden, der in Stelle $\lambda + 1$ eine "L" und in Stelle ν eine $- L$ enthält (eine Addition und eine Subtraktion statt $\lambda - \nu + 1$ Additionen)).

Verringerung des Aufwandes je Addition: Die Überträge werden nicht bei jeder Addition abgebaut, sondern als dritter Addend (neben dem entstehenden Produkt und dem Multiplikand) in jedem Schritt verarbeitet. Der eigentliche Übertragsabbau findet erst nach der Abarbeitung des Multiplikators statt.

Festpunktdivision
==
Die angewendeten Verfahren entsprechen grundsätzlich denen, die bei der Division auf dem Papier verwendet werden. Größenvergleiche, die in Parallelrechnern aufwendige Operationen sind, werden durch versuchsweise Subtraktionen umgangen. Man unterscheidet Verfahren, die nach der Subtraktion den Dividenden wiederherstellen, wenn ein Vorzeichenwechsel eingetreten ist, und solchen, die die Wiederherstellung mit der näch-

sten Subtraktion verschmelzen.

Bereichsüberschreitung bei Festpunkt-Multiplikation und -Division

Je nach Lage des impliziten Dualpunktes (ganz links oder ganz rechts) sind alle Festpunktoperanden Brüche zwischen 0 und $1-B^{-w}$ (w Stellenzahl) oder ganze Zahlen zwischen 0 und B^w-1. Die Lage des Dualpunktes hat einen Einfluß auf die Möglichkeit, daß die Multiplikation bzw. Division zu Bereichsüberschreitung führt:

Multiplikation
  Brüche: Bereichsüberschreitung nicht möglich; doppeltlanges Ergebnis enthält in der linken, hochgewichteten Hälfte im allgemeinen führende Nullen (Genauigkeitsverlust: Umgehung durch Programm-Maßnahmen); Rundung.
  Ganze Zahlen: Bereichsüberschreitung möglich (Alarm!), muß ggf. durch Programm-Maßnahmen umgangen werden.

Division: Rest bleibt erhalten (Rundung!)
  Brüche: Bereichsüberschreitung, wenn der Divisor kleiner als der Dividend ist (Alarm!), ggf. Umgehung durch Programm-Maßnahmen.
  Ganze Zahlen: keine Bereichsüberschreitung, es sei denn, Divisor ist null.

Gleitpunktoperationen (vgl. auch 2.6)

Addition und Subtraktion:
  Negative Zahlen werden meist durch Vorzeichen und Betrag, nicht durch Komplementierung dargestellt. Vor Ausführung der Operation muß ein Exponent an den anderen angeglichen werden. Beispiel, das die Abhängigkeit des Ergebnisses von der Reihenfolge zeigt:

  $x := 3_{10} - 4 \quad - 1 + 1$

werde auf einer Maschine mit 3 Dezimalstellen Mantisse gerechnet. Reihenfolge bei Abarbeitung von links:

$$.000_{10} + 1$$
$$-.100_{10} + 1$$
$$\overline{-.100_{10} + 1}$$
$$+.100_{10} + 1$$
$$\overline{.000_{10} + 1}$$

Besser wäre gewesen: $3_{10} - 4 - (1-1)$

$$.100_{10} + 1$$
$$-.100_{10} + 1$$
$$\overline{.000_{10} + 1} \longrightarrow .000_{10} - 3$$
$$.300_{10} - 3$$
$$.300_{10} - 3 = 3_{10} - 4$$

Das assoziative Gesetz gilt nicht.

Beispiel 2.7.10: Gleitpunktoperationen

Format von 8 Bits und Vorzeichen; 4 Bits Mantisse (echter Bruch) und 4 Bits Charakteristik (zugehöriger Exponent -8 bis +7.

Addition: 59,5 + 12,25 = 71,75

Dualdarstellungen:

$59,5 = \frac{59,5}{64} \cdot 2^6 \cong$ 0.LLLOLLL * LO^{LLO}

$12,25 = \frac{12,25}{16} \cdot 2^4 \cong$ 0.LLOOOL * LO^{LO}

Im Gleitpunktformat des Beispiels:

v Charakteristik Mantisse

0 | L L L O | L L L L = $2^6 \cdot \frac{15}{16}$ = 60 "= 59,5"

0 | L L O O | L L O O = $2^4 \cdot \frac{12}{16}$ = 12 "= 12,25"

Nach Angleichung der Charakteristik:

```
  0 | L L L O   |   L L L L
+ 0 | L L L O   |   0 0 L L
  ─────────────────────────
  0 | L L L O   |   L 0 0 L 0    normalisiert und gerundet:
  0 | L L L L   |   L 0 0 L  = $2^7 \cdot \frac{9}{10}$ = 72 "= 71,75"
```

Multiplikation: 27,1 * 3,75 = 101,825

Dualdarstellungen:

$27,1 = \frac{27,1}{32} \cdot 2^5 =$ 0.LLOLLO͞O͞O͞L͞L͞ · LO^{LOL}

$3,75 = \frac{3,75}{4} \cdot 2^2 =$ 0.LLLL · LO^{LO}

In Gleitpunktdarstellung des Beispiels:

v Charakteristik Mantisse

  0 | L L O L | L L L O = $2^5 \cdot \frac{14}{16}$ = 28 "= 27,1"

* 0 | L O L O | L L L L = $2^2 \cdot \frac{15}{16}$ = 3,75

```
  0 L O L L L | L L O L O O L O
-     L O O O                       normalisiert, Charakteri-
  ──────────────────────────       stik korrigiert:
  0   L L L L   L L O L  = $2^7 \cdot \frac{13}{16}$ = 102 "= 101,825"
```

Restklassensystem

Ein Beispiel für eine ganz andere Zahlenschreibweise als das Radixsystem ist das Restklassensystem. Wählt man mehrere Primzahlen $P_1 \ldots P_n$, so kann man die ganzen Zahlen von 0 bis KGV-1* eindeutig durch die Divisionsreste zu diesen Primzahlen bezeichnen als

$$z = \{z \bmod P_1, z \bmod P_2, \ldots, z \bmod P_n\}.$$

Man überzeugt sich, daß Addition, Multiplikation und Subtraktion in einfachster Weise durchgeführt werden:

$$z_1 \overset{+}{*} z_2 = \{(z_1 \bmod P_1 \overset{+}{*} z_2 \bmod P_1) \bmod P_1, (z_1 \bmod P_2 \overset{+}{*} z_2 \bmod P_2) \bmod P_2, \ldots, (z_1 \bmod P_n \overset{+}{*} z_2 \bmod P_n) \bmod P_n\}.$$

Solche Operationen sind auf Maschinen sehr schnell durchführbar (keine Überträge!). Das System hat sich aber nicht eingeführt, da die Rückkonversion aus dem Restklassensystem in das Radixsystem, die Division und der Größenvergleich nur sehr schwer durchzuführen sind.

Das Restklassensystem wird aber zur Überprüfung von arithmetischen Operationen eingesetzt. Man benutzt dazu die Eigenheit, daß für die Quersumme q einer Zahl z, die im Radixsystem mit der Basis B dargestellt ist, gilt:

$$q \bmod (B-1) = z \bmod (B-1)$$

Es ist nämlich

$$z \bmod (B-1) = (\sum_{\nu=0}^{w-1} a_\nu B^\nu) \bmod (B-1) = (\sum_{\nu=0}^{w-1} a_\nu ((B-1) + 1)^\nu) \bmod (B-1)$$

$$= (\sum_{\nu=0}^{w-1} a_\nu) \bmod (B-1) = q \bmod (B-1).$$

Praktische Bedeutung hat die Dreierprobe (Quersumme modulo 3), die bei richtiger Durchführung einer arithmetischen Operation, aus den Operanden gebildet und verknüpft, genauso ausfällt wie aus dem Ergebnis gebildet; man vergleiche [TR 440 u].

---

*kleinstes gemeinschaftliches Vielfaches

3.8 Rechenwerke

Das Rechenwerk hat erheblich einfachere Schnittstellen als das Leitwerk. Es erhält Aufträge (Operatoren, Operanden) vom Leitwerk und liefert seine Ergebnisse an das Leitwerk. Wegen der in 3.6 dargestellten Gründe (Präzedenzkontrolle) wird - wenn möglich - darauf verzichtet, das Rechenwerk selbst Operanden beschaffen oder Ergebnisse abspeichern zu lassen. Das Rechenwerk meldet Ablaufunregelmäßigkeiten als Alarme an das Leitwerk; meist stehen dem Leitwerk außerdem einfache Zustandskriterien (z.B. Vorzeichen von Registerinhalten) zur Entscheidung über bedingte Sprünge zur Verfügung.

Wir betrachten zunächst ein Rechenwerk für eine einfache Einadreßmaschine (Abb. 3.8.1). Außer dem Akkumulator sieht man noch wenigstens 3 andere Register vor, nämlich ein Multiplikandenregister, ein Multiplikator-Quotienten-Register und einen Verschiebungszähler; oft macht man diese Register auch direkten Befehlswirkungen zugänglich.

Zur Festpunktaddition muß zuvor der Augend im Akkumulator stehen (Einadreßmaschine). Der Addend wird in das Multiplikandenregister gebracht; dann wird die Summe <AC>:=<AC>+<MD> gebildet. Ist es technisch nicht möglich (vorspeicherlose Flipflops), den Akkumulator in einem Schritt als Quelle und Senke für Signale zu verwenden, so muß ein "Sklavenregister" (slave register) für ihn als Puffer eingerichtet werden. Für die Subtraktion wird der Subtrahend in das Multiplikandenregister geladen; dann wird das Komplement gebildet und die Addition vollzogen.

Die Festpunktmultiplikation speichert den Multiplikanden in das Multiplikandenregister und den Multiplikator in das Multiplikator-Quotientenregister. Der Akkumulator enthält anfangs null, der Verschiebungszähler Z wird mit der Wortlänge geladen. Die Multiplikation wird iterativ durchgeführt. Zu

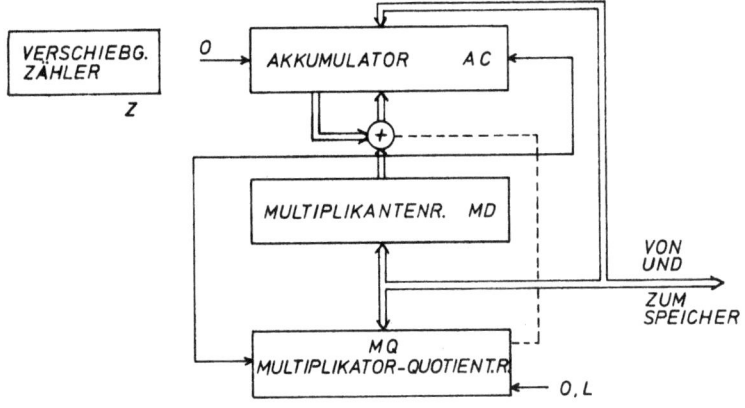

Abb. 3.8.1: Einfaches Rechenwerk

Beginn jeden Schrittes wird die Wortlänge um 1 vermindert, dann wird Multiplikand, multipliziert mit dem Inhalt der rechten Stelle des Multiplikatorquotientenregisters auf den bisherigen Akkumulatorinhalt addiert; die Summe gibt den neuen Akkumulatorinhalt; <AC> o <MQ> werden um eine Stelle nach rechts geschoben, von links wird dabei eine 0 in den Akkumulator eingebracht; es wird dann geprüft, ob der Inhalt des Verschiebungszählers null ist; ist dies der Fall, so ist die Multiplikation beendet, sonst beginnt der nächste Schritt.

Beispiel 3.8.2: Multiplikation 11 * 12   <Z> = LOO

```
    <AC> =  0000   <MQ> =  LLOL   <MD> = LOLL   <Z> = OLL
    <MD>  + LOLL                    ↑
    <AC>    LOLL
          → OLOL          → LLLO                      OLO
                            ↑
            OOLO             LLLL                     OOL
    <MD>  + LOLL                    ↑
    <AC>    LLOL
          → OLLO          → LLLL                      OOO
    <MD>  + LOLL                    ↑
    <AC>    LOOOL            LLLL
          → LOOO           → LLLL
```

Ergebnis   LOOOLLLL = 143 (= 11 * 13)

Für die Division füllt man zu Anfang den Dividenden in den Akkumulator und den Divisor in das Multiplikandenregister. Abhängig vom Vorzeichen von <AC> nach Subtraktion (<AC> - <MD>) gewinnt man je eine rechte Stelle von <MQ>. Nach jedem Schritt (eventuell nach Wiederherstellung von <AC> wird eine gemeinsame Linksverschiebung von <AC> o <MQ> gemacht.

Von diesem Schema weicht das Rechenwerk einer Vielregistermaschine ab. Eine "arithmetisch-logische Einheit", die im wesentlichen wie ein Schaltnetz aus zwei Operanden ein Ergebnis erarbeitet, ohne über die Operation hinaus einen Wert zu speichern (obwohl aus technischen Gründen Register enthalten sein mögen) wird vom Leitwerk beauftragt wie eine Zwei- oder Dreiadreßmaschine; ein verbleibender aktueller Ausschnitt in der arithmetisch-logischen Einheit existiert ja nicht.

Übliche Erweiterungen von Rechenwerken sind vor allem doppeltlange Register (in obigen Beispielen versah der Akkumulator diese Aufgabe), um das doppelt lange Produkt bzw. den Quotien-

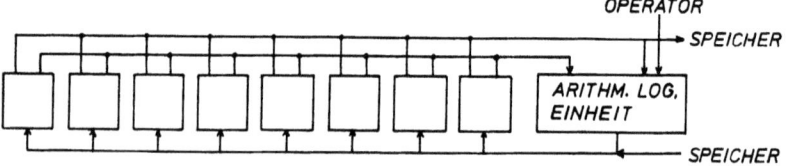

Abb. 3.8.3:   Rechenwerk für Vielregistermaschine, Prinzipbild

ten mit dem Divisionsrest aufzunehmen. Außerdem werden oft besondere Gleitpunktregister eingerichtet, oft nach Mantissenteil und Exponent zerlegt. In einfachen Maschinen sind auch Indexregister und offene Basisregister im Rechenwerk zu finden; sei es, daß sie allgemeine Register sind oder sei es, daß die Rechenschaltnetze des Rechenwerkes zur Adreßmodifikation dienen.

Rechenwerke großen Durchsatzes werden wie bei Leitwerken durch Kettenbildung gewonnen (CDC 7600 [CDC 7600 b], CDC STAR 100 [CDC Star b]. Es ergeben sich weit größere Zahlen von Gliedern (bis 30), als im Leitwerk, allerdings nur um den Preis der Spezialisierung, da die Aufträge an das Rechenwerk ja weit verschiedenartiger sind als an das Leitwerk. Das bedeutet, daß die Fließbandwerke nebeneinander auftreten (CDC 7600: 9 Werke, STAR 100 : 3 Werke). Man kann natürlich mit der Parallelanordnung bei geringeren Durchsatzanforderungen - auch allein auskommen (CDC 6600 [Thornton J 64]). Es sei noch einmal betont, daß mit der Parallelisierung der Funktionseinheiten Überholungen möglich sind, die eine genaue Prüfung auf Präzedenzverletzung notwendig machen. Diese wird sehr erleichtert, wenn nur wenige Register als Senken in Frage kommen, was bei Maschinen dieses Durchsatzes auch aus Zeitgründen nahegelegt ist.

3.9 Mikroprogrammierung

Als Mikroprogrammierung ([Husson S 70], [Davies P 72]) haben wir in 2.7 die interpretative Realisierung von SYNT (LW) oder SEM (RW) im von Neumann'schen Interpretationsvorgang bezeichnet. Dabei ist noch kennzeichnend, daß die Funktion SYNT.P bzw. SEM.P durch eine Einheit realisiert wird, die in Zellen wie ein Speicher gegliedert ist und daß ein eigenes (Mikro-)Leitwerk (SYNT.SYNT bzw. SEM.SYNT) vorhanden ist. Es handelt sich also bei der Mikroprogrammierung um ein Beispiel einer substituierten Interpretation.

Mikroprogramme sind stets ablaufinvariant. Die elementaren Einheiten des Mikroprogrammes, die das Mikroleitwerk aus dem Mikroprogramm ausgliedert, sollen Mikrobefehle heißen. Mikrobefehle enthalten Operatoren, gelegentlich auch Adressen (z.B. von Registern) und Direktoperanden. Meist aber werden die Elementaranweisungen ohne Zergliederung in Operator und Operanden bezeichnet. Mikroprogramme erlauben bedingte und unbedingte Verzweigungen; explizite Sprungbefehle sind aber selten (vgl. 3.2). Das grundsätzliche Schema ist in Abb. 3.9.1 dargestellt.

Die Anzahl unabhängig vom Mikroleitwerk steuerbarer Funktionen bestimmt, wieviele Aufträge höchstens je Zeitschritt vergeben werden können. Diese Anzahl ist groß bei durchsatzstarken und klein bei aufwandsarmen Maschinen. Sie bestimmt über die Datenmenge, die ein Mikrobefehl enthalten muß. Bei voller Ausnutzung der Gleichzeitigkeit muß also eine <u>durchsatzstarke Maschine</u> ein längeres Mikrobefehlswort erhalten; und um die Mikroabrufphase so kurz wie möglich zu halten, werden an-

stelle allgemeiner Speicher Lesespeicher (read-only-memory)
eingesetzt, die kein Schreiben im Betrieb erlauben, aber
schneller und sicherer sind als allgemeine Speicher. Eine
weitere Ersparnis an Zeit für die Mikroabrufphase tritt ein,
wenn eine Entschlüsselung des Steuerwortes nicht notwendig
ist, d.h. ein analytischer Code (3.2) vorliegt, womit das
Mikrobefehlswort in Funktionsbits zerfällt, die vom Mikroleitwerk unmittelbar als Anweisungen weitergegeben werden.

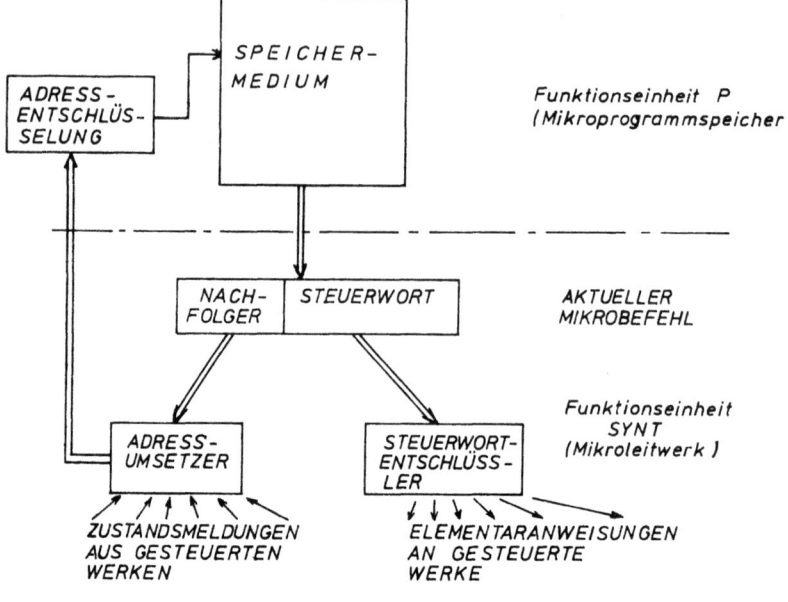

GESTEUERTE WERKE: Funktionseinheiten SEM und Z
(Beispiele: Leitwerk, Rechenwerk, E/A Werk, Hauptspeicher)

Abb. 3.9.1: Mikroprogrammierung: Prinzipbild

Diese äußerste Wortlängenstreckung der Mikrobefehle wird gelegentlich als "horizontale" Mikroprogrammierung bezeichnet.
Bei knappen Zeitverhältnissen wird man noch auf jede Adreß-
rechnung für den Nachfolgebefehl wie auch auf die Entschlüsselung der Befehlsadresse verzichten. Schließlich kann man
als Festwertspeicher einen Satz von m Schaltmatrizen verwenden, die in n Zeilen je einen Mikrobefehl und Daten zur
Nachfolgerauswahl enthalten, und ein n-stelliges Register,
das höchstens an einer Stelle eine L enthält, mit der die
aktuelle Zeile markiert wird (Zeitschaltkette). Zu jedem
(von Neumann'schen) Befehl gehört eine Matrix mit eventuell
eigener Zeitschaltkette; verfeinerte Schemen nutzen eine
Matrix für mehrere, ähnliche Befehle aus und bedingen die
in den Zeilen "gespeicherten" Bits mit dem Befehlstyp und
mit Zuständen der gesteuerten Werke (vgl. Abb. 3.9.2). Bei

sehr zeitkritischen Verhältnissen benutzt man nur Sprungkriterien, die in Vortakten ausgewertet wurden, und verlegt einen möglichst großen Teil der Bedingungsauswertung in die gesteuerten Werke; d.h. die Funktionsbits sind nur bedingt wirksam. Zu solchen Schemen vgl. [Güntsch F 60][Händler W 74].

Verfolgt man die Entwurfsmöglichkeiten in Richtung geringeren Aufwandes, so ist es zunächst möglich, den Aufwand für die Mikroprogrammspeicherung durch Vermeidung der Redundanz, die durch den analytischen Code gegeben ist, zu senken. Man gruppiert die Elementaranweisungen, die das Mikroleitwerk vergibt, derart, daß man Gruppen von sich gegenseitig ausschließenden Elementaranweisungen erhält. Die Gruppen codiert man getrennt. Der Mikroprogrammbefehl zerfällt damit in eine Folge von Binärworten, die getrennt entschlüsselt werden. Die Folge kann auch Adressen, Direktoperanden, Sprungkriterien, Normal- und Ausnahmenachfolgeadresse enthalten. Im Grenzfall erhält man Mikrobefehle, die voll verschlüsselt sind; meist geht damit eine Einschränkung der Wirkungen je Mikrobefehl einher, so daß man für kürzere Mikrobefehle nun

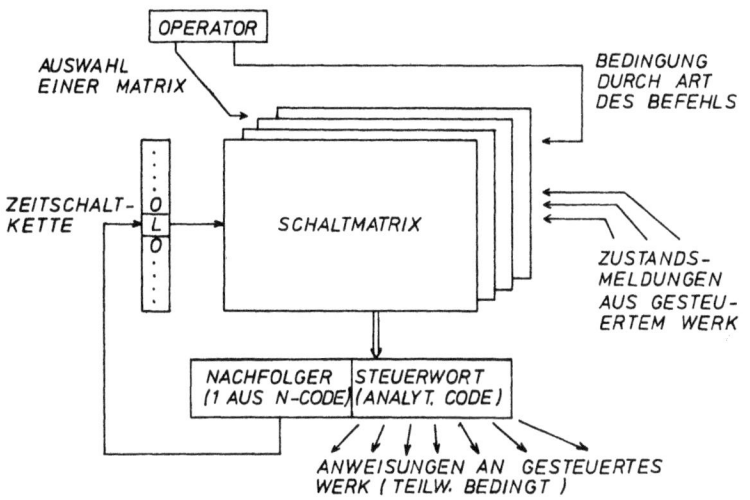

Abb. 3.9.2: Mikroprogrammierung mit Schaltmatrizen

längere Mikroprogramme erhält; dieses Schema ist in mancher Hinsicht dem "horizontalen" entgegengesetzt, so daß man hier auch von "vertikaler" Mikroprogrammierung spricht.

Die Verwendung von allgemeinen Speichern anstelle von Lese-Speichern, die mit dem Abbau der Geschwindigkeitsforderungen möglich ist, hat eine Reihe wichtiger Folgen. Mikroprogramme können zur Fehlerbeseitigung ohne Mühe geändert werden; der Befehlsvorrat kann abgeändert oder erweitert werden, und für die Prüfung und Wartung können ad hoc spezielle

Mikro-Testprogramme hergestellt werden. Mikroprogramme können auf peripheren Speichern gehalten werden und nach Bedarf in einen kleinen, schnellen Mikroprogrammspeicher zur Ausführung geladen werden; man kann dann von einer der Maschine festzugehörigen Maschinensprache ganz absehen und mit der Maschine einen Satz von Interpretern zur Verfügung stellen, die als Mikroprogramm ablaufen (IBM/370 [Allred G 71], [Schünemann C 74], insbesondere aber Burroughs B 1700 [Wilner W 72a] [Wilner W 72c]). Mit der Möglichkeit, Mikroprogramme nach Bedarf zu laden und zu verdrängen, ergeben sich bei großem Mikroprogrammbestand sehr billige Lösungen.

Schließlich kann man zur Verbilligung natürlich das Mikroprogramm auch aus dem Hauptspeicher ablaufen lassen (so Packard Bell PB 440 [Boutwell E 63] und B 1700 [Wilner W 72a], [Wilner W 72c] neben einem Mikroprogrammspeicher oder alternativ, IBM/360 Mod 20), was eine weitere Verbilligung, allerdings meist um den Preis einer kräftigen Durchsatzschwächung, ergibt.

Mikroprogrammierung wird für das Leitwerk weniger häufig angewendet; da jede Befehlsausführung mit der Abrufphase belastet ist, ergibt sich für die Abrufphasendauer als Systemparameter p ein weit höheres $\frac{\vartheta\, L_s}{\vartheta\, p}$ als für eine Ausführungsdauer (vgl. (1.15.7)), was in einem ausgewogenen System einen differentiell größeren Aufwand für die Abrufphase verlangt. Man greift daher trotz des größeren Aufwandes oft für das Leitwerk zu einer konventionellen Ablaufsteuerung.

Bei durchsatzschwachen Zentralprozessoren benutzt man ein Mikroleitwerk für Leitwerk und Rechenwerk, die also zeitteilig durch dieselben Einheiten P und SYNT realisiert werden. Möchte man aber den Zentralprozessor als Kette realisieren, und wäre es auch nur als Leitwerk-Rechenwerk (zweigliedrige Kette), so muß man auch zwei Mikroleitwerke vorsehen; bei weiterer Kettenbildung (Fließbandprozessor) tritt zugleich eine Funktionsspezialisierung der einzelnen Glieder ein, die die Mikroprogrammierung unwirtschaftlich macht, und die Durchsatzansprüche, die dem Entwerfer die Kettenbildung aufnötigen, verbieten die (stets relativ langsame) Ausführung unter Mikroprogramm.

Die Idee der Mikroprogrammierung wurde sehr früh geboren [Wilkes M 51], um ein regelhaftes Schema für die Ablaufsteuerung innerhalb der Operationen einzuführen. Es gab verschiedene Gründe, weshalb die praktische Nutzung nur langsam eintrat. Der wichtigste war sicher, daß die prinzipielle Redundanz des regelhaften Schemas so lange abschreckend erschien, wie verhältnismäßig unkomplexe Maschinen entworfen wurden; Komplexität war für lange Zeit bei langsamen Maschinen niedrig; bei den schnellen Maschinen ist Mikroprogrammierung aus Geschwindigkeitsgründen ausgeschlossen. Erst als mit Beginn der sechziger Jahre Maschinen großen Befehlsvorrates auftauchten, wurden regelhafte Schemen interessant (Philco 2000, AEG-Telefunken TR 4), was zusammen mit der schnell bedeutsam werdenden Emulation (vgl. 3.10) (Packard Bell PB 440 [Boutwell E 63])

in der IBM/360-Familie zum Durchbruch des Prinzips führte
[Tucker S 67]. In den 60er Jahren stieg - mit den Entwick-
lungsschwierigkeiten komplexer Maschinen - die Wertschätzung
der Regelhaftigkeit und der Flexibilität weiter.

Außerdem standen in den 50er Jahren keine erträglich aufwendigen Speicher zur Verfügung, die bessere Zugriffszeiten als
die jeweiligen Hauptspeicher boten. Interessant ist der Aus-
weg, dann horizontale Mikroprogrammierung zu verwenden und
einen einzigen Mikrobefehl als Operator in den Befehl zu
schreiben; so läßt sich die Minima [van der Poel W 52]/Zuse
Z 22 [Z 22] auffassen. Mit Ende der sechziger Jahre waren
auch schnelle schreib- und lesbare Speicher zur Verfügung.

Mit Beginn der 70er Jahre wurde das Prinzip der substituierten Interpretation nach gespeichertem Programm auch auf andere Einheiten als den Zentralprozessor angewendet, wobei auch
die Bezeichnung Mikroprogrammierung verwendet wird, so vor
allem bei Peripheriesteuerwerken. Ein System aus teilweise
technisch gleichen Prozessoren, die durch Mikroprogrammierung funktionsspezialisiert sind, ist die IBM/360 Mod 125
[von Krogh C 74]. Solche Schemen sind langfristig wichtig,
weil Großintegration vor allem dann wirtschaftlich ist, wenn
große Bauelemente-Stückzahlen gebraucht werden, was durch
programmierte Funktionsspezialisierung möglich ist. Außerdem
können Systeme aus solchen Baueinheiten durch Programmtausch
Belastungsänderungen und Ausfälle kompensieren.

In letzter Zeit sind zwei Entwicklungen wesentlich: die Emulation wird unter einem Mehrprogrammbetrieb möglich gemacht,
indem ein einziges übergeordnetes Betriebssystem den Systeminterpreten mit anderen Benutzerprogrammen wechseln läßt und
bei Verwendung von ladbaren Mikroprogrammspeichern einen
Swappingbetrieb von Mikroprogrammen unterhält (IBM/370
[Allred G 71],[Schünemann C 74] und Burroughs B 1700
[Wilner W 71c]); man spricht dann von integrierter Emulation. Außerdem aber ist ein System entwickelt worden (B 1700),
dessen Elementaranweisungen überhaupt nicht mehr auf die Realisierung einer speziellen von Neumann'schen Maschine ausgerichtet sind, sondern auf die möglichst wirkungsvolle Emulation einer beliebigen Maschine (insbesondere solchen, die
einen String interpretieren, wie er sich als Ergebnis der
syntaktischen Analyse einer höheren Programmiersprache ergibt); zu letzterem siehe auch [Weber H 67].

3.10 Emulation

Emulation ist die Ausführung von Programmen einer Maschine
mit abweichenden Befehlswirkungen durch besondere Maschinen
einrichtungen. Emulation ist eine mögliche Lösung für die Er-
füllung eines Teils der Kompatibilitätsforderung, die Ausführung einer Datenverarbeitung, die in einem Rechensystem
A realisiert wurde, auch in einem Rechensystem B zu ermöglichen, das von A verschieden ist.

Das Verfahren ist bereits im Grundsatz im Beispiel 2.7.1 be-

schrieben worden, nur daß es sich bei der Emulation nicht um
Ausführung eines Programmes in einer höheren Sprache handelt.
Es wird eine virtuelle Funktionseinheit realisiert durch
substituierte Interpretation, die alle Wirkungen des nachzu-
ahmenden Systems (des <u>Gastsystems</u>) aufweist. Im Hauptspeicher
des nachahmenden Systems (<u>Wirtsystem</u>) wird ein Abbild aller
relevanten Speicher des Gastsystems geführt. Kommt die Interpretation ohne besondere Maschineneigenschaften aus, so bezeichnet man sie in diesem Zusammenhang oft als <u>Simulation</u>.
Sie beginnt natürlich mit der syntaktischen Prozedur, einem
Programm der Wirtmaschine, das als Parameter die Anfangsadresse des Gastprogramms im Wirtspeicher erhält und den zugehörigen Befehlszählerstand der Gastmaschine. Sie baut die
notwendige Adressabbildung: "Wirtspeicher⟷Gastspeicher"
auf, lädt den Gastbefehlszähler (im Arbeitsspeicher der syntaktischen Prozedur) und beschafft den ersten Gastbefehl.
Die Decodierung des Gastoperators wird am besten so ausgeführt, daß sich die Adresse der zugehörigen semantischen Prozedur der Wirtmaschine ergibt. Dann erhöht die syntaktische
Prozedur den Gastbefehlszählerstand, ermittelt die Gastope-
randenadressen, beschafft die Werte aus dem Gastspeicher und
- liegt ein Rechenwerksbefehl vor - ruft die zuvor ermittel-
te semantische Prozedur mit den Operanden bzw. der Abspeicher-
adresse als Parameter. Am Ende der semantischen Prozedur, die
z.B. Gast-Rechenwerksinhalte verändert hat, die zu dem Gastspeicher im weiteren Sinne gehören, wird wieder die syntaktische Prozedur aufgenommen, die den nächsten Gastbefehl beschafft. Die syntaktische Prozedur, Inhalt von H.SYNT.P in
Beispiel 2.7.1, wird im Zusammenhang mit der Simulation und
Emulation meist DIL (do interpretative loop) genannt.

Das Bild verfeinert sich, wenn wir annehmen, im Gastsystem
gäbe es ein Betriebssystem, das in einem Systemmodus arbeitet.
Die Prozedur DIL muß nun offenbar verschiedene Modi unterscheiden; im übrigen kann aber das Gast-Betriebssystem in
die Simulation einbezogen werden. Allerdings endet die Simulation des Betriebssystems natürlich, wo notwendigerweise auf
Wirkungen zurückzugreifen ist, die im Wirtsystem privilegiert
sind. Also muß das Gastbetriebssystem an die Betriebssystemschnittstellen des Wirtsystems angepaßt werden. Damit ergeben sich meist große Eingriffe, so daß es besser ist, ein
besonderes Programm der Wirtmaschine herzustellen, das die
Betriebssystemschnittstellen des Gastsystems auf die des
Wirtsystems transformiert (vgl. Abb. 3.10.1); dieses heiße
Systeminterpret (emulation monitor system, compatibility
operating system). Es sei noch bemerkt, daß Unterbrechungen
ja stets vom Wirtsystem behandelt werden. Erkennt es, daß
der betroffene Prozeß der Gastprozeß ist, so wird die Unter-
brechungssituation dem Systeminterpret zugestellt, von ihm
in das nachgeahmte Gastleitwerk abgebildet und von der syntaktischen Prozedur entdeckt. Von hier an wird die Unterbrechungsbehandlung der Gastmaschine, die i.a. auf den Systeminterpret zurückführt, durchgeführt.

Simulationen führen - im Vergleich zu einer Neuprogrammierung
des Gastprogramms - für das Wirtsystem meist zu Bearbeitungs-
zeitstreckungen um einen Faktor zwischen 100 und 1000. Je nach

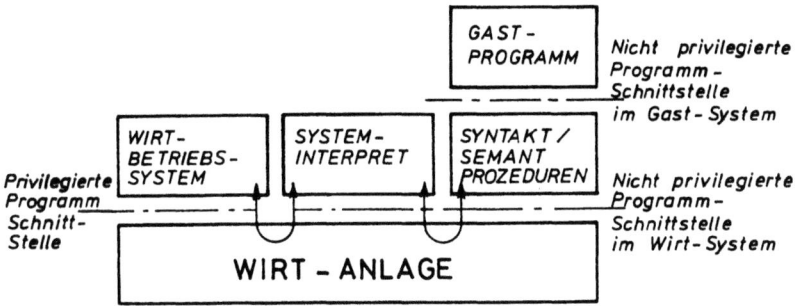

Abb. 3.10.1: Simulation eines Gastprogramms

Umfang der aufgewendeten zusätzlichen Geräteeigenschaften lassen sich bei Emulation Faktoren zwischen 1 und 10 erzielen.

Wir betrachten zunächst ein Schema (Abb. 3.10.2), das auf einer mikroprogrammierten Maschine nahegelegt ist (ähnlich RCA Spectra 70/45 [Benjamin R 65]). Die Wirtmaschine besitzt einen besonderen Befehl "Gehe auf Gastsystem über". Mit ihm wird das Leitwerk nach Durchlaufen der zugehörigen Wirt-Abrufphase in einen Wartezustand versetzt; mit anderen Registern simuliert ein (gleichsam als Wirtausführungsphase) aufgerufenes Mikroprogramm DIL die Abrufphase des Gastes. Es erhält dazu vom Leitwerk - gleichsam als Operanden - den Befehlszählerstand für den Gast und andere Anfangsgrößen.

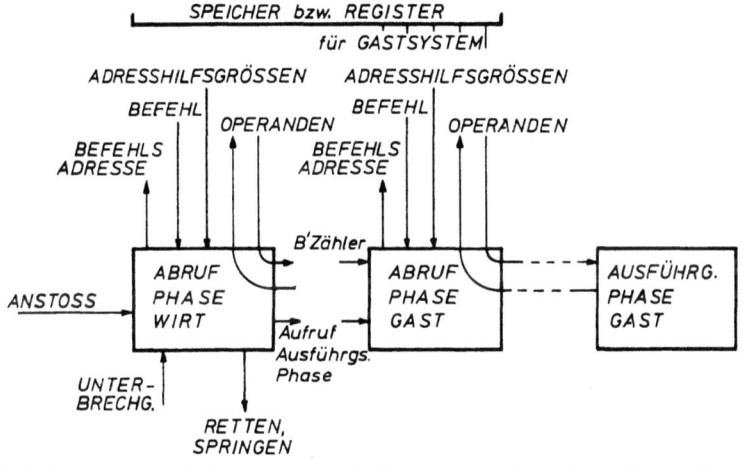

Abb. 3.10.2: Emulation unter Mikroprogrammierung

Die Gastabrufphase beschafft nun den Befehl, Adreßhilfsgrößen und Operanden und ruft ein anderes Mikroprogramm auf, das die Gastausführungsphase übernimmt. Es gibt die Steuerung am Ende an die Gastabrufphase DIL zurück. Ein Stopbefehl oder ein anderer privilegierter Befehl des Gastes wird in DIL in eine Rückkehr in die Abrufphase der Wirtmaschine umgesetzt, die damit den Systeminterpreten aufnimmt, der eventuell das Wirtbetriebssystem aufruft.

Es sind viele Lösungen bekannt geworden, die eine nur partielle Unterstützung bieten, also eine Zwitterstellung zwischen der Simulation und Emulation über Mikroprogramm darstellen ([Tucker S 65], [Mc Cormack 65]). Solche Lösungen stützen die Simulation durch

a. zusätzliche Befehle (insbesondere DIL, E/A-Codewandlung, häufig gebrauchte Gastausführungsphasen (auf die von DIL wie von einem Execute-Befehl verzweigt wird)),

b. zusätzliche Schaltnetze und Register zur Stützung der neuen Befehle: Adreßumsetzer, Codewandler, formatausrichtende Schaltnetze, Gastbefehlszähler, Operationscodeentschlüßler.

3.11 Durchsatz der Zentraleinheit

In diesem Abschnitt werden wir mit einfachen, analytisch auswertbaren Modellen uns einen Überblick über den Einfluß verschaffen, den Organisation des Zentralprozessors und Charakteristik der Operationenfolge auf den maximalen Durchsatz der Zentraleinheit haben. Bei gegebener Operationenfolge trete der maximale Durchsatz dann ein, wenn immer ein rechenfähiges Programm angeboten wird.

Das einfachste Maß zur Charakterisierung der Belastung ist die Häufigkeitsverteilung der Operationstypen. Das bekannteste Beispiel dafür ist der Gibson Scientific Mix (Abb. 3.11.1). Er kann zur Berechnung einer mittleren Ausführungszeit dienen oder zur Generierung von Programmen, an denen dann der Kehrwert des maximalen Durchsatzes ermittelt werden kann, was bei Zentralprozessoren mit einer Kapazität von mehr als einem Befehl das eigentlich interessante Maß ist. Der Gibson-Mix enthält aber keine Information über die Folgegesetzmäßigkeit; auch wird Umfang des Befehlsvorrates und Wortlänge nicht berücksichtigt, so daß er Vergleiche zwischen Zentraleinheiten nur dann erlaubt, wenn diese beiden Größen bereits ähnlich sind. - Interessant ist die Veränderung von Gibson-Mix I, der 1965 an IBM 7090-Programmen gemessen wurde, auf Gibson-Mix III dem Programme für IBM/360 zugrundeliegen; die Unterschiede sind u.a. auf die verschiedene Betriebsform zurückzuführen.

Es sei betont, daß sich aus dem maximalen Durchsatz der Zentraleinheit nur obere Grenzen des Durchsatzes des Rechensystems folgern lassen (vgl. 8.1).
Wir werden nun nacheinander drei Organisationsformen eines Zentralprozessors (Kapazität 1, Kapazität ≤ 2, Kapazität $k \gg 2$ Befehle) im Vergleich betrachten.

	GIBSON I 1965 (IBM 7090)	GIBSON III (IBM/360)
Unbedingter Sprung	17,5 %	8,8 %
FP-Addition, -Subtraktion, Transporte	33,0 %	26,9 %
FP-Multiplikation	0,6 %	0,45 %
FP-Division	0,2 %	0,15 %
Vergleichen	4,0 %	5,4 %
Bedingte Sprünge	6,5 %	10,0 %
Verschiebung	4,6 %	3,5 %
Boolesche Befehle	1,7 %	1,3 %
Adreßersetzung		14,6 %
Indexoperationen	19,0 %	14,6 %
GP-Addition, -Subtraktion	7,3 %	7,8 %
GP-Multiplikation	4,0 %	3,9 %
GP-Division	1,6 %	2,6 %
	100 %	100 %

Abb. 3.11.1: Gibson Scientific Mix I und III

Modell α: Einfacher Zentralprozessor: keine gleichzeitige Bearbeitung in Leit- und Rechenwerk. Bearbeitungszeit im Leit- und Rechenwerk negativ-exponentiell verteilt; beide enthalten etwaige Hauptspeicherwartezeiten:

$$P(b_{LW} \geq \bar{b}_{LW}) = e^{-\frac{b_{LW}}{\bar{b}_{LW}}} \;;\; \lambda = \frac{1}{\bar{b}_{LW}} \qquad (3.11.2)$$

$$P(b_{RW} \geq \bar{b}_{RW}) = e^{-\frac{b_{RW}}{\bar{b}_{RW}}} \;;\; \varrho = \frac{1}{\bar{b}_{RW}} \qquad (3.11.3)$$

Ein Anteil r der Aufträge an den Zentralprozessor werde im Leit- und Rechenwerk, der Rest (1-r) nur im Leitwerk bearbeitet (Leitwerksbefehle).

Damit ergibt sich als mittlere Bearbeitungszeit je Operation in der Zentraleinheit:

$$\bar{b}_{ZE} = \bar{b}_{LW} + r\,\bar{b}_{RW} = \frac{1}{\lambda} + \frac{r}{\varrho} = \frac{r\cdot\lambda + \varrho}{\lambda\varrho} \;. \qquad (3.11.4)$$

Der maximale Durchsatz ist (einfache Funktionseinheit) der Kehrwert

$$c_{ZE} = \frac{1}{\bar{b}_{ZP}} = \frac{\lambda\varrho}{r\lambda + \varrho} \;; \qquad (3.11.5)$$

der relative Durchsatz von Leitwerk und Rechenwerk ist

$$\varepsilon_{LW} = \frac{d_{LW}}{c_{LW}} = \frac{c_{ZE}}{\lambda} = \frac{\varrho}{r\lambda+\varrho} \; , \qquad (3.11.6)$$

$$\varepsilon_{RW} = \frac{d_{RW}}{c_{RW}} = \frac{r \cdot c_{ZE}}{\varrho} = \frac{r\lambda}{r\lambda+\varrho} \; . \qquad (3.11.7)$$

<u>Modell β :</u> Leitwerk und Rechenwerk können überlappt arbeiten. Um zu verhindern, daß das Leitwerk einen Operanden beschafft, dessen aktueller Wert vom Rechenwerk noch erarbeitet wird, wird das Leitwerk am Weiterarbeiten gehindert, wenn das Rechenwerk eine Ausführungsphase beginnt, die mit einer Abspeicherung endet; dies ist am Operator erkennbar. Der relative Anteil der Rechenwerksoperationen, die mit einer Abspeicherung enden, sei s.

Das System hat 4 Zustände (vgl. Abb. 3.11.8)

```
1  LBRW  - Leitwerk belegt,     Rechenwerk wartet
2  LBRB  - Leitwerk belegt,     Rechenwerk belegt
3  LLRB  - Leitwerk blockiert,  Rechenwerk belegt
4  LSRB  - Leitwerk gesperrt,   während Rechenwerk mit
                                Schreibbefehl belegt.
```

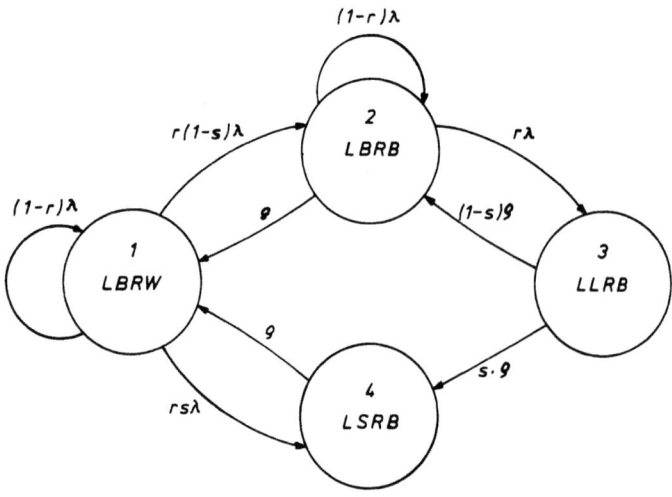

Abb. 3.11.8: Zustandsdiagramm für Zentralprozessor,
Modell β : Leitwerk und Rechenwerk eingeschränkt
gleichzeitig arbeitsfähig.

Bedingungen für Gleichgewicht und Vollständigkeit (Z Zustandswahrscheinlichkeiten):

$$Z_1 (r(1-s)\lambda + rs\lambda) - Z_2 \varrho \qquad\qquad - Z_4 \varrho = 0$$

$$-Z_1 r(1-s)\lambda \qquad + Z_2(\varrho+r\lambda) - Z_3(1-s)\varrho \qquad = 0$$

$$\qquad\qquad\qquad - Z_2 r\lambda \qquad + Z_3 \varrho \qquad\qquad = 0$$

$$-Z_1 rs\lambda \qquad\qquad\qquad\qquad - Z_3 s \cdot \varrho \quad + Z_4 \varrho = 0$$

$$Z_1 \qquad\qquad + Z_2 \qquad + Z_3 \qquad + Z_4 = 1$$

$$(3.11.9)$$

Daraus ergibt sich

$$Z_1 = \frac{\varrho^2 + rs\lambda}{\varrho^2 + r(1+s)\varrho\lambda + (r\lambda)^2}$$

$$Z_2 = \frac{r\lambda \varrho (1-s)}{\varrho^2 + r(1+s)\varrho\lambda + (r\lambda)^2}$$

$$Z_3 = \frac{(r\lambda)^2(1-s)}{\varrho^2 + r(1+s)\varrho\lambda + (r\lambda)^2}$$

$$Z_4 = \frac{rs\lambda(r\lambda+\varrho)}{\varrho^2 + r(1+s)\varrho\lambda + (r\lambda)^2} \qquad (3.11.10)$$

Maximaler Durchsatz der Zentraleinheit:

$$c_{ZE} = (Z_1+Z_2) \cdot \lambda = \frac{\lambda \varrho (\varrho+r\lambda)}{\varrho^2 + r(1+s)\varrho\lambda + (r\lambda)^2} \qquad (3.11.11)$$

$$= \frac{\bar{b}_{LW} + r\,\bar{b}_{RW}}{\bar{b}_{LW}^2 + r(1+s)\bar{b}_{LW}\bar{b}_{RW} + (r\,b_{RW})^2} \qquad (3.11.12)$$

Relativer Durchsatz der beiden Funktionseinheiten LW und RW:

$$\varepsilon_{LW} = \frac{c_{ZE}}{c_{LW}} = \frac{(\varrho+r\lambda)}{\varrho^2 + r(1+s)\varrho\lambda + (r\lambda)^2} \qquad (3.11.13)$$

$$\varepsilon_{RW} = \frac{r \cdot c_{ZE}}{c_{RW}} = \frac{r\lambda(\varrho+r\lambda)}{\varrho^2 + r(1+s)\varrho\lambda + (r\lambda)^2} \qquad (3.11.14)$$

Der Verbesserungsfaktor für den maximalen Durchsatz ist

$$c_{ZE\beta}/c_{ZE\alpha} = \frac{\varrho^2 + 2r\varrho\lambda + (r\lambda)^2}{\varrho^2 + r(1+s)\varrho\lambda + (r\lambda)^2} \; . \qquad (3.11.15)$$

Beispiel 3.11.16: $\lambda = 10^6/s$, $\varrho = 0{,}25 \cdot 10^6/s$, $r = 0{,}25$, $s = 0{,}4$ ergibt für

Modell α: $c_{ZE} = 0{,}5 \cdot 10^6$ Op/s

$\varepsilon_{LW} = 0{,}25$

$\varepsilon_{RW} = 0{,}75$

Modell β: $c_{ZE} = 0{,}59 \cdot 10^6$ Op/s

$\varepsilon_{LW} = \varepsilon_{RW} = 0{,}59$

Bei Modell β ergibt sich für s = o (Annäherung durch Vielregistermaschine) als bester Wert $c_{ZE} = 0{,}67 \cdot 10^6$ Op/s.

Man beachte, daß bei Gleichheit der Auslastung ε_{LW}, ε_{RW} nicht notwendigerweise ein ausgewogenes System im Sinne von 1.15 vorliegt.

Modell γ: Fließbandzentralprozessor mit Ein-Adreßbefehlen und Befehlsvorgriff (man vergleiche [Swoboda J 70d]). Wir vergegenwärtigen uns die Verhältnisse an einer synchron betriebenen Kette von Funktionseinheiten, die neben Verarbeitungseinheiten auch Warteeinheiten enthält, durch die die Aufträge während der Hauptspeicherwartezeiten wandern. Die Taktzeit des Fließbandes sei T_o (vgl. Abb. 3.11.17).

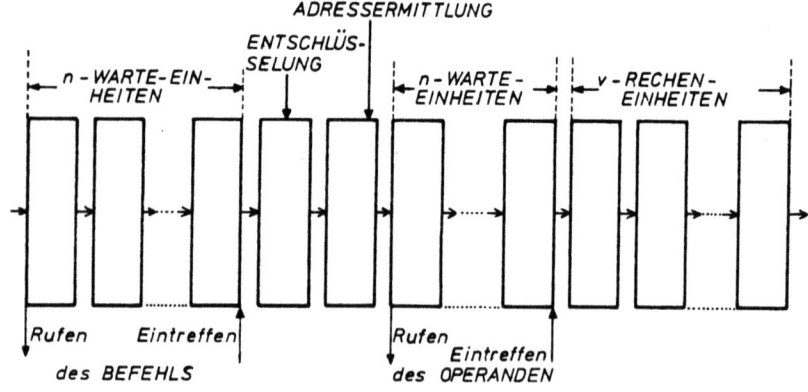

Abb. 3.11.17: Schema eines Fließband-Zentralprozessors

Im Regelfall geht jeweils nach Ablauf von T_o ein Auftrag an das nächste Werk. Befehle werden vorausschauend aus dem Speicher gerufen; die effektive Speicherzugriffszeit sei T_{Sp}. Nach dieser Zeit trifft der Befehl ein; es sind (für diese Operation) bis dahin $n = \frac{T_{Sp}}{T_o}$ Warteschritte durchlaufen. Es folgt die Entschlüsselung und die Adreßermittlung (je ein Takt im Regelfall). Danach wird der Operand aus dem Speicher geholt. Es treten wieder $n = \frac{T_{Sp}}{T_o}$ Wartetakte ein, während deren die Operation durch die Wartestationen voranschreitet. Am Ende dieser Teilkette beginnt die Ausführungsphase, Dauer v Takte.

Ein solches System hat den maximalen Durchsatz

$$c_{ZE} = \frac{1}{T_o}$$

unabhängig von T_{Sp}, wenn nicht folgende Unregelmäßigkeiten im Durchlauf eintreten (vgl. Abb. 3.11.18):

a. Es treten Sprünge auf. Ein Sprungbefehl wird erst am Ende der Entschlüsselungsphase erkannt. Es sind folgende Fälle zu unterscheiden:

Unbedingter Sprung auf bekanntes Ziel.

In diesem Falle sind die nachfolgenden, schon gerufenen Befehle wahrscheinlich nicht benutzbar. Das Sprungziel muß gerufen und erwartet werden.

Unbedingter Sprung auf unbekanntes Ziel.

In diesem Fall muß (durch einen noch bearbeiteten Befehl oder durch Adreßmodifikation) erst ermittelt werden, welche Nachfolgebefehle gerufen werden sollen.

Bedingter Sprung. Ähnlich wie Unbedingter Sprung auf unbekanntes Ziel.

Etwas vereinfachend nehmen wir folgendes an: die Steuerung des Zentralprozessors stelle bei Auftreten eines Sprunges alle früheren Operationen fertig, bevor der Sprungbefehl durch die Adreßermittlung gehe. Nach dieser sei das Sprungziel bekannt. Die Sprunghäufigkeit sei j.

b. Es sind nicht aktuelle Indizes aus dem Hauptspeicher zu beschaffen. Die Indizierhäufigkeit sei i; die Wahrscheinlichkeit, den Index nicht in einem sehr schnellen Indexbereitschaftsspeicher zu finden, q_i. Die Steuerung halte in diesem Fall die Kette an bis zum Eintreffen des Index und beginne dann erst die Adreßermittlung.

c. Es werden Adressen ersetzt. Häufigkeit e; mittlere Anzahl je Ersetzungsfall m_e. Behandlung wie Heranschaffen eines nicht bereitgehaltenen Index.

d. Ein Operand kann noch einer Änderung durch eine präzedente, aber noch nicht abgeschlossene Abspeicher-Operation unterliegen. Diese Operationen sollen 2n Takte nach Ende ihrer Adreßermittlung ausgeführt sein. Solche Fälle werden nach der Adreßermittlung bemerkt; die Steuerung sei derart, daß der vorbedingende Befehl fertig ausgeführt wird, bevor der Operand gerufen werden kann. Dieser Fall tritt bei jeder Operation mit der Wahrscheinlichkeit p(a) auf; a ist der relative Abstand des bedingenden Vorbefehls vom blockierten Befehl.

a. Sprünge

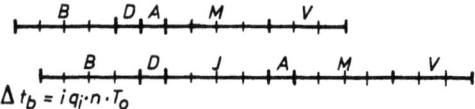

$\Delta t_a = j(2n+2+v-1)T_o$

b. Nicht bereite Indizes

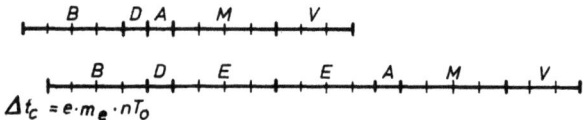

$\Delta t_b = i\,q_i \cdot n \cdot T_o$

c. Ersetzung (Beispiel: 2stufig)

$\Delta t_c = e \cdot m_e \cdot n T_o$

d. Schreib-Lese-Folge

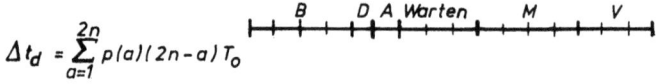

$\Delta t_d = \sum_{a=1}^{2n} p(a)(2n-a)T_o$

B Befehlszugriff, D Entschlüsselung, A Adreßermittlung,
M Operandenzugriff, I Indexzugriff, E Ersetzungszugriff,
V Verarbeitung

Abb. 3.11.18: Unregelmäßigkeiten in einem Fließband-Zentralprozessor

e. Ähnliche Konflikte können auch bei Werten eintreten, die in Register abgelegt wurden. Es werde aber angenommen, daß v klein sei ($1...3 \times T_0$), so daß solche Konflikte zurücktreten.

Der mittlere zeitliche Abstand zweier Auslieferungen ist

$$T = T_0(1+j(2n+1+v)+iq_i \; n+e \cdot m_e \cdot n + \sum_{a=1}^{2n} p(a)(2n-a)) \; ; $$
(3.11.19)

bei gegebener Prozeßcharakteristik (j, i, e, m_e, $p(a)$) ist der maximale Durchsatz

$$c_{ZE} = \frac{1}{T} \qquad (3.11.20)$$

eine Funktion von T_0, v, q_i, $n = \frac{T_{Sp}}{T_0}$.

Wir benutzen noch $n = \frac{T_{Sp}}{T_0}$ und nehmen an, daß die Wahrscheinlichkeit $p(a)$ in der von der aktuellen Operation zurückliegenden Distanz z der Prozeßspur konstant ist; also

$$p(a) = \frac{1}{z} \; . \qquad (3.11.21)$$

Es sei $z > 2n$. Damit ergibt sich

$$T = \frac{2}{z} \cdot T_{Sp}^2 \cdot \frac{1}{T_0} + (2j+iq_i + em_e - \frac{1}{z}) \; T_{Sp}$$

$$+ \; (1+j+jv) \; T_0 \qquad (3.11.22)$$

Der günstigste Wert von T_0 ist

$$T_{0 \; opt} = T_{Sp} \sqrt{\frac{2}{z(1+j+jv)}} \qquad (3.11.23)$$

und der günstigste Wert von T (für $T_0 = T_{0 \; opt}$) ist

$$T_{opt} = T_{Sp} \; (2j+iq_i+em_e-\frac{1}{z}+2\sqrt{\frac{2(1+j+jv)}{z}} \;) \qquad (3.11.24)$$

Beispiel 3.11.25:
Es sei $v = 3$, $j = 0{,}25$, $i = 0{,}25$, $q_i = 0{,}1$, $e = 0{,}05$, $m_e = 1{,}5$, $z = 100$, $T_{sp} = 500$ ns; dann ist

$T_{oopt} = 50$ ns
$n_{opt} = 10$
$T_{opt} = 500$ ns
$c_{ZEopt} = 2 \cdot 10^6$ Op/s.

Man vergleiche noch, daß der beste erreichbare Wert

(keine der Unregelmäßigkeiten a..d tritt auf)

$$c_{grenz} = \frac{1}{T_{o\,opt}} = 20 \cdot 10^6 \text{ Op/s.}$$

ist. Durch die Programmcharakteristik wird also nur ein Zehntel der maximalen Leistung erreicht. Solche Abhängigkeiten des Durchsatzes von der Programmcharakteristik sind typisch für Fließbandzentralprozessoren. Offenbar ist es außerdem sehr lohnend, auch bei Fließbandprozessoren schnelle Hauptspeicher einzusetzen (oder wenigstens durch einen Prozessorpuffer vorzutäuschen, vgl. 8.3).

3.12 Zuverlässigkeit und Wartung

Die Zuverlässigkeit ist zusammen mit Durchsatz, mittlerer Bearbeitungszeit u.ä. ein Aspekt der Leistung eines Rechensystems; der Leistung steht Aufwand gegenüber. Dasselbe gilt für die Wartbarkeit. In einem gewissen Bereich läßt sich die Zuverlässigkeit durch vermehrten Aufwand und/oder auf Kosten der Leistungsmerkmale wie Durchsatz oder Bearbeitungszeit steigern. Es ist sicher, daß ein wachsender Teil des Aufwandes für Zuverlässigkeit und Wartbarkeit ausgegeben werden muß:

a. die Zuverlässigkeitsansprüche steigen, indem Rechner in Systeme großer Verfügbarkeitsforderungen eintreten (Prozeßautomatisierung, Teilnehmersysteme)

b. die Wartungskosten steigen wegen des großen Personalkostenanteils schnell an bei sinkenden Herstellkosten.

Im einzelnen stellen sich in dem Gebiet "Zuverlässigkeit und Wartung" die folgenden Aufgaben:

a. Fehlerentdeckung (vor, in, neben dem Betrieb)
b. Eindämmung der Auswirkungen
c. Fehlerprotokollierung
d. Fehlerumgehung
e. Fehlerbehebung
f. Betriebswiederaufnahme.

Wir werden im folgenden Einrichtungen der Zentraleinheit [Darton K 74] kennenlernen, die diesen Zwecken dienen.

a. Fehlerentdeckung. Die Daten, die im Hauptspeicher gelagert sind bzw. in der Zentraleinheit transportiert werden, sind durch 1-Bit-Parity geschützt, in vielen neueren Maschinen sogar durch fehlerkorrigierende Codierung, die alle 1 Bit-Fehler zu korrigieren und alle 2 Bit-Fehler zu entdecken gestattet [IBM/370]. Zur Fehlerentdeckung bei Speicherung und Transport kann auch ein höherer Divisionsrest (vgl. Dreierprobe,·3.7) herangezogen werden, dessen Hauptvorteil ist, daß sich mit ihm die Festpunktoperationen prüfen lassen. Üblich ist außerdem eine Zeitüberwachung der Zentralprozessoroperationen, um

zu entdecken, wenn die Abruf- oder Ausführungsphase einem
Zyklus nicht mehr entkommt. Andere Alarme können Sekundärwirkungen von zunächst unentdeckten Fehlern sein und dienen dadurch ebenfalls der Fehlerentdeckung: Adressierungsfehler,
Operandenfehler, Operatorfehler, Operationsfehler (vgl. 3.5).
Kommende Fehler werden durch Überwachung der Betriebsspannung
und der Temperatur entdeckt. Die genannten Prüfungen führen
zu technischen Unterbrechungswünschen (Alarm, machine check
interrupt request). Die Auswertung der resultierenden Unterbrechungen wird unten beschrieben. Fehler können auch durch
Wartungsprozessoren entdeckt werden.

Dabei handelt es sich um Prozessoren oder Kleinrechner
[Gaib W 72], [CDC 7600a] mit einer Eingabe (Plattenspeicher
oder Bandkassette) und Ausgabe (Wartungspult mit Sichtgerät),
die Abläufe im Betrieb überwachen können. Wartungsprozessoren
dienen außerdem zum anfänglichen Laden des Systems mit einem
Urprogramm, zum Test von peripheren Geräten, zur Darstellung
von Anlagenzuständen, zum Entladen bei Zusammenbruch des Systems und - langfristig - zur Fernwartung über Datenübertragung. Sie können auch Verkehrsmessungen im Betrieb übernehmen.

Die Fehlerentdeckung neben dem Betrieb hat insbesondere für
periphere Geräte Bedeutung, wo das Prüfobjekt so geprüft werden kann, daß keine Folgefehler in den Nutzbetrieb eingeschleppt werden. In der Zentraleinheit ist die Entkopplung
oft nicht sicher genug, um strenge Fehlertestprogramme neben
dem Rechenbetrieb - also in den vom Nutzbetrieb nicht verwendeten Speicherbezirken und Zentralprozessorzeiten - unbedenklich zu machen.

Dagegen sind solche Verfahren das wichtigste Hilfsmittel im
Wartungsbetrieb. Oft werden dazu verschärfte Betriebsverhältnisse eingestellt (Spannung, Frequenz, Tastverhältnis, Verkehr). Fehlersuchverfahren sind als eine Hierarchie von
Tests aufgebaut, wobei von einem besonders vertrauenswürdigen
Fundus (der u.U. durch Schaltungsredundanz gesichert ist)
fortlaufend weitere "Ringe" des Systems getestet werden.
Speziell mikroprogrammierte Wartungsprogramme erlauben speziellere und zwingendere Tests als solche, die auf dem gewöhnlichen Befehlsvorrat aufbauen.

b. Fehlereindämmung. Um eine Ausbreitung des aufgetretenen
Fehlers zu verhindern, muß er vor allem möglichst früh entdeckt werden. Diesem Wunsch steht z.B. die überlappende Ausführung von Operationen in einem Fließbandprozessor entgegen
(vgl. 3.6). Nach Entdeckung wird - abgesehen von den Verfahren nach d - i.a. der beeinträchtigte Prozeß abgebrochen.

c. Fehlerprotokollierung. Die Fehlerunterbrechung wird zumeist auch dazu verwendet, um möglichst viele Daten zur späteren Diagnose des Fehlers zu protokollieren. In einfachsten
Fällen genügt eine einfache Statistik; auch ausführliche Daten (Programm, aktuelle Operation, Registerinhalte) lassen
eine sichere Rekonstruktion meist nicht zu. Fehlerprotokolle werden in besonderen Dateien der langfristigen Daten-

haltung, besser aber autonom vom Wartungsprozessor geführt.

d. Fehlerumgehung. Hier ist zu unterscheiden zwischen Störungen (was zunächst meist angenommen werden darf) und Ausfällen. Störungen können durch Wiederholung umgangen werden (Wiederholung des Lesens, Transportierens, der ganzen Operation (CPU-retry)). Fehlerhafte Operationen, die in der Umgebung bereits Zustandsänderungen ausgelöst haben, die nicht rückgängig gemacht werden können (z.B. Ausgabe, Alarm an anderen Zentralprozessor) können nicht durch Wiederholung ausgeglichen werden. Dagegen sind Ausfälle nur in geänderter oder wiederhergestellter Umgebung kompensierbar: Beschaffung einer neuen Kopie eines defekten, ablaufinvarianten Programms oder Mikroprogramms, Unterprogramm anstelle einer ausfallenden Operation u.ä.. Vor allem gehört aber hierbei der Ersatz einer ausgefallenen Baueinheit durch eine typgleiche. Dieses Prinzip setzt voraus, daß alle kritischen Baueinheiten mehrfach vorhanden sind, in ihrer Arbeit auf Fehler überwacht und unter Programmsteuerung nach Notwendigkeit verbunden werden können. Rechenanlagen solchen Prinzips sind erstmals zu Beginn der 60er Jahre entstanden: Ramo-Wooldridge RW 400 [Porter R 60] und Burroughs D 825/830 [Anderson J 62]. Mit der RW 400 wurde der Begriff polymorphes Rechensystem eingeführt für ein System, dessen Gestalt durch Variation der Zahl der Baueinheiten verändert werden kann, und zwar statisch (Konfiguration) und dynamisch (Anpassung an Belastung und Ausfälle bei i.a. gleichzeitigen Prozessen). Beide Systeme wurden in der Hauptsache auf die Erzielung eines nicht binären Verhaltens gegenüber Ausfällen entworfen (fail-soft, graceful degradation). Abb. 3.12.1 zeigt die Systemgliederung; nach heutiger Terminologie ist RW 400 ein Rechnernetz und D 825 ein Multiprozessorsystem.

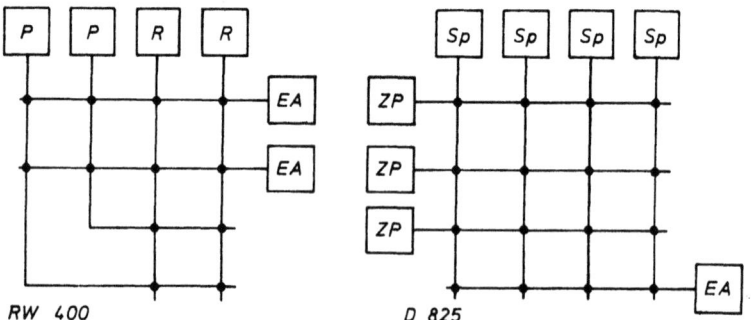

Abb. 3.12.1: Gliederung der Rechenanlagen Ramo Wooldridge RW 400 und Burroughs D 825 (Prinzipbild; P Pufferspeichermodul, R Rechner (Zentralprozessor mit Hauptspeicher), EA Ein-Ausgabe-Modul, ZP Zentralprozessor, Sp Hauptspeichermodul)

e. Fehlerbehebung: Ansätze zu einer Unterstützung bei der Fehlerbehebung bestehen sowohl in der Unterlagenhaltung auf der Maschine als auch in einfachen Systemen, die sich selbst reparieren [Avizienis A 71].

f. Wiederaufnahme. Vorbereitung durch Anlegen von Stützstellen, zu denen der Prozeßzustand aufgezeichnet wird; für langfristige Datenhaltung insbesondere Herstellung von Kopien auf Band durch ein periodisch aufgerufenes Dienstprogramm ("Dämon").

Das Zusammenwirken von Entdeckungs-, Umgehungs-, Protokollierungs- und Eindämmungsverfahren wird in Abb.3.12.2 dargestellt (vgl. [IBM/370 Mod 165b]). Liegt kein Alarm wegen einer fehlerhaften E/A-Operation vor, so ist zu unterscheiden, ob es sich um eine harte Unterbrechung handelt (d.h. eine Umgehung durch Wiederholung ist bereits gescheitert) oder eine weiche (d.h. die Umgehung der Störung ist bereits geglückt, die Unterbrechung dient nur der Protokollierung). In letzterem Fall

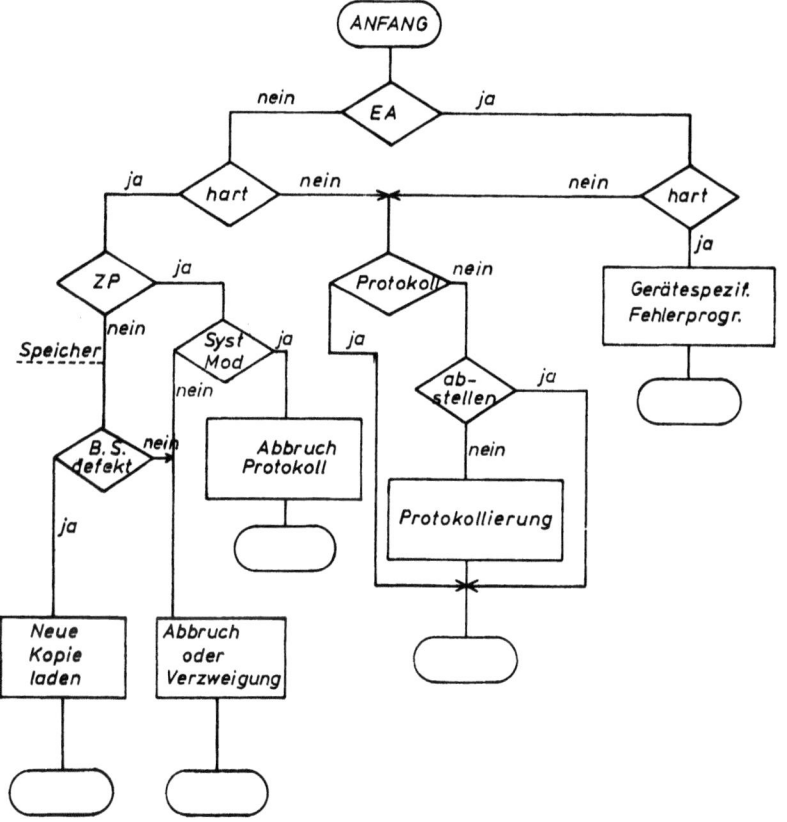

Abb. 3.12.2: Auswertung von technischen Alarmen (Prinzipbild nach [IBM/370 Mod 165b]

ist noch zu unterscheiden, ob eine Aufzeichnung gewünscht wird oder nicht ("quiet mode"). Auch wenn die Aufzeichnung bisher durchgeführt wurde, kann sie nunmehr abgestellt werden, weil das Protokoll überläuft oder bereits ausreichend Meldungen gesammelt worden sind. Lag aber ein harter Fehler vor (z.B. ein Ausfall) so ist bei einem Zentralprozessorfehler im Systemmodus der Betrieb abzubrechen mit einem Protokoll der Umstände. Wurde dagegen ein Benutzerprogramm betrieben, so wird nur der zugehörige Prozeß abgebrochen; hat das Programm festgelegt, wie im Fehlerfall fortzusetzen ist, so ist auch dies nicht notwendig. Lag der Fehler aber im Speicher und konnte das Betriebssystem nicht fehlerfrei gelesen werden, so läßt sich eine neue Kopie vom peripheren Speicher beschaffen, da das Programm ablaufinvariant ist.

4. Hauptspeicher

4.1 Speicher: Prinzipien und Bauformen

Speicher sind in 1.5 als Funktionseinheiten zur Ausführung von Lageraufträgen eingeführt worden. Ein Kernspeicher hat in 1.9 als Beispiel für ein einfaches System gedient. Zentralspeicher (im allgemeinen Fall aus Hauptspeicher und Ergänzungsspeicher bestehend) sind in 2.4 eingeführt worden. Periphere Speicher (2.4) sind nicht Teil der Zentraleinheit, sondern werden über die Kanalschnittstelle an sie angeschlossen.

Die wichtigsten Kenngrößen wie Zugriffszeit (Bearbeitungszeit Lesen), Zykluszeit (Kehrwert des maximalen Durchsatzes), Kapazität, Füllung, Lese- und Schreibauftrag (ein Lagerauftrag) sind im Abschnitt 1 erklärt worden.

Speicher spielen in einer Rechenanlage eine nicht minder wichtige Rolle als Prozessoren, sind aber viel einfacher strukturiert. Ihre Kosten machen oft mehr als die Hälfte der Kosten aus. Speicher (Assoziativspeicher ausgenommen) leisten keine Verarbeitung von Daten, sondern halten nur Daten zur Verarbeitung bereit.

Die Auflösung der Rechenanlage in eine Kette gleichzeitig arbeitender, automoner Funktionseinheiten ist bei schwankenden Bearbeitungszeiten nur dann voll zur Durchsatzerhöhung nutzbar, wenn Speicher die Rolle des Puffers zwischen den Funktionseinheiten übernehmen (Eingabepuffer, Puffer für rechenfähige Prozesse vor dem Prozessor, Puffer für vorübergehend vom Prozessor aufgegebene Prozesse (rechenfähig oder nicht), Puffer für auszugebende Prozesse). Solche Puffer werden im Hauptspeicher und in peripheren Speichern geführt. Die Durchsatzsteigerung durch Modularisierung wird teilweise mit höherem Aufwand für Speicher bezahlt (vgl. 1.16).

In ähnlicher Weise wirkt sich die unvorhersehbare lokale Schwankung in der Adreßauswahl durch die Prozessoren aus. Auch sie verbietet eine gute Prozessorausnutzung, wenn nicht ein Ausschnitt aus der aktuellen Umgebung in einem Speicher kurzer Zugriffszeit bereitgehalten wird (vgl. 2.8).

Vom Standpunkt des Verkehrs im Rechensystem sind Speicher das Mittel, mit dem die bearbeitungszeitlichen und adreßräumlichen Schwankungen der Prozesse (in Zentralprozessoren, Ein-Ausgabe-Prozessoren) ausgeglichen werden.

Es gibt eine große Vielzahl von physikalischen Prinzipien, die sich für die Datenspeicherung eignen ([Hahn W 75], [Renwick W 71]). Eine technische Bedeutung haben nur

a. Datenspeicherung durch stabilen magnetischen Fluß
b. Datenspeicherung durch stabile Strom- bzw. Spannungsverteilung
c. Datenspeicherung durch Schwärzung photographischer Schichten (optisches Lesen) oder durch Lochen von Karten und Streifen (mechanisches, optisches oder kapazitives Lesen).

Wir betrachten im Überblick diejenigen Prinzipien, die für Zentralspeicher wichtig sind: a und b. Die Prinzipien a und c sind für periphere Speicher wichtig und werden von diesem Standpunkt in Abschnitt 5 behandelt.

a. Datenspeicherung durch stabilen magnetischen Fluß. Das Schreiben erfordert die Erzeugung einer magnetischen Feldstärke, die die Koerzitivkraft übersteigt. Das Lesen geschieht meist durch Ausnutzung des Induktionsgesetzes; man erhält dann eine Lesespannung

$$u = \frac{d\phi}{dt} , \qquad (4.1.1)$$

indem man den Fluß ϕ verändert. Dabei handelt es sich zumeist um eine bleibende Flußumkehr, so daß auf die Bearbeitungszeit für Lesen eine Sperrzeit folgt, in der durch einen Schreibvorgang der Inhalt der soeben durch Lesen gelöschten Zelle wiederhergestellt wird. Nach der Gestalt des magnetisierbaren Elementes unterscheidet man (Ferritring-) Kernspeicher (core memory) (wichtigster Typ, in Rechenanlagen von Ende der 50er Jahre bis Anfang der 70er Jahre häufigster Hauptspeicher), Drahtspeicher (wire memory) (Drahtoberfläche wird im Leiterkreuzungspunkt magnetisiert; vornehmlich für langsame, billige Speicher) und Dünnschichtspeicher (thin film memory) (kleinste Umschaltzeit für Element; Zugriffszeit überwiegend durch Steuerung, Auswahl, Leitungsverhältnisse bestimmt; heute ohne Bedeutung). Alle diese Speicher besitzen ein matrixartiges Bitschema (1. Koordinate: Stelle im Wort, 2. Koordinate: Adresse) und heißen auch <u>Matrixspeicher</u> [Schwarzer H 66]. Die Zugriffszeit zu allen Zellen ist gleich.

Die Speicherung auf einer magnetisierbaren, <u>bewegten</u> Oberfläche (5.1) hat den Vorteil, daß man die Lesespannung als

$$u = \frac{\partial \phi}{\partial x} \cdot \frac{dx}{dt} \quad (x \text{ Ortskoordinate}) \qquad (4.1.2)$$

gewinnt, so daß der Fluß nicht zum Lesen unter Ausnutzung des Induktionsgesetzes bei festem Ort geändert werden muß. Die

Zugriffszeiten wachsen bei diesen Speichern so an, daß ein Einzelzellenzugriff meist nicht erträglich ist und durch einen Blockzugriff ersetzt wird; der Block wird in den Hauptspeicher gebracht, und dort erst werden die Einzelzugriffe ausgeführt (aktueller Ausschnitt). Es handelt sich - in Gestalt von Trommel-, Platten- und Bandspeichern - um die heute wichtigsten peripheren Speicher (vgl. Abschnitt 5).

b. Datenspeicherung durch stabile Strom- und Spannungsverteilung. Dieses Prinzip verwendet also stabile Zustände in elektrischen Schaltungen und liefert unmittelbar in Schaltungen auswertbare Signale, ohne daß Wandler bemüht werden müssen. Für kleine Speicher bis zu einigen 100 oder 1000 Bits ist es daher stets benutzt worden: Flipflopschaltung für 1 Bit. Mit der Großintegration sind diese Schaltungen, die sich in großen Speichern monoton wiederholen, aber so billig herzustellen, daß "Halbleiterspeicher" die Kernspeicher, denen sie an Geschwindigkeit von Anfang ebenbürtig oder überlegen waren, seit einigen Jahren im Preis unterbieten. Ein Nachteil der Halbleiterspeicher ist, daß bei Ausfall der Versorgungsspannung die Daten verloren gehen, was man meistens durch eine Batterie als Hilfsspannungsquelle ausgleicht. Schwerer wiegt, daß die Halbleiterspeicher nicht nur beim Schreiben und Lesen elektrische Energie in Wärme umsetzen (dies tun auch die magnetischen Speicher), sondern auch während der Lagerung der Daten. Die wichtigsten heutigen Typen sind:

"Bipolare" Halbleiterspeicher (Zugriffszeit 40 bis 100 ns, Lagerverlustleistung 1 bis 10 mW je Bit)

MOS-Halbleiterspeicher (Zugriffszeit 100 bis 500 ns, Lagerverlustleistung 10 nW bis 50 μW).

Diese Speicher sind Matrixspeicher, und die Zugriffszeit zu allen Zellen ist gleich. Eine Besonderheit vieler MOS-Halbleiterspeicher ist, daß der Speicherinhalt ca. alle 5 ms regeneriert werden muß, was den Speicher mit der Abwicklung von Lese-Schreibzyklen beaufschlagt, die in Konkurrenz zu den Nutzaufträgen durchgesetzt werden ("refresh cycles").

Die Zykluszeit von Halbleiterspeichern ist meist kaum größer als die Zugriffszeit.

Eine Übersicht über den Zusammenhang der drei wichtigsten Speicherparameter (Kapazität, Zugriffszeit, Preis je Bit) gibt Abb. 4.1.3). Hierzu sei besonders auf die ca. 3 Zehnerpotenzen weite Zugriffszeitlücke aufmerksam gemacht, die zwischen Kernspeichern und Trommel klafft; sie führt zu der strukturellen Trennung zwischen Zentralspeicher und peripheren Speichern.

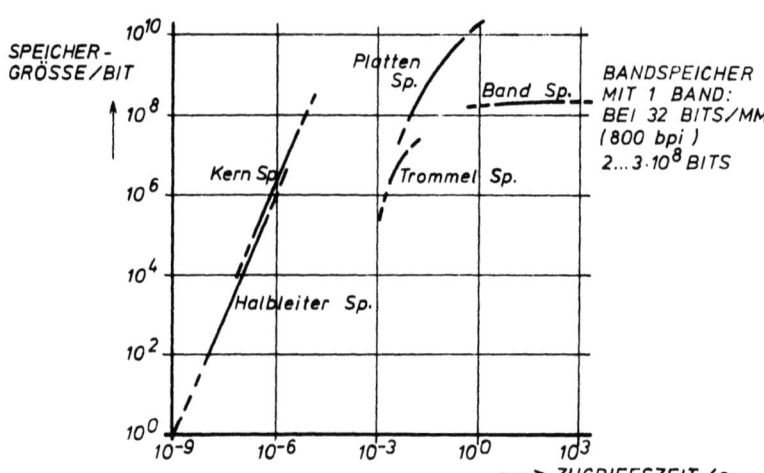

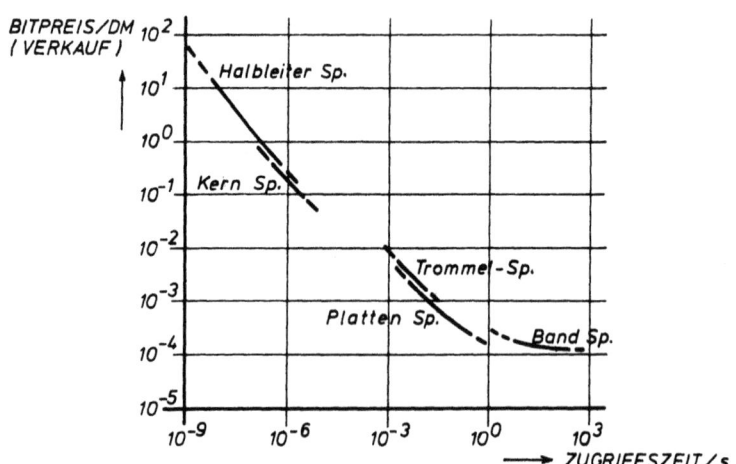

Abb. 4.1.3: Speicherkapazität und Bitpreis wichtiger heutiger Speicher als Funktion der Zugriffszeit

4.2 Modularisierung und konkurrierende Auftraggeber

Wo die Zugriffszeit zum Hauptspeicher zu hoch erscheint, kann man durch Einsatz von kleineren, schnelleren Speichern, die einen aktuellen Ausschnitt gespeichert halten, Verbesserungen schaffen (Register, Befehlsvorgriff, -nachgriff usw. (vgl. 3.6), allgemeiner Zentralprozessorpuffer (cache memory)). Sehr oft erscheint aber auch der maximale Durchsatz (Kehrwert der Zykluszeit) nicht ausreichend. Hier hilft man sich durch Auflösung des Speichers in eine Parallelanordnung aus unabhängigen Moduln, die je einen Adressenunterraum bedienen und gleichzeitig arbeiten können. Mit Rücksicht auf die große Bedeutung adreßkonsekutiver Zugriffe verteilt man dabei konsekutive Adressen zyklisch auf die Moduln. Aus technischen Gründen (einfache Modulauswahl) benutzt man dann möglichst eine Zweierpotenz von Moduln. Dieses Verfahren heißt <u>Speicherverschränkung</u>. Den Verfügbarkeitsvorteil, der prinzipiell mit der Modularisierung eintritt, erhält man nur, wenn man bei Ausfall eines Moduls die Verschränkung aufheben kann. - Der größere Durchsatz wird bezahlt mit einem höheren Bitpreis wegen geringerer Modulgröße.

Bei <u>Ergänzungsspeichern</u> (extended core, bulk core für große Kernspeicher) gewinnt man den Preisvorteil zu einem gewissen Teil durch den Bau sehr großer Moduln, so daß die Verschränkung zur Durchsatzsteigerung meist nicht ausreicht. Andererseits werden diese Speicher meist für einen Swapping-Betrieb (Laden und Verdrängen von Prozeßdaten) verwendet, wo Blocktransporte anfallen, deren Bearbeitungszeit kaum durch die Zugriffszeit zu einer Zelle, vielmehr durch den maximalen Lese- bzw. Schreibdurchsatz bestimmt ist. Meist hilft man sich dann dadurch, daß man eine Speicherwortlänge im Ergänzungsspeicher wählt, die ein Vielfaches (z.B. 4 oder 8) der Hauptspeicherwortlänge beträgt. Damit steigt der Wortdurchsatz auf den maximalen Durchsatz des Hauptspeichers an.

Da der Speicher die zentrale Datenaustauschstelle für alle großen Funktionseinheiten ist, muß er mehrere, zeitunabhängige und konkurrierende Auftraggeber bedienen:

    Zentralprozessor(en)

    Ein-Ausgabe-Prozessoren bzw. Kanäle.

Die Auftragsrate eines Zentralprozessors liegt bei ungefähr 1 bis 5 Speicheraufträgen je Operation, ist also 1 bis 5 mal so groß wie sein Durchsatz. Es ergeben sich Zahlen zwischen 10^5 und 10^8 Aufträgen je Sekunde.

Kanäle übertragen bei Anschluß von externen Speichern und Magnetbandgeräten (nur einer gleichzeitig übertragend) $5 \cdot 10^4$ bis $5 \cdot 10^6$ Zeichen je Sekunde, allerdings bei geringer Auslastung; für Ein-Ausgabe-Geräte ergeben sich Übertragungsraten von 1 bis 2000 Zeichen/s, ebenfalls teilweise mit geringer Auslastung.

Der maximale Durchsatz des Hauptspeichers muß so groß sein, daß

- Auftraggeber, die nicht ohne erheblichen Schaden warten können (rotierende Speicher, starres Zeitgesetz) nur mit sehr geringer Wahrscheinlichkeit nicht termingerecht bedient werden (dann Wiederholung des Blocktransportes, Verzögerung 10 bis 100 ms)

- die mittlere Verzögerung aller Auftraggeber klein bleibt.

Um den Zugriff konkurrierender Auftraggeber zu ordnen, läßt man diese nicht unmittelbar die Speichersteuerung(en) beauftragen, sondern zunächst ein Vorrangwerk (memory exchange), das einen Auftraggeber nur dann durchläßt,

- wenn der gewünschte Speichermodul frei ist
- wenn nicht gleichzeitig ein höher rangierender Bewerber einen Auftrag geben möchte. Dabei rangieren Kanäle mit peripheren Speichern vor anderen Kanälen und diese meist vor dem Zentralprozessor (!).

Ein Vorrangwerk kann einem Speichermodul fest zugeordnet sein oder für alle Speichermoduln gemeinsam arbeiten. Die Arbeit des Vorrangwerkes erhöht die Zugriffszeit für die Auftragnehmer. Der Durchsatz des Vorrangwerkes bestimmt - mit dem der Speichermoduln - den Durchsatz des Gesamtsystems Speicher. In ähnlicher Weise wie gemeinsam benutzte Vorrangwerke wirken sich gemeinsam benutzte Transportwege hinderlich aus. Der Verkehr zwischen Hauptspeicher und Zentralprozessor wird in 8.3 behandelt.

Es sei noch bemerkt, daß dem Vorrangwerk eine fundamentale Koordinationsaufgabe zukommt. Wenn in einem Rechensystem mehrere konkurrente Prozesse zugelassen sind, so müssen diese zur Synchronisation Zustände, die im Durchschnitt der Zustandsräume der Prozesse liegen, lesen und - ohne daß ein anderer Prozeß Zugang erhält - verändern können (elementare Synchronisationsoperationen, vgl. [Brinch Hansen P 73] und [Dijkstra E 65]). Hat man nur einen Zugriffsprozeß zu einem Zeitpunkt, so ist diese Forderung erfüllt, wenn es eine nicht unterbrechbare Operation gibt, die ein Wort im Speicher liest und verändert ("bringe und lösche", test and set). Sind aber mehrere Zugriffsprozesse gleichzeitig möglich (Kanäle, mehrere Prozessoren), dann muß das Vorrangwerk garantieren, daß für solche Operationen Lesen und Schreiben durchgeführt werden, ohne daß ein anderer Bewerber zwischendurch Zugriff auf diese Zelle erhält. Noch elementarer - und auch vom Vorrangwerk zu gewährleisten - ist, daß nicht gleichzeitig zwei Schreiboperationen in einer Zelle möglich sind.

5. Periphere Speicher

5.1 Speicherung in bewegten, magnetisierbaren Schichten

Die Speicherung auf bewegten, magnetisierbaren Schichten
(Abb. 5.1.1) stellt das augenblicklich wichtigste Prinzip
für periphere Speicher dar [Schecher H 74],[Flores I 73].
Nach Art der Bewegung unterscheidet man

a) <u>Speicherschicht ist in ständiger, zyklischer Bewegung.</u>
Die Schreib/Lese-Einrichtungen ("Schreib/Lese-Köpfe") sind
nicht oder nur senkrecht zur Schichtbewegung beweglich. Die
Bahn, die ein unbewegter Kopf auf der bewegten Schicht auf-
zeichnet, heißt Spur.

Prinzip	Trommel	Platte	Band
Speicher-Vermögen (Bits) je Einheit	$10^6 - 10^8$	$10^7 - 5 \cdot 10^9$	$3 \cdot 10^7 - 3 \cdot 10^8$
Zugriffs-zeit (ms)	3 - 30	30 - 200	$3 - 10^5$
Übertragungs-rate (KBytes/s)	100 - 3000	50 - 800	20 - 320
Aufzeich-nungsdichte (Bits/mm)	- 100	- 40	8 - 64
Geschwindig-keit (m/s)	20 - 100	- 60	1 - 5
Preis je Bit (DM)	$2 \cdot 10^3 - 2 \cdot 10^2$	$3 \cdot 10^4 - 2 \cdot 10^3$ (1 Stapel je Einheit)	$10^4 - 3 \cdot 10^4$ (1 Band je Einheit)
Preis je Einheit (KDM)	100 - 1000	80 - 1200	30 - 200

Abb. 5.1.1: Übersicht über Leistungsfähigkeit der Bauformen

aa) Gibt es außer der zyklischen Bewegung der Schicht keine weitere Bewegung, so heißt der Speicher Trommelspeicher (Abb. 5.1.2), wenn die Speicherschicht ein Zylindermantel ist, und Festkopfplattenspeicher, wenn die Speicherschicht durch die Deckflächen eines Stapels zylindrischer Platten gebildet wird. Je Spur können k Köpfe in gleichem Winkelabstand angeordnet sein. Hat der Speicher einen Durchsatz

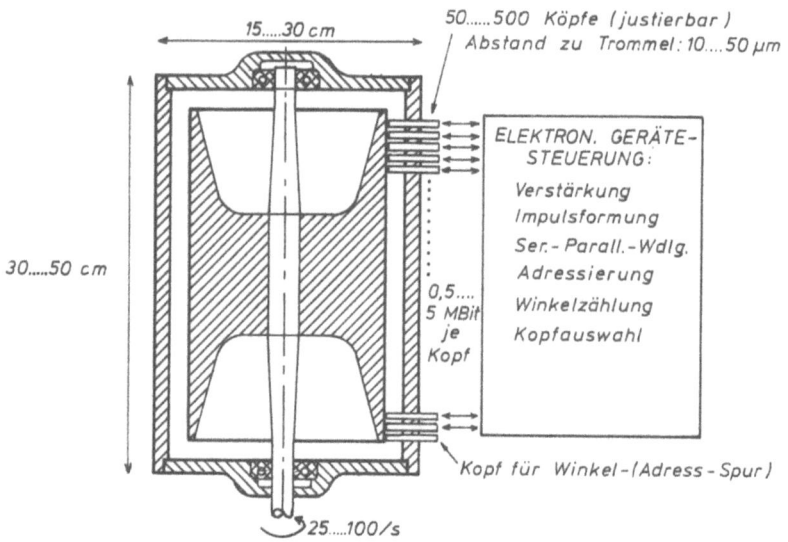

Abb. 5.1.2: Trommelspeicher (Prinzipbild)

d_{Spur} je Spur (man sagt "Übertragungsrate"), eine Drehzahl n und werden p Spuren gleichzeitig benutzt, so ist die mittlere Bearbeitungszeit für einen Leseauftrag von N Bits

$$\bar{b}_{Lesen} = \frac{1}{2n \cdot k} + \frac{N}{p \cdot d_{Spur}} \qquad (5.1.3)$$

(typisches Beispiel: $n = 50/s$, $k = 1$, $N = 4 \cdot 10^4$ Bits, $p = 8$, $d_{Spur} = 5 \cdot 10^5$ Bits/s ergibt

$\bar{b}_{Lesen}$ = 10 ms + 10 ms = 20 ms).

Der erste Summand, der die mittlere Wartezeit angibt, bis der Anfang des Blocks erreicht ist, heißt auch Latenzzeit, gelegentlich Zugriffszeit.

Beim Schreiben ergeben sich ungünstigere Verhältnisse, weil meist in der kommenden Umdrehung ein Prüflesen vorgenommen wird, um sicherzugehen, daß das Schreiben ohne Fehler verlief. Dann ergibt sich

$$\bar{b}_{Schreiben} = \frac{1}{n} + \frac{1}{2nk} + \frac{N}{p \cdot d_{Spur}} \qquad (5.1.4)$$

In Trommeln und Festkopfplattenspeichern gibt es ein weiteres, nicht kinematisches Auswahlprinzip durch Auswahl einer Gruppe von Köpfen aus ca. 100 Köpfen, was elektronisch oder durch Relais geschieht. Oft werden wortgroße Zellen auf Trommeln gebildet, die adressierbar sind; dann zerfällt die Adresse in Daten zur Kopfauswahl und in eine Winkelinformation. Die Winkelinformation wird beim Umlauf der Trommel aus einer Winkel(Adreß-)Spur gewonnen.

Die Köpfe "schwimmen" pneumatisch auf der rotierenden Oberfläche, ohne sie zu berühren.

Trommeln sind die schnellsten peripheren Speicher, allerdings auch die teuersten. Ihrer Zuverlässigkeit kommt zugute, daß sie - außer bei Ausfällen - nicht geöffnet werden.

ab) Mit Einführung eines zweiten kinematischen Auswahlprinzips durch <u>Verschiebung des Kopfträgers</u> senkrecht zur Schichtbewegung entsteht aus dem Festkopfplattenspeicher der allgemeine <u>Plattenspeicher</u>. Heute ist nur noch radiale Bewegung üblich (vgl. Abb. 5.1.5). Die häufigste Bauform ist der <u>Wechselplattenspeicher</u>, dessen Plattenturm ausgetauscht werden kann. Ein Wechselplattenspeicher ist tatsächlich eine Art Speicherhierarchie in sich: innerhalb einer Kopfeinstellung liegen Zugriffsverhältnisse wie bei einer Trommel vor. Die Menge der bei konstanter Kopfeinstellung erreichbaren Spuren heißt "Zylinder". In ihm sind Zugriffszeiten von 8 bis 25 ms typisch.

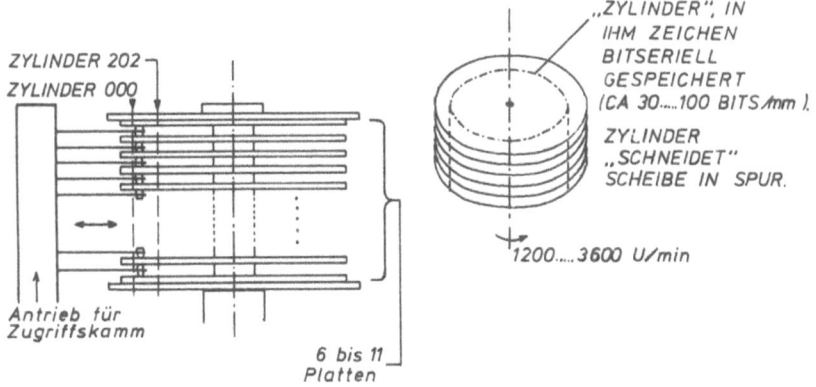

Abb. 5.1.5: Plattenspeicher (Prinzipbild)

Die Kopfeinstellzeiten betragen im Mittel 25 bis 50 ms. Dieser Wert addiert sich zu den für die Trommel angegebenen Werten b_{Lese}, $b_{Schreibe}$. Allerdings erreicht man auf dieser Stufe Kapazitäten, die bis 10^9 Bits reichen. Schließlich ist durch Austausch des Plattenstapels im Minutenbereich der Zugriff auf ein Vielfaches dieser Kapazität gegeben.

Auf Plattenspeichern wird blockweise gelesen und geschrieben. Die Adresse eines Blocks zerfällt in Zylinder-Nummer und Spur-Nummer. Manchmal wird eine starre Einteilung in Winkelintervalle, die man Sektoren nennt, gewählt. Dann kann die Adresse auch eine Sektor-Nummer enthalten. Häufiger werden aber in jeder Spur Datensätze schwankender Länge konsekutiv aufgezeichnet, die eine Satznummer am Anfang tragen. Jede Spur hat einen Nullpunkt, auf den folgend Verwaltungsdaten stehen (technischer Zustand, Füllung usw.).

Im Entwicklungsstadium sind verbesserte Plattenspeicher, die die Zugriffszeit vom Kopfträgertransport befreien und eine dichtere Aufzeichnung erlauben. Sie ersetzen den Schreibvorgang mittels magnetischer Durchflutung unter dem Kopf durch Beschreibung der Spur durch einen modulierten Laserstrahl, der durch einen Spiegel radial eingestellt wird. Geschrieben wird durch Überschreitung des Curie-Punktes in der Schicht; ein schwaches konstantes Feld besorgt die Polarisierung beim Erkalten. Zum Lesen kann man ein optisches Verfahren benutzen, indem man die Drehung der Polarisationsebene durch das Magnetisierungsmuster in der Spur auswertet.

b. Die Speicherschicht wird nur für den Zugriff bewegt. Erträgliche Beschleunigungsverhältnisse ergeben sich nur bei sehr leichten Schichtträgern. Nach den Bauformen unterscheidet man Bandspeicher und (Magnet-)Karten- oder Streifenspeicher. Im Gegensatz zu der Speicherung auf Trommeln und Platten berühren der Schreib- bzw. Lese-Kopf die Speicherschicht. Karten- und Streifenspeicher entsprechen in der Kapazität annähernd den Plattenspeichern, besitzen aber eine schwierige Auswahlmechanik und nur niedrige Übertragungsraten (unter 100 k Zeichen/s). Sie sind heute ohne Bedeutung. Bei Bandspeichern (Abb. 5.1.6) ist die Verwendung von Halbzollbändern (12,7 mm) üblich, auf denen 7 oder 8 Nutzdatenspuren und eine Parity-Spur aufgezeichnet werden. Adressierung gibt es nicht; die Datensätze werden durch Überschrift assoziiert. Das Band wird aus der Ruhe in ca. 2 ms (1,5 cm Laufstrecke) auf Lese/Schreibgeschwindigkeit (bis 3 m/s) beschleunigt. Da man das Anhalten nach jedem Block ermöglichen muß, ergibt sich bei Verwendung kurzer Datensätze als Blocks eine so schlechte Bandfüllung wegen der notwendigen Blocklücken, daß man kurze Datensätze zu Blocks zusammenfügt. Die Übertragungsraten betragen zwischen 20.000 und 360.000 Zeichen/s.

Die kurzen Beschleunigungszeiten machen besondere Konstruktionsvorkehrungen notwendig: Beschleunigung des Bandes durch Andrücken an eine rotierende Welle (capstan), besser durch Ansaugen an eine geschlitzte, hohle Welle; Band wird aus Vorratstaschen beschleunigt, der Antrieb der Bandspulen mit

Wickel wird indirekt über Füllung der Vorratstaschen gesteuert. Für Vor- und Rücklauf sieht man getrennte Antriebswellen vor.

Bandgeräte sind nur in Zusammenhang mit einem Bandarchiv interessant (also sind sie eher als Speicher von 10^9 bis 10^{10} Bits bei Zugriffszeiten von vielen Minuten anzusehen) oder für den Datentausch. Ihr Vorteil liegt in der Hauptsache darin, Magnetbänder, die als billiges und kompaktes Speichermedium ungeschlagen sind, zugänglich zu machen.

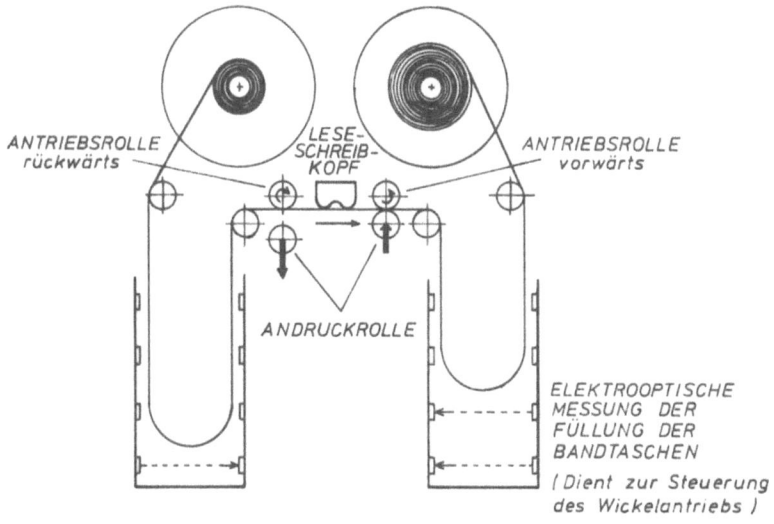

Abb. 5.1.6: Bandspeicher (Prinzipbild)

5.2 Andere Prinzipien

Seit längerem werden andere Prinzipien für periphere Speicher vorgeschlagen als die Verwendung bewegter, magnetisierbarer Oberflächen. Es ist aber offenbar überaus schwierig, gegen genormte Schnittstellen und Datenträger, Programmier- und Konfigurationsgewohnheiten und gegen erfolgreiche Produktionstechniken neue Prinzipien durchzusetzen, auch wenn diese überlegen erscheinen. Daher befinden sich die im folgenden dargestellten peripheren Speicher seit längerem im Forschungs- bzw. Entwicklungsstadium, ohne daß anzunehmen ist, daß sie in den 70er Jahren die in 5.1 beschriebenen Speicher ablösen werden. Eine gute Übersicht enthält [Matick R 72].

a) <u>Laufzeitspeicher</u>. Diese Speicher sind zyklisch organisiert, verwenden kein rotierendes Material, in dem die Daten gespeichert sind, sondern lassen die Daten in einem ringförmigen Speichermedium kreisen. Dabei wird entweder ein Medium verwendet, in dem sich Daten durch eine modulierte Welle nach eigenen Geschwindigkeitsgesetzen ausbreiten, oder die Daten werden unter Einwirkung von einem äußeren Takt verschoben, so daß die Laufzeit in gewissen Grenzen einstellbar ist.
Im ersten Fall verwendet man mechanische, magnetostriktive oder piezoelektrische Wellen in Quecksilberleitungen, magnetisierbaren Stäben oder Quarzkristallen; im letzteren Fall Flipflopketten ("Schieberegister") oder magnetisierbare Schichten, in denen Magnetisierungsmuster unter dem Einfluß von Drehfeldern transportiert werden (Blasenspeicher). Für periphere Speicher werden nur zwei Verfahren vorgeschlagen:

aa) <u>Akustische Laufzeitspeicher</u>. Hier werden Oberflächenwellen auf keramischen Materialien zur Speicherung verwendet. Bei einer Kapazität von ca. 10^8 Bits erreicht man eine Zugriffszeit von ca. 5 μs. Die Übertragungsrate beträgt ca. 10^7 Bits/s.
- Eine größere Bedeutung hat wahrscheinlich

ab) <u>Magnetblasenspeicher</u> (magnetic bubble memory). Dünne Schichten aus Yttrium-Europium-Granat (3..5 μm), die senkrecht zu ihrer Hauptausdehnung einem magnetischen Feld unterliegen, polarisieren sich homogen in Feldrichtung, mit Ausnahme kleiner "Blasen", die antiparallel magnetisiert sind. Diese Blasen wandern unter einem aufgedampften Muster aus Permalloy (einem Material großer Permeabilität) unter der Wirkung eines Drehfeldes, dessen Vektor parallel zur Schicht liegt. Die Drehfrequenz ist Taktfrequenz für die Bitfolge und beträgt ca. 200 kHz. Die Zugriffszeit zu einigen 10^6 Bits dürfte unter einer Millisekunde betragen. Die zunächst noch bescheidenen Übertragungsraten (200 k Bit/s) müssen durch Parallelanordnung vervielfacht werden.

b) <u>Matrixspeicher</u>. Hier kann - wie in Kern- und Halbleiterspeichern - elektrische Selektion der Zellen verwendet werden oder optische Selektion.

ba) <u>Schaltbare Widerstände</u>. Erreichbar wahrscheinlich 1 μs Zugriffszeit. Voraussichtlich geringere Aussichten als bb.

bb) <u>Halbleiterspeicher</u>. Mit Entfeinerung der Hauptspeicher (MOS-Typ) ist wahrscheinlich ein peripherer Speicher (oder Ergänzungsspeicher) von wenigen Mikrosekunden Zugriffszeit zu gewinnen.

bc) <u>Holographischer Lesespeicher</u> [Kulcke W 71] vgl. Abb.5.2.1. Durch eine digitale Lichtablenkung, die die Adresse in 2 Koordinaten in eine Position umsetzt, wird ein Strahl aus kohärentem Licht auf eines aus 10^4 Hologrammen auf einer Speichermatrix geworfen. Auf einer Detektormatrix erscheint das Hologramm als 100 x 100 - Bit-Raster. Der Strahl läßt sich in ungefähr 1 μs einstellen. Man erhofft sich Zugriffszeiten von 1 bis 10 μs und Übertragungsraten von bis 10 MBit/s. Die Speichermatrix wird durch einen photographischen Prozeß hergestellt, ist also nicht im Betrieb beschreibbar.

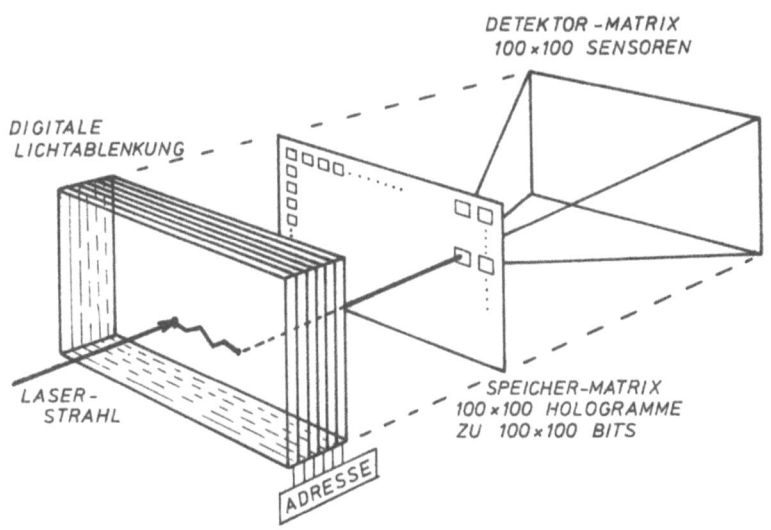

Abb. 5.2.1: Holographischer Lesespeicher [Kulcke W 71]

bd) Magnetooptischer Speicher
Die gleiche digitale Lichtablenkung kann man zur Durchleuchtung einer Matrix aus einer Mangan-Wismut-Verbindung benutzen. Die Matrix ist halbdurchlässig und magnetisierbar. Das hindurchtretende Licht ändert seine Polarisation, was als Signal ausgewertet wird, entsprechend dem Magnetisierungsmuster in der Matrix. Die Matrix enthält $10^3 \times 10^3$ Punkte (keine Hologramme); durch eine Rückablenkung wird der Strahl auf einen Lichtdetektor geworfen. Damit ergibt sich eine wesentlich kleinere Übertragungsrate von ca. 10^5 Bits/s. -
Das Schreiben geschieht in einem Gleichfeld durch Überschreiten des Curiepunktes der Schicht und Magnetisierung bei Abkühlung.

6. Ein/Ausgabegeräte

6.1 Übersicht über Geräte und technische Probleme

Ein/Ausgabegeräte sind die Funktionseinheiten, die die Wandlung der Datendarstellung zwischen internen Formen und externen Formen übernehmen. Die interne Form der Darstellung ist fast immer durch eine Folge von Zeichen (Binärworte, typisch 8 Bits Wortlänge) gegeben, übertragen als elektrisches Signal. Die externe Form ist sehr verschieden; in Abb. 6.1.1 benutzen wir sie als Ordnungsschema zur Klassifikation der Geräte. Die wichtigsten dieser Geräte werden in 6.2 charakterisiert.
Ein/Ausgabegeräte unterliegen nur zu einem kleinen Teil informatischen Problemen. Hier ist vor allem das Problem der Mustererkennung zu nennen, das den Eingabegeräten für Schrift, Markierungen, Diagrammen und Sprache gemeinsam ist, aber auch bei der Wandlung und Übernahme von Radarsignalen, medizinischen Signalfunktionen usw. auftritt. Die meisten Ein/Ausgabegeräte werfen aber Probleme der Feinwerktechnik und Elektromechanik auf, die in verschiedener Form auftreten:

 Vereinzelung von Papierblättern
 Diskontinuierlicher Papiertransport
 Elektrostatische Aufladung
 Hammer- und Stanz-Beschleunigung
 Abtastung von Lochungen (galvanisch, optisch oder
    kapazitiv)
 Kontaktprellungen
 Geräusch- und Schwingungsdämpfung.

Die beträchtlichen Fortschritte der Ein/Ausgabegeräte sind auf einem Gebiet errungen worden, das - anders als die Elektronik - seit langer Zeit bearbeitet wird und bereits weitgehend an werkstoffgegebene Grenzen anstößt.

Ähnlich wie bei anderen Baueinheiten von Rechenanlagen gilt auch bei Ein/Ausgabegeräten, daß die Kosten schwächer als der Durchsatz wachsen. Abb. 6.1.2 zeigt für solche Geräte, die nach Typenzahl und Konformität überhaupt einen Vergleich erlauben, den Zusammenhang zwischen Kosten und Durchsatz.

In allen E/A-Geräten und zu den peripheren Speichern gehören Gerätesteuerwerke (device controller). Sie passen die einheitliche Kanalschnittstelle an die spezielle Geräteschnitt-

Externes Medium	Eingabegerät	Ausgabegerät
Schrift	Schriftleser (character reader)	(Zeilen)-Drucker (line printer), Fernschreiber (teletype), Sichtgerät (display), elektr. Schreibmaschine (electrical typewriter), Mikrofilmgerät (COM, computer output on microfilm)
Markierungen (auf Formularen)	Markierungsleser (OMR, optical mark reader)	
Diagramme	Diagrammabtaster (plot scanner)	Plotter (plotter) Präzisionszeichengerät (precision plotter) Mikrofilmgerät (COM, computer output on microfilm)
Sprache	(überwiegend noch im Forschungsstadium)	Sprachausgabegerät
Lochkarte	Lochkartenleser (card reader)	Lochkartenstanzer (card punch)
	- auch Kombinationsgeräte -	
Lochstreifen	Lochstreifenleser (paper tape reader)	Lochstreifenstanzer (paper tape punch)
Magnetband	Magnetbandgerät (magnetic tape transport)	
Manuelle Betätigung	Tastaturen (Keyboard) Schalter (switch) Stift (pen)	
Kontinuierliche elektr. Signale	Analog-Digital-Wandler (analog-to-digital-converter)	Digital-Analog-Wandler (digital-to-analog-converter)
Andere physikalische Größen	(durch Wandlung in/aus elektrischen Signalen)	

Abb. 6.1.1: Ein/Ausgabegeräte, klassifiziert nach externem Medium

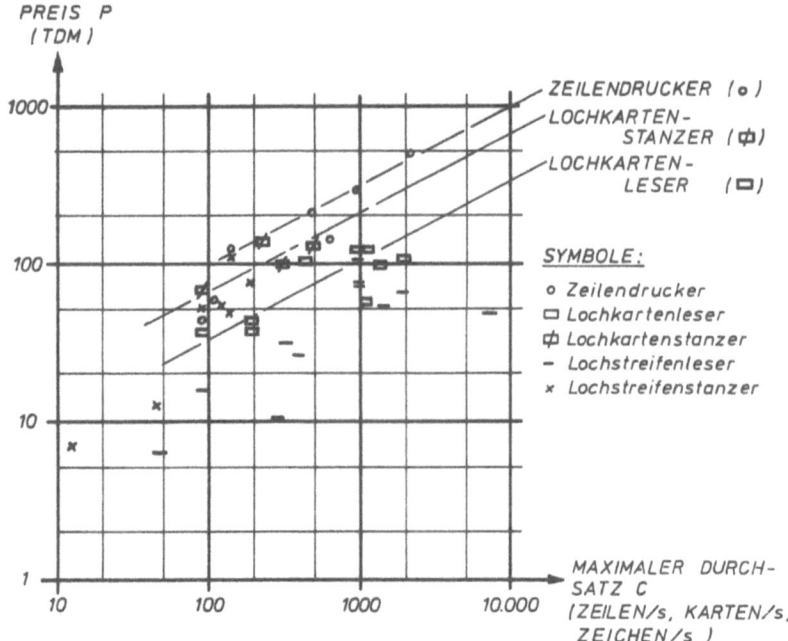

Abb. 6.1.2: Preis und maximaler Durchsatz von Zeilendruckern, Lochkartenlesern, Lochkartenstanzern, Lochstreifenstanzern (Stand 1971)

stelle an. Die Geräte besitzen meistens die erforderlichen Schaltungen für die Pufferung eines Datums bzw. der aktuellen Anweisung bzw. der Zustandsdaten und für die Wandlung der Datensignale (Schreib/Leseverstärker, Servoverstärker) und eine Zeitsteuerung. Für einige Geräte (insbesondere Wechselplattenspeicher, Bandgeräte, Lochstreifengeräte, Plotter) gibt es de facto-Normungen für die Geräteschnittstelle. Die Steuerwerke erlauben, von der Kanalschnittstelle her die Geräte weitgehend ohne Unterscheidung des Typs zu betreiben. Steuerwerke können auch mehrere Geräte konkurrent betreiben (gleichzeitig oder im Zeitmultiplex) und von mehr als einem Kanal zugänglich sein. Gehören die Kanäle verschiedenen Rechenanlagen an, so handelt es sich um eine Rechnerkopplung (z.B. über einen gemeinsamen peripheren Speicher oder unmittelbar über ein Steuerwerk, das nur der Kopplung dient).

6.2 Wichtige Geräte

Man vergleiche vor allem [Schecher H 74], [Flores I 73].

6.2.1 Schriftleser

Diese Geräte unterscheidet man nach Zahl der gelesenen Schriften:

    Einzelschriftleser (single font readers)
    Mehrschriftleser (multi font readers)

und nach dem akzeptierten Format:

    Kassenstreifenleser
    Belegleser (für Schecks, Überweisungsformulare)
    Blattleser.

Die verwendeten Schriften sind mit magnetisierbarer Tinte aufgebracht (Schriften E-13B und CMC-7) und werden mit Hilfe von Induktion gelesen (MICR, magnetic ink character recognition) oder durch einfache Schwärzung, so z.B. OCR-A, OCR-B, "Handschrift" (vgl. Abb. 6.2.1.1), und werden optisch gelesen (OCR, optical character recognition). Bei der "Handschrift" handelt es sich nicht um freie Handschrift, sondern um genormte Zeichen in einem Kasten. Das Lesen freier Handschrift durch eine Maschine dürfte in diesem Jahrhundert nicht mehr erreicht werden. Die Fehlerhäufigkeit beim Lesen (Falschdeutung oder Rückweisung) beträgt für gedruckte Schrift ungefähr 10^{-7}, für genormte Handschrift ungefähr 10^{-4}.

Typische Bauformen für Schriftleser sind:

    Kassenstreifenleser, meist nur eine Schrifttype lesbar

    Belegleser für Einzelschrift oder mehrere Schriften, auch mit Belegsortierung; Leseleistung bis 20 Belege/s.

    Seitenleser für Einzelschrift oder mehrere Schriften; Leseleistung z.B. 2400 Blatt zu je 8 Zeilen zu je 100 Zeichen.

    Mikrofilmleser.

6.2.2 Zeilendrucker

Von den verschiedenen Zeilendruckern (u.a. Stangendrucker, Kettendrucker nach Unterbringung der Typen) ist der Walzendrucker der wichtigste. Typische Leistungsdaten: maximaler Zeilendurchsatz: 1 bis 20 Zeilen/s; Größe des Zeichenvorrats: 48 bis 128 Zeichen; Druckbreite (100 bis 160 Stellen); man vergleiche auch Abb. 6.1.2. Verschiedene nichtmechanische Druckverfahren sind bekannt, haben aber außer der Mikrofilmausgabe wenig Bedeutung (xerographische, elektrochemische Verfahren).

6.2.3 Fernschreiber

Serieller Drucker mit Tastatur als Benutzerstation, billig, nicht für Dauerbetrieb brauchbar. Druckgeschwindigkeit 7 bis 25 Zeichen/s; Zeichenvorrat 52 Zeichen. Fernschreiber werden

- wo kein Dokument gebraucht wird - durch billige Sichtgeräte verdrängt.

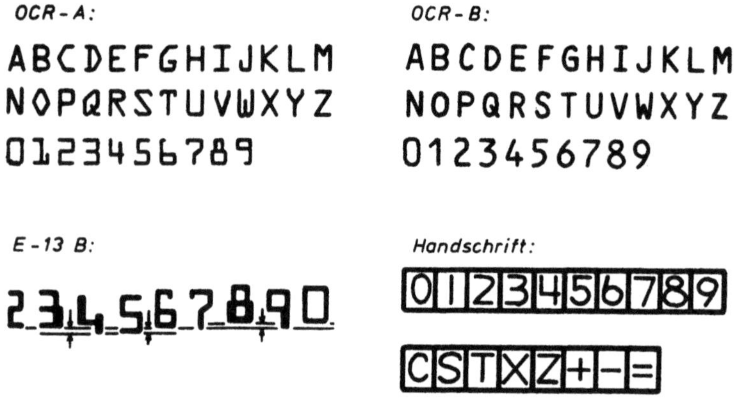

OCR-A:

ABCDEFGHIJKLM
NOPQRSTUVWXYZ
0123456789

OCR-B:

ABCDEFGHIJKLM
NOPQRSTUVWXYZ
0123456789

E-13 B:

1234567890

Handschrift:

0123456789

CSTXZ+-=

Abb. 6.2.1.1: Beispiele zu Schriften für die maschinelle Zeichenerkennung

6.2.4 Sichtgerät

Ausgabe auf Schirm einer Braunschen Röhre, der auch die Eingabe stützt. Klassifizierung nach Ausgabe:

    Zeichen
    Strichbilder
    Fernsehbilder

nach Eingabe

    ohne Eingabe
    Tastatur (für Textarbeit)
    "graphische" Eingabe am Schirm durch Lichtgriffel
      (light pen) oder Rollkugel (rolling ball).

Weitere Parameter: Schirmgröße, Zeichensatz, Anzahl von zugleich darstellbaren Zeichen/Strichen. Preise (1974) zwischen 6.0 TDM und 100.0 TDM.

6.2.5 Mikrofilmausgabe

Der Film wird von einem Sichtgerät belichtet oder - in einer Vakuumkammer - von einem Elektronenstrahl. Erreichbar sind ca. 100.000 Zeichen/s Druckleistung. Ca. 2/3 der Kosten, verglichen mit Druck, geringerer Lagerraum, mechanische Wiederauffindung von gelagerten Mikrofilmen.

6.2.6 Spracheingabe

Noch im Forschungsstadium. Technisch verwendbare Geräte nur für ganz begrenzten Wortschatz (z.B. Zahlworte von 1 bis 10) und eine Person als Sprecher. Erhebliche langfristige Bedeutung.

6.2.7 Sprachausgabe

Bestehende Geräte benutzen eine Trommel, auf der (als kontinuierliche Signalfunktion) Worte aufgezeichnet sind und montieren daraus programmgesteuert Sätze. Verständlichkeit leidet unter Mangel an Satzmelodie. Langfristig hat die Sprachausgabe erhebliche Bedeutung für Rechnerauskunftssysteme mit dem Fernsprecher als Benutzerstation.

6.2.8 Lochkartenleser und -stanzer

Verdrängung der Lochkarte (1971 in der BRD $8 \cdot 10^9$ Karten von Hand gestanzt, 25.000 Arbeitskräfte, 12 Pfennig je gelochte Karte) seit langer Zeit vorhergesagt. Eingabegeräte, die es gestatten, mit einer Tastatur ein Band zu beschriften oder einen Wechselplattenspeicher, sind seit längerem bekannt. Zur Leistung von Lochkartenlesern und -stanzern siehe Abb. 6.1.2.

6.2.9 Lochstreifenleser und -stanzer

Vorteil der Streifen gegenüber den Karten: billigere Geräte; aber Streifen nicht lesbar, bedruckbar, sortierbar. Zur Leistung von Lochstreifenlesern und -stanzern siehe Abb. 6.1.2.

7. Ein/Ausgabewerk

7.1 Gliederung und Grundfunktionen

Das Ein/Ausgabewerk ist diejenige Funktionseinheit, die den Verkehr zwischen der Zentraleinheit und der Peripherie besorgt. Die Peripherie denken wir - indem wir Gerätesteuerwerkke und Geräte zusammenfassen - als aus peripheren Einheiten bestehend. Eine Funktionseinheit, die den Verkehr mit nur einer oder mehreren peripheren Einheiten trägt, heißt Kanal. Sind an einen Kanal mehrere periphere Einheiten angeschlossen, so zerfällt der Kanal in Unterkanäle (subchannel). Gelegentlich spricht man von einem Kanalwerk, wenn man die Baueinheit abgrenzen will.

Wie schon in 2.4 dargestellt, kann die Ein/Ausgabe auch vom Zentralprozessor geleistet werden (vgl. 7.2). Man spricht dann meistens von einem Zentralprozessorkanal. Mit einem Befehl wird ein Zeichen oder ein Wort übertragen.

In den meisten Fällen liegt aber ein autonomes Ein/Ausgabewerk vor, das gleichzeitig zum Zentralprozessor arbeitet. Man kann vor allem drei verschiedene Formen des autonomen E/A-Werkes unterscheiden:

a. Autonome Kanalwerke, die nach Auftrag des Leitwerkes des Zentralprozessors arbeiten und meist einen Block von Zeichen je Auftrag übertragen. Sie leisten meist auch eine Fehlererkennung.

b. Ein/Ausgabe-Prozessoren. Sie interpretieren ein Programm, das im Hauptspeicher lagert und vom Zentralprozessor zur Verwirklichung der E/A-Aufträge der Programmläufe hergestellt worden ist. Die Befehle dieses Programmes heißen oft Steuerworte; da die Ein/Ausgabe-Prozessoren auch oft Kanäle genannt werden, heißen ihre Programme auch Kanalprogramme. Ein Kanalprogramm wird meistens für den Transport einer Folge von Blöcken aufgestellt. Solche Prozessoren können mikroprogrammiert sein.

c. Ein/Ausgabe-Rechner. Hat ein Ein/Ausgabe-Prozessor einen eigenen Speicher, in dem sein Programm steht, so ist ein eigener Rechner entstanden, den wir Ein/Ausgabe-Rechner nennen. Der Speicher wird auch zur Speicherung von Zwischenwerten, insbesondere zur Pufferung des Ein/Ausgabe-Gutes verwendet.

Ein Ein/Ausgaberechner kann seine Flexibilität auch dazu verwenden, um einen Teil der Eingriffe in sich zu verarbeiten, ohne den Hauptrechner zu unterbrechen. Schließlich kann man das Betriebssystem von einem solchen Rechner ausführen lassen und dann den Hauptrechner nur noch dadurch unterbrechen, daß ein E/A-Rechner ihm einen Prozeßwechsel aufzwingt (exchange jump, CDC 6600 [Thornton J 64]). Solche Organisationsformen können bereits als Rechnernetz angesehen werden.

Das autonome Ein/Ausgabewerk enthält fast immer mehrere autonome Kanalwerke, Ein/Ausgabeprozessoren oder Ein/Ausgaberechner. Der Wortdurchsatz dieser Einheiten ist in schnellen Rechnern deutlich kleiner als der des Zentralprozessors. Verwendet man dieselbe Schaltungstechnik, dann kann man gemeinsam gebrauchte Funktionen aus den Einheiten herauslösen und in ein zentrales Werk umsetzen. Dann erhält man z.B.

a. autonome Kanäle mit einem gemeinsamen <u>Kanalsteuerwerk</u>,

b. Ein/Ausgabeprozessoren mit einem gemeinsamen <u>E/A-Leitwerk</u>, das die Befehle im Zeitmultiplex für alle Prozessoren verarbeitet (SYNT),

c. Ein/Ausgaberechner, die Schaltnetze ihres Prozessors zeitteilig benutzen (so CDC 6600 [Thornton J 64]).

Für alle Formen der Ein/Ausgabe-Organisation ist schließlich noch wichtig, daß der Weg Hauptspeicher-Kanal-Steuerwerk-Gerät eine Kette darstellt, deren Durchsatz man dann steigern kann, wenn man die Glieder gleichzeitig arbeitsfähig macht. Für die Glieder heißt das hier vor allem, daß sie einen Puffer für die Speicherung eines Auftrags bzw. einer Dateneinheit (Zeichen, Wort, Block) benötigen. Da das Gerät am Ende der Kette eine Bearbeitungszeit hat, die um den Faktor 10^4 über der Bearbeitungszeit der anderen Kettenglieder liegt, ist es nahegelegt, diese im Zeitmultiplex zu betreiben. Dann mündet ein Kanal in mehrere Unterkanäle, und an ein Steuerwerk sind mehrere Geräte angeschlossen. An einer Schnittstelle in der Kette löst dann ein Auftraggeber eine asynchrone Handlung aus; die Synchronisation mit Ende der Handlung ist durch folgende Mittel möglich:

a. <u>der Auftraggeber wartet</u> bis zur Fertigmeldung (schlechteste Lösung, die Auflösung in die Kette bringt keine Durchsatzverbesserung)

b. <u>der Auftraggeber überprüft</u> periodisch den Zustand des Auftragnehmers darauf, daß der Auftrag beendet ist (umständlich, da der Auftraggeber in einen Zeitmultiplexbetrieb zwischen seiner Nachfolgehandlung und der Abfrage gezwungen wird; die Abfragefrequenz bestimmt die Reaktionszeit auf die Fertigmeldung)

c. <u>der Auftragnehmer kann</u> die Nachfolgehandlung des Auftraggebers <u>unterbrechen</u> (heute überwiegend verwendet).

Bei Kenntnis der Zeitverhältnisse versucht man oft, ohne explizite Synchronisation die Wartezeit (a) für zusätzliche

Zentralprozessoroperationen zu nutzen. Dieses Verfahren ist gefährlich und verlangt bei Austausch von Anlagenteilen oder bei Emulation Neuprogrammierung.

7.2 Zentralprozessorkanal

Früher sah man in kleinen und mittleren Rechenanlagen keine autonomen Zugänge von der Peripherie zum Speicher vor. Dieses Schema spart Aufwand in der Zentraleinheit, insbesondere ein Vorrangwerk am Speicher, mindert aber den Durchsatz des Zentralprozessors, der nun zeitteilig die Ein/Ausgabe neben der Verarbeitung leisten muß. Heute wird diese Struktur nur noch für ganz einfache Zentraleinheiten verwendet. Viele größere Maschinen benutzen aber dieses Schema für die Inbetriebnahme und elementare Tests.

In der Befehlsfolge des Zentralprozessors stehen E/A-Befehle, die vom Leitwerk entschlüsselt und im Zentralprozessor ausgeführt werden. Als Quelle oder Senke kann ein Register des Zentralprozessors dienen, etwa der Akkumulator; dann benutzt man z.B.

 ein m

 aus m

als Befehl, worin die Eingabe vom Unterkanal m in den Akkumulator bezeichnet wird bzw. die Ausgabe an den Unterkanal. Das Leitwerk erhält seine Fertigmeldung erst mit Ausführung der Operation, d.h. wenn die periphere Einheit einen neuen Auftrag annehmen kann (Synchronisation durch Warten). Besser ist es, wenn die periphere Einheit gleichzeitig arbeitet zum Leitwerk; dann kann man sie so einrichten, daß sie nach Einschalten vorsorglich stets ein neues Datum in das Pufferregister liest, das mit "ein m" in den Zentralprozessor übertragen wird; damit ergibt sich eine sehr kurze Ausführungszeit. Ebenso kann man für das Ausgeben verfahren. Der nächste Auftrag kann aber erst gegeben werden, wenn das Leitwerk sich vergewissert hat, daß die periphere Einheit wieder frei ist. Hierzu muß ein Befehl eingeführt werden, mit dem der Zustand gelesen werden kann, oder es ist eine Unterbrechungsmöglichkeit vorzusehen.

In einer Zweiadreßmaschine kann man im Befehl als Quelle/Senke eine beliebige Speicherzelle angeben.

Hat man einen Eingabeprozeß zu bedienen, der Daten in schwankenden Abständen liefert, wobei der kleinste Abstand nicht wesentlich größer als eine Operationszeit im Zentralprozessor ist, so kann man nach den Schemen "Synchronisation durch Prüfen" den Zentralprozessor während der Eingabe nicht für die Verarbeitung nutzen. Konkurrente E/A-Prozesse sind nur möglich, wenn der Zentralprozessor durch Prüfung oder Unterbrechung die Unterkanäle unterscheiden kann und ihm Reaktionszeiten zugesichert sind, die die zeitgerechte Bedienung aller Prozesse erlauben.

Die Ureingabe im leeren Rechner kann durch einen Wartungsprozessor übernommen werden, der in den Hauptspeicher ein erstes Programm füllt, das den Aufbau des Betriebssystems erlaubt, oder durch den Zentralprozessorkanal, der dann um Einrichtungen erweitert ist, die das Einstellen des Befehlszählers, das Einbringen eines E/A-Befehls von außen und den Start ermöglichen. Der Zentralprozessorkanal kann außerdem dazu verwendet werden, um nach Zusammenbruch des Systems den Hauptspeicherinhalt auszuliefern.

7.3 Autonome Kanäle und Ein/Ausgabe-Prozessoren

Mit der Einführung von autonomen Wegen zwischen Peripherie und Zentralprozessor, über die nach Vorgabe des Leitwerkes Blöcke transportiert werden, wird nicht nur der Durchsatz des Zentralprozessors der Verarbeitung voll zur Verfügung gestellt, sondern der Zentralprozessor wird auch von Reaktionsforderungen im Kurzzeitbereich befreit, da das Vorrangwerk die Ein- und Auslieferung der Daten am Speicher sicherstellt. Nach Beendigung der Übertragungsoperation wird das Leitwerk durch einen Eingriff benachrichtigt. Indem ein Programmlauf einen Blocktransport verlangt, muß für ihn eine Wartezeit auftreten, bis er über die eingegebenen Daten verfügen kann bzw. über den geräumten Bereich im Speicher. Das bedeutet im allgemeinen, daß er vorübergehend nicht fortgesetzt werden kann, sehr wohl aber ein anderer rechenfähiger Prozeß. Wir befinden uns also in der in 2.5 beschriebenen Betriebsform "Mehrprogrammbetrieb II".
Der typische Ablauf sieht dann so aus: Das Programm löst eine E/A-Operation durch einen Pseudo-Befehl aus. Dieser ist tatsächlich ein Makroaufruf und bei Übersetzung in eine Befehlsfolge umgesetzt worden, in der ein Versorgungsblock zur Spezifizierung des Wunsches aufgebaut wird und ein Betriebssystem-Aufruf enthalten ist, oder es handelt sich um einen Unterprogrammsprung mit gleicher Wirkung. Mit Überlaufen des Betriebssystem-Aufrufes wird der Modus gewechselt, die Situation wird durch die Unterbrechungsbehandlung analysiert, und es wird ein Betriebssystem-Modul Kanal-Vergabe gerufen. (Wir nehmen hier an, daß die Prüfung auf Verfügbarkeit des Kanals ausreicht, was eine kräftige Vereinfachung darstellt: mehrere Kanäle können ein Steuerwerk erreichen, mehrere Steuerwerke ein Gerät; Kanäle oder Steuerwerke werden u.U. nur während eines Teils der Operation gebraucht). Die Kanalvergabe unterhält eine Kanal-Tafel, in der Verweise auf Anfang und Ende der zugehörigen Kanalwarteschlangen stehen. Die Vergabe fügt ein neues Auftragselement an eine Warteschlange an, wenn der Kanal besetzt gefunden wird; bei Freigabe des Kanals entnimmt sie ein Element und beauftragt den Kanal neu. Der Kanal erhält einen Kanalauftrag. Das Leitwerk speichert ihn in eine dem Kanal fest zugehörige Speicherzelle und schickt dem Kanal ein Signal, mit dem er sich den Auftrag beschafft. Das Leitwerk hat den Auftrag aus einem E/A-Befehl abgeleitet, der folgende Angaben enthielt:

Operator (erlaubt meist nur Unterscheidung des E/A-Befehls von anderen Befehlen),

Kanalwerknummer,

Unterkanalnummer,

Gerätenummer,

Ein/Ausgabe Modus (Schreiben, Lesen, vorwärts, rückwärts, Zeichenformat, Einstellen o.ä.),

Anfangsadresse des Quell/Senken-Bereichs im Speicher,

Blocklänge.

Meist sind diese Daten auch im größten benutzten Befehlsformat nicht unterzubringen, so daß dieser E/A-Befehl meist einen Verweis auf einen "Parameterblock" enthält. Das Leitwerk gibt natürlich die beiden ersten Teile nicht an den Kanal weiter. Mit Abschluß des Übertragungsauftrags liefert der Kanal einen Eingriff an das Leitwerk, der ihn identifiziert. Er stellt außerdem in einem Fehlerwort Daten bereit, aufgrund derer das Betriebsprogramm evtl. eine Wiederholung durchführt (7.4).

Das Kanalwerk enthält folgende Register:

<u>Ein/Ausgaberegister</u>. Es hat das Format der Speicherwortlänge, und zu ihm gehört ein Schaltnetz, das die Verschiebung des Inhaltes um die Länge eines Zeichens (z.B. 8 Bits) erlaubt. Der Kanal überträgt meist zur peripheren Einheit zeichenweise parallel, zum Speicher wortweise parallel. Dieses Register dient der Serien/Parallelwandlung bzw. der Parallel/Serienwandlung der Ein/Ausgabedaten.

<u>Pufferregister</u>. Um dem Hauptspeicher nicht unerträgliche Reaktionszeiten abzunötigen, steht ein Pufferregister zur Verfügung, das den Inhalt des E/A-Registers aufnimmt, wenn dieses voll ist, bzw. aus dem sich das E/A-Register versorgt.

<u>Verschiebungszähler</u> für die Verschiebung im E/A-Register.

<u>Speicher-Adreßregister</u>. Es enthält die Adresse der Zelle, die aktuell als Quelle/Senke verwendet wird.

<u>Blocklängenregister</u>. In ihm wird die Blocklänge heruntergezählt; nach Erreichen des Standes null ist der Auftrag beendet.

<u>Steuerregister</u>. Es nimmt den E/A-Modus auf (wird von der Kanalablaufsteuerung, z.B. einem Mikroprogrammwerk, ausgewertet).

<u>Fehlerregister</u>. In ihm wird das Fehlerwort aufgebaut.

Außerdem enthält ein Kanal übertragungstechnische Einrichtungen (Umsetzung der Signale vom maschineninternen Pegel au den der Peripherieleitungen, Bereich 10 bis 50 m) und Einrichtungen zur Auswahl eines von mehreren angeschlossenen Ge räten (an Stern oder Ring angeschlossen). Kanalschnittstelle enthalten i.a. 8 E/A-Datenleitungen und mehrere Steuer- und Rückmelde-Leitungen. Oft werden die Steuerdaten für die Gerätesteuerwerke auch über die E/A-Daten-Leitungen übertragen, ebenso die Rückmeldungen des Steuerwerkes über Zustand, Fehler o.ä.. Dann müssen "Fluchtsymbole" vereinbart werden, die Zeichen aus dem E/A-Datenfluß herausheben. Für Kanäle geringen Durchsatzes kann man in zwei Richtungen kleineren Aufwand erreichen:

Man richtet ein zentrales Kanalsteuerwerk ein, das zeitteilig für alle Kanäle Adressen, Blocklängen, Fehlerworte herstellt und den Folgeschritt festlegt,

man bringt die Zustandsdaten des Kanals (Speicheradresse, Blocklänge, Fehlerwort) im Hauptspeicher unter, von wo man sie bei Bedarf holt. Meist lassen sich Blocklänge und Speicheradresse in einem Wort unterbringen; das Fehlerwort wird erst zum Ende der Übertragung gebildet. Dann wird der Durchsatz, den der Kanal dem Zentralspeicher abverlangt, um je einen Lese- und einen Schreibauftrag je transportiertem Datenwort erhöht.

Oft hat die Unterbrechung am Ende der Ausführung eines Kanalbefehls keinen anderen Sinn, als den, die Operation fortzuführen, sei es daß die größte Blocklänge überschritten ist oder daß im Speicher ein neuer Bereich anzugeben ist (streuendes Schreiben bzw. sammelndes Lesen). Auch kann es sich um eine Folge Einstellen-Lesen handeln, die eine Leitwerkunterbrechung zur Synchronisation nicht notwendig macht. Es ist im ersten Falle wünschenswert, den Kanal dieselbe Operation mit einem neuen Datenblock fortführen zu lassen, ohne einen Eingriff an das Leitwerk zu schicken. Dazu kann man z.B. eine Folge von Blockzeigern im Speicher bereitstellen und erhält dann eine Möglichkeit, Datenblöcke zu verketten (data chaining). Man kann aber auch den Prozeß als eine Folge von Ein/Ausgabeoperationen ansehen, mit jedem Befehl den Nachfolger bestimmen und die Abgabe eines Eingriffs an unerwünschten Stellen ausschließen (command chaining). Man verwendet dazu nicht das Befehlszählerprinzip, sondern explizite Notation der Nachfolgeadresse, da es sich nur um wenige Befehle handelt und die Zugriffsfrequenz gering ist.

Damit geht der Kanal in ein interpretierendes Werk, in einen E/A-Prozessor über. Von den meisten Herstellern wird aber auch diese, interpretierende Funktionseinheit Kanal genannt. An die Stelle des einzigen Auftrags in der für den Kanal festgelegten Kanalbefehlszelle tritt nun ein ganzes Kanalprogramm aus Kanalsteuerworten. Der Ablauf kann sogar bedingt werden durch Kennzeichnung von Daten. Die dem Kanal zugehörige Zelle kann jeweils die aktuelle Befehlsadresse erhalten. Sie wird vom Leitwerk geladen und mit jedem Interpretationsschritt neu gefüllt. Der Unterschied gegenüber dem Kanal ist prinzipiell, nicht aber gerätetechnisch erheblich. Die meisten typischen Bauformen von E/A-Kanälen stellen tatsächlich E/A-Prozessoren im Sinen unserer Unterscheidung dar. Nach der Betriebsform lassen sich die folgenden Fälle unterscheiden:

Serieller Betrieb (1.11): Der E/A-Prozessor bearbeitet ein Kanalprogramm bis zum Ende und geht dann erst zu einem neuen über. Das heißt, daß die Bearbeitungen im Steuerwerk oder Gerät, die keinen E/A-Transport ergeben, Wartezeichen für den E/A-Prozessor sind (insbesondere Einstellzeiten). Das Nachfolgeprogramm kann einen anderen Unterkanal betreffen.

Multiplexbetrieb (1.11): Der E/A-Prozessor bearbeitet konkurrent mehrere Kanalprogramme. Dann bricht er die Bearbeitung des laufenden Auftrags ab, wenn er eine Dateneinheit (Zeichen, Wort, Block) übertragen hat oder eine Anweisung übermittelt hat. Er geht dann auf ein anderes Kanalprogramm (Unterkanal) über. Im allgemeinen sind dann die übertragungsfreien Zeiten eines Gerätes nicht auch Freizeiten für den E/A-Prozessor. Die Bedienung der Aufträge kann zyklisch sein (entweder in gleichen Zeitscheiben oder nach vorliegendem Transportvolumen) oder aber in einer Reihenfolge, die die Steuerwerke nach Bedarf erzeugen, wobei Prioritäten gelten können oder eine FCFS-Reihenfolge. In letzterem Schema müssen die Steuerwerke den Kanal anrufen können (Synchronisation durch Unterbrechung).

Typische Bauformen von E/A-Prozessoren sind in Abb. 7.3.1 zusammengestellt. Diese Prozessoren werden als Kanäle bezeichnet; die Kriterien sind auch auf Kanäle im engeren Sinn übertragbar. Bei blockweiser Übertragung kann man an die Unterkanäle auch durchsatzschwache periphere Einheiten anschließen, ohne den Kanal auf den Durchsatz der peripheren Einheit zu beschränken, wenn die Steuerwerke Pufferspeicher enthalten, die einen Block aufnehmen. Bei Zeilendruckern und einigen Lochkartengeräten ist die Existenz eines solchen Puffers ohnehin erforderlich.
Multiplexkanäle müssen für jeden konkurrenten Unterkanal die Statusdaten aufbewahren. Dies kann in Registern geschehen, was aber nur bei schnellen Multiplexkanälen mit wenigen konkurrenten E/A-Prozessen erträglich ist. Bei Multiplexkanälen für eine große Zahl von peripheren Einheiten werden diese Daten in Zellen des Hauptspeichers geführt, aus denen sie bedarfsweise gelesen werden.

7.4 Fehlerbehandlung

Im Peripherieverkehr sind Fehler weit häufiger als in der Verarbeitung innerhalb der Zentraleinheit. Außer den bisher betrachteten Ausfällen und Störungen, von denen Kanal, Steuerwerk, Gerät, Datenträger betroffen sein können, erscheinen auch Irrtümer des Programmierers über die Konfiguration hier als Fehler, wenn etwa ein Gerät bestimmten Typs gar nicht am angegebenen Unterkanal angeschlossen ist, und außerdem Bedienfehler, wenn das Gerät nicht mit dem Datenträger geladen ist. Die Techniken zur Fehlerbehandlung, die in 3.12 vorgestellt wurden, sind daher im E/A-Werk und in der Peripherie meist schon länger gebräuchlich als in der Zentraleinheit.

<u>Fehlerentdeckung</u> wird auf dem Datenträger durch mehrdimensionale Parity-Bits oder andere fehlersichernde Codes gewährleistet. Ist eine Fehlersicherung im Hauptspeicher vorhanden, so wird sie auf peripheren Speichern oft neben den speziellen

Betriebsform des Kanals	Zahl der Unterkanäle	Format je Bedienung	Durchsatz je Gerät	Puffer im Steuerwerk	Bezeichnung (Beispiel)
Serieller Betrieb	1	Block	$1..5 \cdot 10^6$ Bytes/s	nein	Schnellkanal ([TR 440 u])
Serieller Betrieb	wenige	Block	$0,1..5 \cdot 10^6$ Bytes/s	günstig	Selektorkanal ([IBM/370 d])
Multiplex-Betrieb	wenige	Block	$1..5 \cdot 10^6$ Bytes/s	günstig	Blockmultiplexkanal ([IBM/370d])
Multiplex-Betrieb	viele	Zeichen oder Block	$10^3..10^5$ Bytes/s	nein	(Zeichen-) Multiplexkanal ([IBM/370d])

Abb. 7.3.1: Bauformen von E/A-Prozessoren (Kanälen)

Sicherungen der Notation im peripheren Speicher aufrechterhalten. Bei der Ausgabe wird durch Prüflesen oder durch Überwachung der Typenhammer- oder Stanz-Bewegung die ordentliche Ausführung gesichert. Der Empfang von Daten zwischen den Gliedern der Kette Speicher-Kanal-Steuerwerk-Gerät wird in vielen Fällen durch Quittungsmeldungen überwacht. Dazu gehört eine Zeitüberwachung beim Auftraggeber. Geräte können an der Anlage meist innerhalb des Mehrprogrammbetriebs durch Testprogramme auf ordentliche Funktion überprüft werden.

Fehlerprotokollierung wird nicht nur - wie für die Zentraleinheit - in einer speziellen Datei durchgeführt, sondern oft auch auf dem Datenträger, indem defekte Abschnitte auf Platte oder Trommel gekennzeichnet werden.

Fehlerumgehung ist in der Peripherie besonders verbreitet. Solange es sich um Störungen handeln dürfte, werden Operationen wiederholt, so insbesondere das Schreiben von Daten auf periphere Speicher, wenn das unmittelbar folgende Prüflesen nicht die geglückte Ausführung nachweist. Nicht lesbare Lochkarten werden bezeichnet und können nochmals eingelegt werden. Das Lesen von peripheren Speichern wird häufig (z.B. 16 mal) wiederholt. Ebenso werden Aufträge und Quittungen zwischen den Einheiten wiederholt. Handelt es sich aber offenbar nicht um Störungen, sondern um Ausfälle, so kann innerhalb der Peripherie oft in veränderter Umgebung weiter gearbeitet werden. Beim Schreiben auf periphere Speicher kann man eine Ausweichspur aufsuchen, defekte Bandbereiche können übergangen werden, defekte Karten nachgelocht werden. Oft ist die Konfiguration so reichlich, daß im Falle eines Geräteausfalls der Datenträger auf ein anderes Gerät gebracht werden kann; durch Anschluß eines Gerätes an mehrere Steuerwerke oder durch Ändern des Anschlusses können defekte Steuerwerke umgangen werden bzw. nach demselben Schema defekte Kanäle.

8. Anlagen

8.1 Übersicht

Wir betrachten nun die Organisation der Rechenanlage oberhalb der bisher dargestellten Funktionseinheiten Zentralprozessor, Hauptspeicher, Ein/Ausgabe-Kanäle und -Prozessoren, periphere Einheiten. Dazu werden wir noch einmal zusammenstellen, welche Einwirkung die Anwendung auf die genannten Funktionseinheiten und ihr Zusammenspiel hat (8.2) und dann einen Gesamtüberblick über den Verkehr zwischen Prozessoren und Hauptspeicher gewinnen (8.3). Teile dieses Problems sind bereits in 3.6 (Leitwerke) 3.11 (Durchsatz der Zentraleinheit) und 4.2 (Modularisierung und konkurrierende Auftraggeber) behandelt worden. Im Abschnitt 8.3 werden wir dabei vor allem die Vorteile eines Prozessorpuffers (cache memory) untersuchen. Hierbei handelt es sich abermals um die Realisierung eines aktuellen Ausschnitts (vgl. 2.8). In 8.3 ergeben sich auch die Voraussetzungen zur Festlegung der Zugriffszeit und des Durchsatzes eines Hauptspeichers. Dagegen ist seine Kapazität nur durch Betrachtung der peripheren Speicher und des zugehörigen Verkehrsschemas, also der Speicherhierarchie, festlegbar.

Im Abschnitt 8.5 werden Mehrprozessoranlagen diskutiert. Die besonderen Eigenschaften "kleiner" und "großer" Rechenanlagen werden in einem Gedankenexperiment (8.6) abgeleitet, das eine große Rechenanlage schrittweise reduziert. Datenübertragung zwischen Kanälen und peripheren Einheiten wird in 8.7 behandelt, und 8.8 greift über die einzelne Rechenanlage hinaus, indem verschiedene Formen von Verbunden von Rechnern, also Rechnernetze, betrachtet werden.

8.2 Anpassung an Anwendung

Anläßlich der Diskussion der von Neumann'schen Prinzipien ist bereits festgestellt worden, daß das Grundschema des speicherprogrammierten Rechners sich unabhängig von der Anwendung behauptet hat. Bei der Darstellung der Betriebsformen und der Organisation der Zentraleinheit sind aber doch eine Reihe von Gesichtspunkten aufgetreten, die eine Differenzierung nach der Anwendung erkennen lassen. In Abb. 8.2.1 sind solche Gesichtspunkte vergleichend zusammengestellt. Dabei sind drei Haupttypen von Rechnern nach der Anwendungsorientierung benutzt worden:

	Arithmetisch orientierter Rechner	Zeichenorientierte Rechner	Steuerungsrechner
typische Anwendungen	technisch-wissenschaftliche Datenverarbeitung	kaufmännisch-administrative und nichtnumerische Anwendungen	Steuerung von (rechnerexternen) Prozessen und Realzeitmeßwertverarbeitung
(Programm-)Prozeß ist gekennzeichnet durch	komplexe Operationen auf einfach strukturierten Operanden; gute Adreßlokalität, große Genauigkeit; blockorientierte Programmiersprachen; geringe E/A-Ströme	einfache Operationen auf komplex strukturierten Operanden; schwache Adreßlokalität; geringe Genauigkeit; starke E/A-Ströme	einfache Operationen auf einfach strukturierten Operanden; geringe Genauigkeit; geringe bis starke E/A-Ströme bei kurzer Bearbeitungszeit für Unterbrechung
verbreitete Betriebsformen (vgl. 2.5)	Abschnittsbetrieb (Mehrprogrammbetrieb I und II), Teilnehmerbetrieb (teilweise Dialogbetrieb)	Abschnittsbetrieb (Mehrprogrammbetrieb I und II), für Informationssysteme auch Teilnehmerbetrieb	Termin (Realzeit-)Betrieb, dazu oft im Mehrprogrammbetrieb "Freizeit"aufträge
Operandenformate und virtuelle Wortlänge	meist mehrere arithmetische Formate; Dualdarstellung; Gleitpunkt-Maschinen mittlerer Wortlänge oder Langwortmaschinen	umfangreicher Zentralcode; wenige arithmetische Formate; Dezimaldarstellung oft neben Dualdarstellung, Zeichenmaschinen	geringe Formatvielfalt; Zentralcode zweitrangig. Kurzwortmaschinen
wichtige typische Operationen	Gleitpunkt, Keller/Stapel-Operationen, evtl. Wurzel, Polynom	Dezimaloperationen, Tabellensuchen, Zeichenkettentransporte	Bitoperationen (bedingte Sprünge, Zählen), Vergleiche
aktueller Ausschnitt im Prozessor (Status)	kann wegen guter Lokalität zur Leistungssteigerung eingesetzt werden	wegen schwächerer Lokalität weniger attraktiv	nicht akzeptabel wegen Notwendigkeit schneller Unterbrechungsbehandlung
Unterbrechung	einfache Organisation; wenige Stufen	einfache Organisation, wenige Stufen	starke Stufung; Eingriffe können Zieladresse mitführen
E/A-Werk	Hauptlast durch Laden und Verdrängen. Autonome Kanäle oder E/A-Prozessoren für Blocktransporte	Neben Laden/Verdrängen Operanden-E/A von E/A-Geräten und peripheren Speichern (Informationssysteme, Sortierläufe): Blocktransporte	Prozeßdaten meist nicht blockweise. Multiplexkanäle; Zentralprozessorkanäle
periphere Speicher	Trommeln, Platten	Platten, Bänder	Trommeln, Platten

Abb. 8.2.1: Einwirkung der Anwendung

arithmetisch orientierte Rechner
zeichenorientierte Rechner
Steuerungsrechner.

Die Trennung der ersten beiden Klassen war nur bis ca. 1965 gut erkennbar; mit der IBM/360 hat sich mit Erfolg ein Typ durchgesetzt, der Anforderungen beider Klassen erfüllt.

Den dargestellten Einwirkungen der Anwendung überlagern sich zwei weitere Einwirkungen auf Struktur und technischen Aufbau, nämlich der Einfluß der Betriebsform und der Einfluß des maximalen Durchsatzes (der "Größe"). Der Einfluß der Betriebsform auf die Struktur (insbesondere privilegierte Operationen, Adreßabbildung, periphere Speicher) ist aus Abb. 2.5.1 zu entnehmen. Der Einfluß der "Größe" wird in Abschnitt 8.6 dargestellt.

8.3 Prozessoren und Hauptspeicher

In diesem Abschnitt behandeln wir den Verkehr zwischen Prozessoren und Hauptspeicher. Solche Probleme sind teilweise im Zusammenhang mit Leitwerken (3.6) und mit dem Durchsatz der Zentraleinheit (3.11) berührt worden, teilweise mit Modularisierung des Hauptspeichers und konkurrierenden Auftraggebern. Meist unterhält ein Prozessor einen aktuellen Ausschnitt (2.8).

Wir werden nacheinander mögliche Strukturen für Verbindungswege erörtern, die früher behandelten Ausschnittsspeicherungen um das Konzept des Zentralprozessorpuffers (cache memory) erweitern und an Beispielen die Frage nach der richtigen Bemessung von Zugriffszeit und Durchsatz des Hauptspeichers stellen.

Der Zugang zum Hauptspeicher führt für einen Zugreifer (Prozessor oder autonomer Kanal) über ein Vorrangwerk, wenn mehrere Zugreifer vorhanden sind. Eine einfache Struktur ist in Abb. 8.3.1 dargestellt. In dieser Struktur ergibt sich ein zeitlicher Verlauf der Beauftragung in den beteiligten Funktionseinheiten, wie er in Abb. 8.3.2 dargestellt ist. Die dem Prozessor zugehörige Anrufleitung zum Vorrangwerk überträgt den Transportwunsch, der durch die Art (Lesen/Schreiben) und die Modulnummer gekennzeichnet ist. Im allgemeinen arbeitet das Vorrangwerk (VRW) in einem beliebigen, starren Taktschema, und es treten zusätzliche Verzögerungen durch den Phasenfehler auf. Das Vorrangwerk braucht eine endliche Zeit zur Entscheidung. Ist der gewünschte Modul und die <u>Sammelschiene</u> (bus) belegt oder werden sie einem höher priorisierten Zugriffen zugeteilt, so tritt eine weitere Verzögerung auf. Schließlich wird Modul und Sammelschiene reserviert, die Freigabe dem Prozessor gemeldet, der darauf die Adresse an den Modul übermittelt. Nach Ablauf der Zugriffszeit steht im Register des Moduls das gewünschte Datum bereit. Das Vorrangwerk ermittelt den Empfänger und leitet das Datum ihm zu, sobald die Datensammelschiene zugeteilt werden

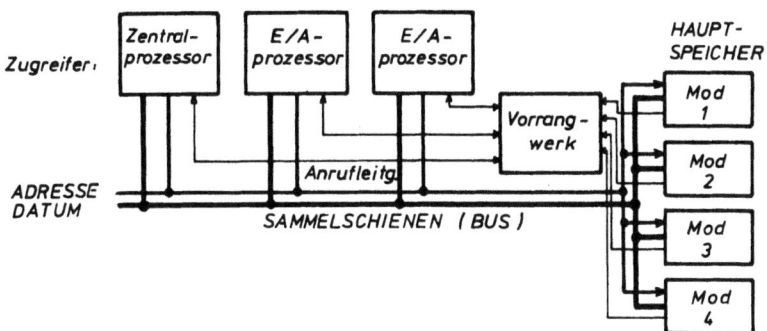

Abb. 8.3.1: Einfache Zentraleinheit mit modularisiertem Hauptspeicher und mehreren Zugreifern

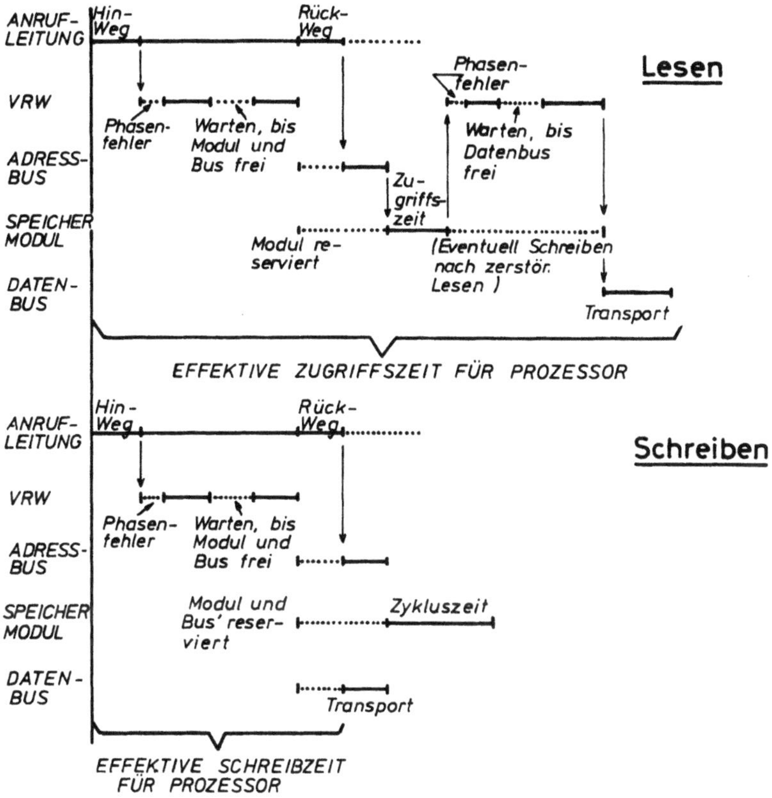

Abb. 8.3.2: Zeitlicher Verlauf der Beauftragung der Funktionseinheiten beim Speicherverkehr nach Abb. 8.3.1. VRW: Vorrangwerk

kann. Die effektive Zugriffszeit ist erheblich höher als
die Zugriffszeit, die am Speichermodul gemessen wird.

Bei der Abwicklung eines Schreibauftrages müssen zwar der
Modul und beide Sammelschienen gleichzeitig zugeteilt werden, aber das Vorrangwerk wird je Auftrag nur einmal beaufschlagt. Die effektive Schreibzeit erscheint für den Prozessor kurz; allerdings kann er nicht sofort auf das "geschriebene" Datum wieder zugreifen.

Das vorgestellte Schema erlaubt zwar die zeitteilige Benutzung von Sammelschienen, Speichermoduln und - wenn dieses nur
eine Kapazität von einem Auftrag hat - des Vorrangwerkes,
ist aber aufwendig und bietet nicht sehr viel mehr Durchsatz
als eine ununterbrochene Belegung während der Lese/Schreibaufträge.

Eine Verbesserung ist in zwei Richtungen möglich. Zunächst
können so viele getrennte Sammelschienen für Adressen und
Daten vorgesehen werden, wie höchstens Aufträge abgewickelt
werden. Da die Speichermodulsteuerungen eine Kapazität von
nur einem Lese/Schreibauftrag haben, sieht man für jeden
Modul eine doppelte Sammelschiene vor (Abb. 8.3.3), die Datum und Adresse transportiert. Eine weitere Erleichterung
tritt ein, wenn man das Vorrangwerk auflöst und jedem Speichermodul ein eigenes zuteilt. Dann ist es zwanglos möglich,
einem Prozessor mehrere gleichzeitig gültige Speicheraufträge zu gestatten; man vergleiche hierzu das Schema des
Fließbandprozessors mit Befehlszugriff (3.11).

Spezialisierte Puffer in den Leitwerken der Prozessoren
sind in 3.6 vorgestellt worden. Befehls- und Operandenvorgriff machen die langwierige Zugriffsabwicklung erträglicher,
führen aber einen zusätzlichen Verkehr ein, da nicht alle
vorsorglich beschafften Daten sich als gesuchte Befehle und
Operanden erweisen. Die Nachspeicherung von durchlaufenen
Befehlen und von Ergebnissen erlaubt nicht nur die Beschaffung dieser Daten mit günstiger Zugriffszeit, sondern erspart auch Zugriffe, mindert also den Verkehr am Speicher.
Außerdem wirkt sie aber als Pufferung; die Abspeicherung
von Ergebnissen aus einem ausreichend großen Puffer im Zentralprozessor kann zurückgestellt werden gegenüber Lesezugriffen. Auch E/A-Prozessoren und Kanäle können im Vorgriff
bzw. mit einem Schreibpuffer arbeiten und mäßigen dann ihre
Bearbeitungszeittermine. Bei blockweiser Übertragung ergibt
sich natürlich eine sehr gute Trefferrate.

Die in 3.11 betrachteten Prozessororganisationen zeigen die
wachsende Unabhängigkeit von der Zugriffszeit, die der Zentralprozessor mit zunehmender Entwicklung in eine Kette
(Fließband) gewinnt. Andere Verfahren haben wir früher kennengelernt: Übergang zu weniger Adressen je Befehl, Übergang zu Vielregisterprozessor. Allen diesen Auswegen ist
eigentümlich, daß die Unempfindlichkeit gegen die Speicherzugriffszeit erkauft wird einem angewachsenen aktuellen
Ausschnitt ("Status") im Prozessor und - oft - mit Erhöhung
des verlangten Durchsatzes am Speicher. Der Einfluß der

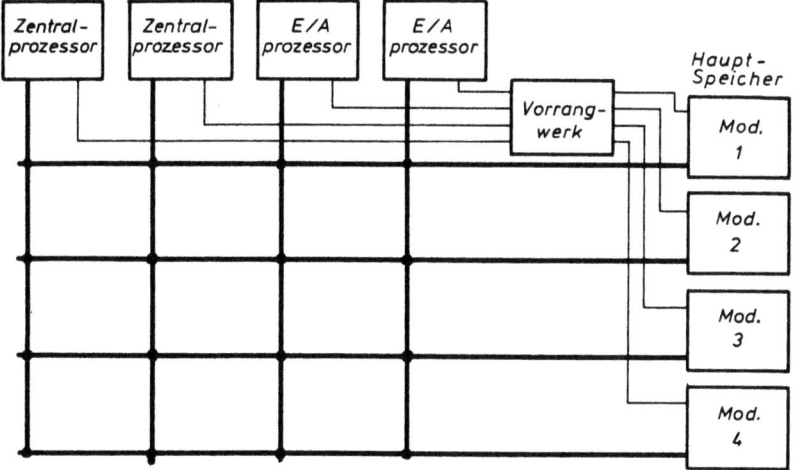

Abb. 8.3.3: Zentraleinheit mit einer Sammelleitung je Speichermodul (Datum und Adresse) und zentralem Vorrangwerk

fortschreitenden Überlappung auf das Verhältnis von Zentralprozessordurchsatz zu Hauptspeicherzugriffszeit werde noch einmal demonstriert durch Vergleich der in 3.11 benutzten Zentralprozessoren α, β, γ:

Beispiel 8.3.4: Prozessor α. Keine Überlappung zwischen Ausführungs- und Abrufphase. Der maximale Durchsatz ist:

$$c_{ZE\alpha} = \frac{\lambda\rho}{r\cdot\lambda+\rho} = \frac{1}{r\cdot\bar{b}_{RW}+\bar{b}_{LW}} \quad . \tag{3.11.4}$$

Die Leitwerkzeit $\bar{b}_{LW}$ zerfalle in einen speicherabhängigen Teil, $\beta\cdot T_{Sp}$, und einen leitwerkabhängigen Teil $\bar{b}_{LW0}$. Dabei gibt β die mittlere Zahl der Lesezugriffe je Operation an. Damit ist

$$c_{ZE\alpha} = \frac{1}{r\bar{b}_{RW}+\bar{b}_{LW0}+\beta\cdot T_{Sp}} \tag{8.3.5}$$

Beispiel 8.3.6: Prozessor β. Bedingte Überlappung zwischen Ausführungs- und Abrufphase. Der maximale Durchsatz ist

$$c_{ZE\beta} = \frac{\bar{b}_{LW}+r\cdot\bar{b}_{RW}}{\bar{b}_{LW}^2+r(1+s)\bar{b}_{LW}\cdot\bar{b}_{RW}+(rb_{RW})^2} \quad . \tag{3.11.12}$$

Beispiel 8.3.7: Prozessor γ (Fließband). Aus (3.11.23) folgt

$$c_{ZE\gamma} = \frac{1}{T_{Sp}(2j+i\cdot q_i+e\cdot m_e-\frac{1}{z}+2\sqrt{\frac{2(1+j+jv)}{z}})} \quad (8.3.8)$$

Beispiel 8.3.9: Wir setzen nun die drei obigen Beispiele zusammen zu einem Vergleich. Dabei sei

$$\left.\begin{array}{rl} T_{Sp} &= 500 \text{ ns} \\ j &= 0{,}25 \\ i &= 0{,}25 \\ q_i &= 0{,}1 \\ e &= 0{,}05 \\ m_e &= 1{,}5 \\ z &= 100 \end{array}\right\} \text{ wie in 3.11.24.}$$

Damit folgt

$$c_{ZE\gamma} \approx 2 \cdot 10^6 \text{ Op/s} = \frac{4}{T_{Sp}} \quad (8.3.10)$$

Das Fließband hat (vgl. 3.11.24) eine Taktzeit von 50 ns; die Abrufphase dauert (ohne Speicherzugriffe) 2 Takte (100 ns) und die Ausführungsphase 3 Takte (150 ns). Also setzen wir für α und β $\bar{b}_{LWO} = 100$ ns und $\bar{b}_{RW} = 150$ ns.

Je Operation werden je ein Befehl und ein Operand beschafft, 0,25 Indizes und 0,05·1,5 Ersetzungsadressen. Also ist β = 2,33. Den Anteil r der Rechenwerksoperationen nehmen wir mit 0,25 an und die Abspeicherhäufigkeit s mit 0,4.

Damit wird

$$\bar{b}_{LW} = \beta \cdot T_{Sp} + 100 \text{ ns} = 1260 \text{ ns} \quad (8.3.11)$$

$$c_{ZE\alpha} = 750.000 \text{ Op/s} = \frac{1{,}55}{T_{Sp}} \quad (8.3.12)$$

$$c_{ZE\beta} = 770.000 \text{ Op/s} = \frac{1{,}6}{T_{Sp}} \quad (8.3.13)$$

Das Beispiel läßt wegen der sehr kurzen Rechenwerkzeit $\bar{b}_{RW}$ die Struktur β nur wenig besser als die Struktur α erscheinen. Der Vorteil von γ (Fließband) tritt deutlich hervor. Allerdings zeigt (8.3.8), daß die Leistung des Fließbandes der Hauptspeicherzugriffszeit umgekehrt proportional ist.

Wir werden jetzt die Verbesserung des Zentralprozessordurchsatzes durch Verwendung eines allgemeinen, schnellen (Zentral-)Prozessorpuffers (cache memory) [Gibson D 74] untersuchen. Ein Prozessorpuffer erfüllt in einer Baueinheit automatisch die bisher betrachteten Funktionen Befehls- und Ergebnisnachspeicherung und - da er bei jedem Zugriff des Prozessors auf ein Datum, das nicht im Puffer steht, sogleich eine gewisse Umgebung beschafft - mit Einschränkungen auch die Funktion eines Operanden- und Befehlsvorgriffs. Die Kapazität beträgt üblicherweise 2 bis 8 K Worte, die Zugriffs- und Zykluszeit 50 bis 100 ns. Wir betrachten die Realisierung an zwei Beispielen.

Beispiel 8.3.14: Prozessorpuffer der IBM/360 Modell 85 [IBM 360 Mod 85], Abb. 8.3.15, (erste Maschine mit Prozessorpuffer). Die Kapazität beträgt 16 oder 32 KBytes. Geladen wird, sobald ein Datum nicht im Puffer steht, das verlangt wird, ein Block von 64 Bytes, wobei das aktuell gesuchte Datum zuerst beschafft wird. Der Zentralprozessor hat eine Fließbandorganisation (Taktzeit 80 ns); der Puffer hat eine Zugriffszeit von 80 ns, der Hauptspeicher eine Zykluszeit von 1 μs. Die Trefferrate beträgt 0,9 bis 0,95. Der Puffer ist in 16 bzw. 32 Spalten aufgeteilt, die je einen Sektor (ein zusammenhängendes 1 KBytes-Feld) aus dem Hauptspeicher aufnehmen können. Jede Spalte hat ein Sektoradreßregister, kann also einen beliebigen Sektor zugeteilt erhalten. In der Spalte ist nur die durch den Zugriffsverlauf bestimmte Teilmenge aller Blöcke des Sektors gespeichert. Unbesetzte Felder sind als ungültig bezeichnet. Der Zugriff ist assoziativ bezüglich des Sektors. Reicht die Zahl der Spalten nicht aus, so wird der Sektor aufgegeben, der am längsten nicht benutzt wurde (LRU). Beim Schreiben wird stets Pufferinhalt und Hauptspeicherinhalt verändert, so daß die Originaltreue gewährleistet ist. - Die Abbildung auf den Puffer führt dazu, daß für Programme, die nur wenige Sektoren benutzen, ein zu aufwendiger Puffer vorhanden ist.

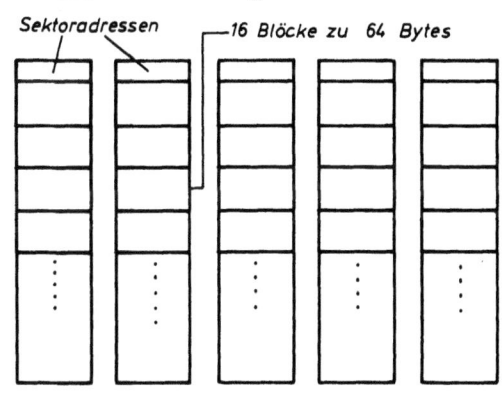

16 bis 32 Spalten (nach Ausbau 8 bzw. 16 KBytes), die je einen Sektor zu 1 KBytes aufnehmen können.

Abb. 8.3.15: Prozessorpuffer der IBM/360 Mod 85.

Beispiel 8.3.16: Prozessorpuffer der IBM/370 Mod 165
[IBM/370 Mod 165], Abb. 8.3.17. Die Kapazität beträgt 8
oder 16 KBytes. Geladen wird jeweils ein Block von 32 Bytes. Der Zentralprozessor ist ein Fließband mit einer Taktzeit von 80 ns, was auch die Pufferzugriffszeit ist. Die
Maschine verwendet segmentweise Adressierung mit Seitenadressierung; der Zentralprozessorpuffer wird nicht mit
Prozeßadressen, sondern mit Maschinenadressen beauftragt.
In einem Vortakt (80 ns) wird die aktuelle Kachelbasisadresse gewonnen und die Assoziation am Prozessorpuffer
bewältigt. Der Hauptspeicher ist langsam (2000 ns Zykluszeit), dafür billig. Die Trefferrate beträgt ca. 0,95.
Die Abbildung der Maschinenadressen auf den Prozessorpuffer
ist stärker streuend als im Modell 85: ähnlich wie bei
einer Speicherverschränkung wird ein 6-Bits-Feld benutzt,
um den Maschinenadressenraum in 64 "Bereiche" zu ver-
schränken, wobei jeweils 1 Block von 32 Bytes zu einem
Bereich gehört, der in der Adreßzählung nachfolgende
Block zum nächsten Bereich usf.. Jedem Bereich ist eine
Spalte des Puffers fest zugeordnet. Wieviele Blöcke sie
aufnehmen kann, hängt von der Größe des Puffers ab. Der
Zugriff erfolgt nun bezüglich der Bereichnummer adressie-
rend, bezüglich des gesuchten Blockes (gekennzeichnet durch
seine Zeilen-Nummer) aber assoziativ. Hierzu dient eine
Adreßmatrix, die so viele Zeilennummern aufnehmen kann,
wie Blöcke im Puffer unterbringbar sind. Verdrängt muß ein
Block (nach LRU) werden, nicht ein Sektor.

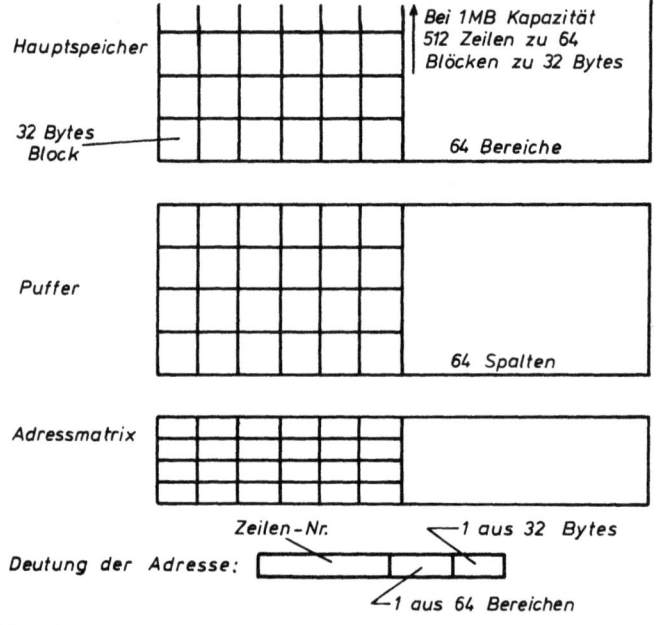

Abb. 8.3.17: Prozessorpuffer der IBM/370 Mod. 165

Der Vorteil des Prozessorpuffers liegt in der wesentlichen Verbesserung der mittleren Zugriffszeit $\bar{T}_{Sp}$. Bei einer Trefferrate h ermittelt sich diese zu

$$\bar{T}_{Sp} = h \cdot T_{pp} + (1-h) \cdot T_{HSp} , \qquad (8.3.18)$$

worin T_{pp} die Zugriffszeit des Prozessorpuffers (mit Assoziationszeit!) und T_{HSp} die des Hauptspeichers (mit Zeit für gescheiterte Assoziation im Puffer) ist. Ein weiterer Vorteil kann in der Minderung der Auftragshäufigkeit am Hauptspeicher bestehen. Unter dem Einfluß des Puffers ist der Solldurchsatz am Hauptspeicher

$$d_{SollHSp} = \beta \cdot c_{ZE} \cdot (1-h) \cdot n \qquad (8.3.19)$$

(n Zahl der Worte je Block) im Vergleich zu

$$d'_{SollHSp} = \beta \cdot c'_{ZE} \qquad (8.3.20)$$

ohne Puffer (aber anderem Zentraleinheitdurchsatz c'_{ZE}. Ist also

$$1-h < \frac{1}{n} \cdot \frac{c'_{ZE}}{c_{ZE}} \qquad (8.3.21)$$

so verbessern sich auch die Wartezeiten am Hauptspeicher. Den genannten Beispielmaschinen kommt noch zugute, daß sie je Zugriff mehrere "Worte" beschaffen.

Die Wahl des Hauptspeicherdurchsatzes wird durch das gesamte Auftragsangebot am Hauptspeicher bestimmt (Prozessoren und autonome Kanäle). Der maximale Durchsatz muß so groß sein, daß auch bei Voll-Last keine schädigenden Wartezeiten auftreten. Wie schon früher ausgeführt, kann das durch Modularisierung des Speichers erreicht werden, wenn die Kapazität genügend groß ist. Die richtige Wahl der Zugriffszeit ist von großer Bedeutung für den Entwurf der Zentraleinheit und bestimmt sich ohne Berücksichtigung des peripheren Verkehrs aus den Anforderungen des Zentralprozessors. Wir betrachten dazu noch ein Beispiel für eine Dimensionierung.

Beispiel 8.3.22: In einem Prozessor vom Typ α (vgl. 3.11) finde man einen Hauptspeicher derart, daß die auf einen Programmlauf entfallenden Kosten

$$\bar{Q}_A = \frac{N}{\varepsilon_{ZP} \cdot c_{ZP}} (K_{Sp} \cdot \frac{\bar{f}_L}{k} \cdot \frac{\bar{m}}{\bar{\varphi}} + K_{ZP}) \qquad (3.2.3)$$

für einen Bitpreis

$$\frac{K_{Sp}}{k} = \frac{d}{T_{Sp}} \qquad (8.3.23)$$

zu einem Minimum werden, wobei d eine Konstante ist. Es

ist

$$c_{ZE\alpha} = \frac{1}{r\bar{b}_{RW}+\beta \cdot T_{Sp}+\bar{b}_{LWO}} \qquad (8.3.5)$$

und aus

$$\bar{Q}_A = \frac{N}{\varepsilon_{ZP}}(r\cdot\bar{b}_{RW}+\beta\cdot Z_{Sp}+\bar{b}_{LWO})(\frac{d\cdot\bar{f}_L\cdot\bar{m}}{T_{Sp}\cdot\varphi}+K_{ZP}) \qquad (8.3.24)$$

folgt

$$T_{Sp\ optim} = \sqrt{\frac{\bar{f}_L\cdot\bar{m}(r\cdot\bar{b}_{RW}+\bar{b}_{LWO})}{\varphi\cdot\beta\cdot K_{ZP}}} \ . \qquad (8.3.25)$$

Der bezüglich der Verarbeitungskosten in der Zentraleinheit günstigste Speicher hat also eine (effektive) Zugriffszeit, die mit Platzbedarf $\bar{f}_L$ des Programmlaufes, Streckung der Lagerzeit über die anteilige Prozessorzeit ($\bar{m}$) und mit dem Prozessoranteil an der Operationszeit steigt und mit steigender mittlerer relativer Füllung, Zugriffszahl β je Operation und Prozessorkosten K_{ZP} sinkt.

8.4 Speicherhierarchie

Der Begriff der Speicherhierarchie wurde in 2.8 in Zusammenhang mit dem Prinzip des aktuellen Ausschnitts eingeführt. Die richtige Festlegung der Speicherhierarchie ist von großem Einfluß auf den Durchsatz und die Wirtschaftlichkeit eines Rechensystems und hängt eng mit der Art der Belastung zusammen. Die Organisation der Speicherhierarchie wird heute vom Betriebssystem, unterstützt durch wichtige Anlageeigenschaften (Adressierung, Kanäle, Schutzvorrichtungen) getragen. In den Entwurf der Speicherhierarchie gehen ein:

a. Technische Speichergesetze: Zusammenhang zwischen Kapazität, Zugriffszeit, Durchsatz und Preis der Speichereinheiten; Nebeneigenschaften (z.B. flüchtige Speicherung).

b. Umfang und primäre, d.h. durch den Nutzprogrammlauf bedingte Zugriffsgesetze der Daten. Von diesen Zugriffen sind diejenigen zu trennen, die durch den Sekundärverkehr (Laden und Verdrängen nach dem Prinzip des aktuellen Ausschnitts) zusätzlich eingeführt werden; diese sind nicht Entwurfsgrundlage der Speicherhierarchie, müssen aber darauf geprüft werden, ob sie von der Speicherhierarchie bewältigt werden können.

Der Systementwerfer hat die folgenden Freiheitsgrade zur Verfügung, um die erforderliche Leistung mit minimalem Aufwand zu erreichen:

a. Anzahl, Typ und Kapazität der Speicher. Es ist zu bedenken, daß jeder neue Typ zusätzliche Betriebssystemroutinen, mithin Speicherplatz und Zentralprozessorzeit benötigt, ferner

Kanalbelegungen schafft. Die optimale Zahl der Typen ("Ebenen" der Hierarchie) steigt mit dem Logarithmus der Gesamtkapazität; zwischen aufeinanderfolgenden Ebenen ist das optimale Verhältnis von Kosten je Bit, Zugriffszeit und Kapazität konstant [Chow C 74].

b. Art des eingeführten sekundären Verkehrs

c. Füllung der Zentraleinheit mit Rechenaufträgen (Grad des Mehrprogrammbetriebs) und Umfang der Speicherzuteilung je Programmlauf: totale Zuteilung erfordert nur geringen Ladeverkehr, ermöglicht aber nur die Unterbringung von wenigen Programmläufen, die den Durchsatz aufrechterhalten; partielle Zuteilung erlaubt viele Programmläufe bei starkem Nachladeverkehr und ist meistens ungünstiger.

Wir illustrieren das Problem der Speicherhierarchie durch Berechnung der Zustandswahrscheinlichkeiten und des Durchsatzes eines Rechensystems, dessen Zentraleinheit einen Mehrprogrammbetrieb mit genau k Programmen unterhält. Die Zentraleinheit hat also eine Kapazität von k Rechenaufträgen, insbesondere der Hauptspeicher von k zugehörigen Lageraufträgen - die Lagerung des Betriebssystems nicht gerechnet. Wir nehmen an, daß die Verarbeitungsphasen negativ-exponentiell (Mittelwert $\bar{b}_{ZP}$) und die Transportzeiten des einzigen peripheren Speichers ebenfalls negativ-exponentiell (Mittelwert $\bar{b}_{PS}$) verteilt sind, was eine starke Vereinfachung bedeutet; man vergleiche die Bemerkung aus 1.12 über die Auswirkung von Verteilungen mit stärkerer Streuung als die der negativ-exponentiellen Verteilung. Die Intensitäten bezeichnen wir als

$$\zeta = \frac{1}{\bar{b}_{ZP}} \quad \text{und} \quad \pi = \frac{1}{\bar{b}_{PS}} \,, \tag{8.4.1}$$

den Quotienten

$$x = \frac{\zeta}{\pi} = \frac{\bar{b}_{PS}}{\bar{b}_{ZP}} \tag{8.4.2}$$

nennen wir Transportzeit/Rechenzeitverhältnis. Das Rechensystem bearbeitet Rechenaufträge gleicher Charakteristik, die durch den beständigen Wechsel von Verarbeitungsphasen und Transportphasen gekennzeichnet sind. Mit Einrichtung des Mehrprogrammbetriebs treten zwischen diese Phasen i.a. Wartezeiten, da nur eine Zentraleinheit und ein peripherer Speicher vorhanden ist. Im allgemeinen hat ein Auftrag also vor der Verarbeitung bzw. vor dem Nachladen eine Warteschlange zu durchlaufen (vgl. Abb. 8.4.3); beide Warteschlangen haben gerade zusammen k Plätze, wenn wir den Auftrag noch in der Warteschlange auf die Beendigung von Verarbeitung bzw. Transport warten lassen. Die Warteschlangen werden natürlich im Hauptspeicher unterhalten. Das zugehörige Übergangsdiagramm (Abb. 8.4.3) enthält k+1 Zustände, die wir nach Zahl ν der auf Nachladen wartenden Programmläufe ($\nu \in [0..k]$) bezeichnen. Jeweils mit Abschluß einer Verarbeitung (Rate ζ) geht das System in einen Zustand mit höherem ν, jeweils mit Ab-

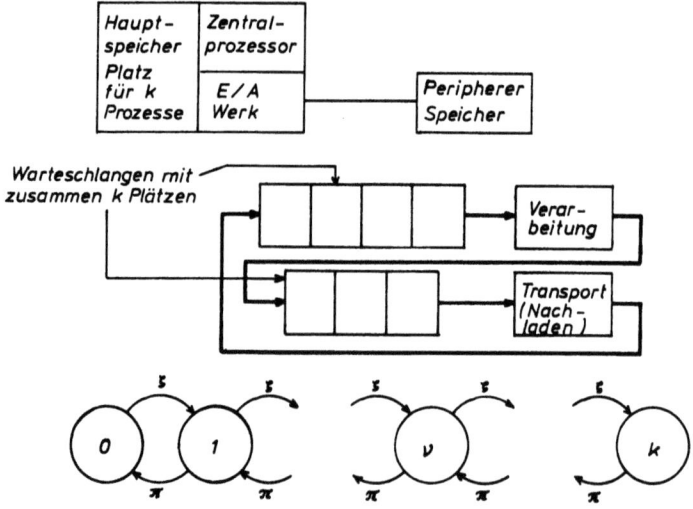

ν Aufträge warten auf Transport (Nachladen)

Abb. 8.4.3: Mehrprogrammbetrieb mit k gleichen Programmläufen in einer Anlage mit einem peripheren Speicher: Anlage, Warteschlangenersatzbild und Übergangsdiagramm

schluß eines Nachladens (Rate π) in einen Zustand mit tieferem ν über. Die Struktur ist dieselbe wie in 1.12.47; in der Tat kann man das System auffassen als einen Puffer von k Plätzen vor der Funktionseinheit Nachladen, der einem (durch die Verarbeitung erzeugten) Auftragszugangsprozeß mit negativ-exponentiell verteilten Abständen unterliegt. Die Aufstellung der Zustandswahrscheinlichkeiten führt auf (vgl. 1.12.49)

$$Z_\nu = \frac{x^\nu}{\sum_{i=0}^{k} x^i} \quad . \tag{8.4.4}$$

Die Wahrscheinlichkeit, daß die Verarbeitungswarteschlange wenigstens einen Auftrag erhält, ist gleich dem relativen Durchsatz der Zentraleinheit. Diese Wahrscheinlichkeit ist gleich der, daß nicht alle Aufträge in der Nachladewarteschlange stehen:

$$\varepsilon_{ZP} = 1 - Z_k = \frac{\sum_{i=0}^{k} x^i - x^k}{\sum_{i=0}^{k} x^i} = \frac{1-x^k}{1-x^{k+1}} \quad . \tag{8.4.5}$$

Dieser wichtige Zusammenhang ist in Abb. 8.4.5 dargestellt. für $n \to \infty$ ergibt sich zwar $\varepsilon_{ZE} = 1$, falls $\bar{b}_{PS} < \bar{b}_{ZP}$, aber

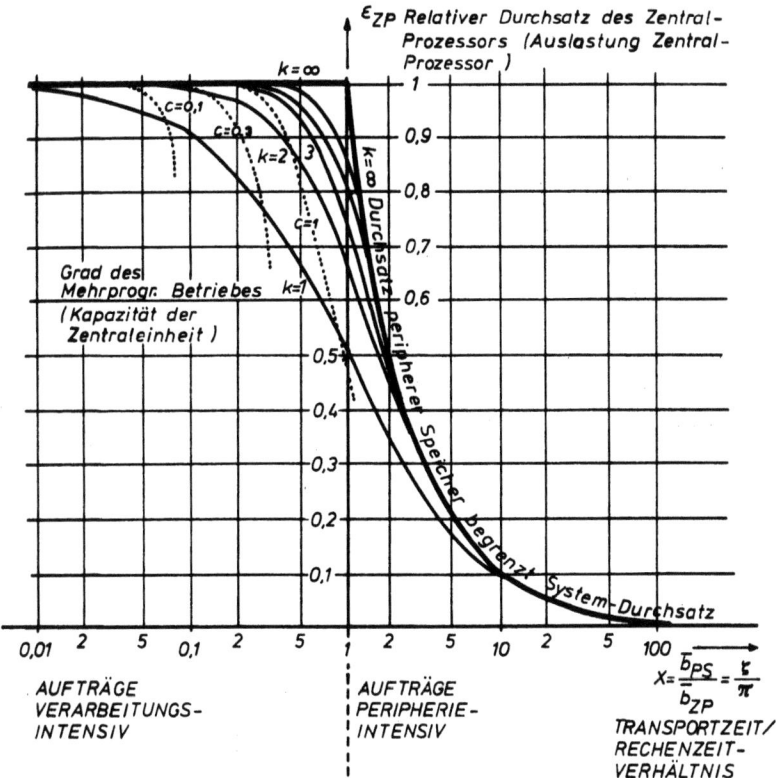

Abb. 8.4.6: Relativer Durchsatz des Zentralprozessors bei Mehrprogrammbetrieb mit k Aufträgen, abhängig vom Transportzeit/Rechenzeitverhältnis. Punktiert sind Linien zur Bestimmung eines optimalen peripheren Speichers und eines optimalen k nach einem Kostengesetz wie (8.4.8) eingetragen

für $\bar{b}_{ZP} < \bar{b}_{PS}$ folgt

$$\varepsilon_{ZP} (k \to \infty, \bar{b}_{ZP} < \bar{b}_{PS}) = \frac{1}{x} = \frac{\bar{b}_{ZP}}{\bar{b}_{PS}}, \qquad (8.4.7)$$

d.h. durch Mehrprogrammbetrieb kann nur dann der relative Durchsatz (die Auslastung des Zentralprozessors) auf den Größtwert 1 gebracht werden, wenn die Rechenaufträge verarbeitungsintensiv sind ($\bar{b}_{PS} < \bar{b}_{ZP}$). Eine Verbesserung des relativen Durchsatzes für peripherieintensive Prozesse ist vor allem dann möglich, wenn mehrere periphere Einheiten den Durchsatz auf sich verteilen.

An dem vorliegenden Modell werden wir noch ein Dimensionierungsproblem lösen. Verlangt sei ein relativer Durchsatz ε_{ZP} = 0,8; der periphere Speicher habe - als Funktion der mittleren Transportzeit $\bar{b}_{PS}$ - die Kostenfunktion

$$K_{PS} = \sqrt{\frac{q}{\bar{b}_{PS}}} = \sqrt{\frac{q}{\bar{b}_{ZP}\sqrt{x}}} \qquad (8.4.8)$$

worin q ein Proportionalitätsfaktor ist, der vor allem von der Kapazität des Speichers abhängt. Gesucht sind die bezüglich des Aufwandes optimalen Werte von k (Grad des Mehrprogrammbetriebs) und x. Mit diesem Vorgehen legen wir also die Kapazität des Hauptspeichers nach Platzbedarf der Programme und Eigenschaften des peripheren Speichers fest; in 8.3 ist Zugriffszeit im Zusammenhang mit der Festlegung des Zentralprozessors bestimmt worden, der Hauptspeicherdurchsatz aufgrund der Durchsatzansprüche von Prozessoren (Zentral-, E/A-) und autonomen Kanälen bestimmt worden. Wir betrachten Zentraleinheit und peripheren Speicher als ein System nach 1.15 (Leistung L_S, Aufwand je Baueinheit A_j, ihr Parameter P_j):

$$\frac{d A_j}{d P_j} = \lambda \frac{\partial L_s}{\partial P_j} = 0 \qquad (1.15.8)$$

Für unser System ist $L_s = \varepsilon_{ZP}$ (vorgegeben), $P_1 = k$, $A_1 = K_{HS}$, $P_2 = x$, $A_2 = K_{PS}$. Die Kosten für den Hauptspeicher seien

$$K_{HS} = K_{HSO} + k \cdot K_P , \qquad (8.4.9)$$

sind also der Zahl der Programmläufe proportional.
Für die Werte j=1 und j=2 ergibt sich aus (1.15.8)

$$\frac{\frac{dK_{PS}}{dx}}{\frac{dK_{HS}}{dk}} = \frac{\frac{\partial L_s}{\partial x}}{\frac{\partial L_s}{\partial k}} , \qquad (8.4.10)$$

was auf

$$x^{k+1}-(k+1)x+k = \frac{q}{2K_P\sqrt{\bar{b}_{ZP}}} \frac{1}{\sqrt{x}} (x-1)\ln x \qquad (8.4.11)$$

führt. Mit dem Parameter $\quad C = \dfrac{q}{2K_P\sqrt{\bar{b}_{ZP}}} \qquad (8.4.12)$

ist dieser Zusammenhang in Abb. 8.4.6 eingetragen.

Beispiel 8.4.13: Für $\varepsilon_{ZP} = 0,8$, $q = 5 \cdot 10^4$ DM $\sqrt{sek}$, $K_P = 0,5 \cdot 10^6$ DM, $\bar{b}_{ZP} = 0,05$ sek findet man $C = 0,22$ und aus dem Diagramm $k \approx 1$ und $x = 0,2$, mithin $\bar{b}_{PS} = 10$ ms; also ist im Beispiel Einprogrammbetrieb mit einer sehr schnellen Trommel optimal.

8.5 Mehrprozessoranlagen

Werden in einer Rechenanlage mehrere Zentralprozessoren an den Hauptspeicher angeschlossen, so entsteht eine Mehrprozessoranlage (multi-processor system). Ein Datenaustausch ist also über den Hauptspeicher möglich; daneben können sich die Prozessoren durch Alarme gegenseitig unterbrechen. Die Zentralprozessoren müssen nicht den ganzen Hauptspeicher erreichen können; es ist also auch denkbar, daß mehrere Zentraleinheiten aus Zentralprozessor und privatem Hauptspeicher ausgegliedert werden können; solange aber eine Kopplung über gemeinsamen Hauptspeicher besteht, werden wir das System als Mehrprozessoranlage ansehen. Ein Rechnernetz ist dagegen dadurch gekennzeichnet, daß kein gemeinsamer Hauptspeicher besteht; in der Regel wird der Verkehr zwischen den Rechnern des Rechnernetzes über die Kanalschnittstelle abgewickelt.

Die Zentralprozessoren einer Mehrprozessoranlage müssen nicht gleich sein. Indessen werden wir eine Anlage mit E/A-Prozessoren nicht als Mehrprozessoranlage ansehen, obwohl einige gleichartige Probleme wie in Mehrprozessoranlagen auftreten (z.B. Synchronisationsoperationen, vgl. 3.3).

Für die Beurteilung von Mehrprozessoranlagen sind drei Kriterien wichtig: Zuverlässigkeit, Komplexität und Kosten/Durchsatzverhältnis (insbesondere im Vergleich der m-Prozessoranlage im Verhältnis zu einem Prozessor m-facher Leistung).

Zuverlässigkeit. Zuverlässigkeit war die erste Forderung, die Mehrprozessoranlagen nahelegte (vgl. Burroughs D 825, 3.12). Allerdings ist die Zuverlässigkeit einer großen Rechenanlage nur zu einem sehr kleinen Teil (vgl. 2.4.3) durch den Zentralprozessor bestimmt, und das Umschalten auf einen anderen Zentralprozessor ist nur dann unter Rettung des aktuellen Programmlaufs möglich, wenn ausreichende "Stützstellen" für die Wiederaufnahme eingerichtet wurden, was den Aufwand belastet; meistens gibt es in Systemen weniger "steile" Zugänge zur Verbesserung der Zuverlässigkeit.

Komplexität. Die zusätzlichen Einrichtungen in einer Rechenanlage, die Voraussetzung des Ausbaus zu einer Mehrprozessoranlage sind, erbringen meistens keinen erheblichen Aufwand. Ein mit strenger, expliziter Synchronisierung aufgebautes Mehrprogrammbetriebssystem verlangt ebenfalls nicht sehr bedeutende Erweiterungen für einen Mehrprozessorbetrieb. Zerfällt die Belastung des Systems in gut entkoppelte Teillasten, die einzelnen Prozessoren zugewiesen werden, dann kann die Komplexität sogar deutlich geringer sein als bei zeitteiliger Benutzung eines Prozessors. Die bedenklichen Eigenschaften der Mehrprozessoranlage liegen im

Kosten/Durchsatz-Verhältnis. Wir begrenzen die Diskussion auf Anlagen mit zwei gleichen Zentralprozessoren. Die Einbringung eines zweiten Zentralprozessors (zusätzlicher Aufwand ca. 20 % der Einprozessoranlage) führt aus folgenden Gründen nicht zu einer Verdopplung des Anlagendurchsatzes:

a. Beide Zentralprozessoren werden über ein Betriebssystem koordiniert, das kritische Abschnitte (critical regions) enthalten muß, in denen höchstens ein Auftrag verweilt. Es gibt also ein gemeinsames, notwendiges Betriebsmittel, dessen Kapazität nur 1 ist ("software lockout").

b. Beide Zentralprozessoren beauftragen denselben Hauptspeicher, u.U. auch dieselben Sammelschienen und dasselbe Vorrangwerk ("hardware lockout").

c. Ebenso wie am Hauptspeicher und in den internen Verkehrswegen entsteht auch am peripheren Speicher und der Peripherie ein zusätzlicher Durchsatz, der ohne Ausbau zu einer empfindlichen Verlangsamung führt.

d. Der Hauptspeicher braucht mindestens Platz für zwei Programmläufe. Hatte er schon vorher Platz für mehrere Programmläufe (k > 1, vgl. 8.4), so muß allerdings die Zahl der Plätze nicht verdoppelt werden, damit jeder Prozessor so gut ausgelastet wird wie ein einzelner Prozessor, wie das Beispiel 8.5.1 illustriert:

Beispiel 8.5.1: Wir ziehen das System aus 8.4 heran und vergleichen eine Zweiprozessoranlage (Z) mit einer Einprozessoranlage (E) und einer Einprozessoranlage doppelter Leistung (D). Der Vergleich werde nicht durch die Effekte a und b beeinträchtigt; die Transportzeit des peripheren Speichers $\bar{b}_{PS}$ halbieren wir im Vergleich zu 8.4.6, um den Effekt c auch auszuschließen. Abbildung 8.5.2 enthält die Kurvenscharen für die Anlagen E und D; D ist unmittelbar aus Abb. 8.4.4 übernommen; E entsteht durch Halbierung des relativen Durchsatzes und Verschiebung nach rechts (peripherer Speicher hat halbe Transportzeit). Die Zweiprozessoranlage ist durch das Übergangsdiagramm Abb. 8.5.3 beschrieben. Es führt auf

$$Z_o = \frac{1}{\sum_{i=o}^{n} y^i - \frac{1}{2}y^k} \quad , \qquad (8.5.4)$$

$$Z_\nu = y^\nu \cdot Z_o \quad \text{für } \nu \in [1 .. k-1] \qquad (8.5.5)$$

$$Z_k = \frac{1}{2} y^k \cdot Z_o \; . \qquad (8.5.6)$$

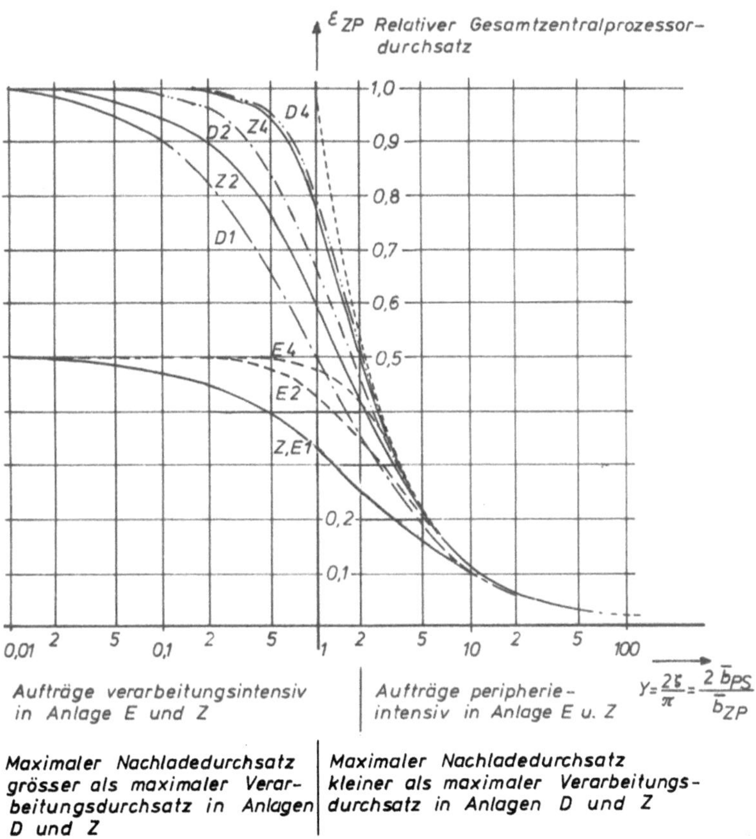

ε_{ZP} Relativer Gesamtzentralprozessordurchsatz

Aufträge verarbeitungsintensiv in Anlage E und Z | Aufträge peripherieintensiv in Anlage E u. Z

$y = \frac{2\tau}{\pi} = \frac{2\,\bar{b}_{PS}}{\bar{b}_{ZP}}$

Maximaler Nachladedurchsatz grösser als maximaler Verarbeitungsdurchsatz in Anlagen D und Z | **Maximaler Nachladedurchsatz kleiner als maximaler Verarbeitungsdurchsatz in Anlagen D und Z**

Abb. 8.5.2: Vergleich des Gesamt-Zentralprozessordurchsatzes einer Einzelprozessoranlage (E), einer Einzelprozessoranlage doppelten maximalen Zentralprozessordurchsatzes (D) und einer Zweiprozessoranlage (Z) bei einem Mehrprogrammgrad 1,2,4.

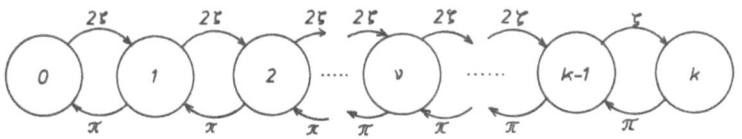

ν: Zahl der Aufträge, die auf Beendigung des Nachladens warten.

Abb. 8.5.3: Übergangsdiagramm der Zweiprozessoranlage

Der mittlere Durchsatz (beide Prozessoren zusammen) bestimmt sich daraus, daß im Zustand Z_k kein, im Zustand Z_{k-1} nur ein und in allen anderen Zuständen beide Prozessoren arbeiten. Also ist der mittlere Zentralprozessordurchsatz der Zweiprozessoranlage

$$d_{ZPZ} = 2\zeta(1-\frac{1}{2}Z_{k-1}-Z_k) \qquad (8.5.7)$$

Der relative Durchsatz, gemessen am maximalen Durchsatz der Zweiprozessoranlage bzw. der Einprozessoranlage doppelten Zentralprozessordurchsatzes ist

$$\epsilon_{ZPZ} = \frac{d_{ZPZ}}{2\zeta} = 1-\frac{1}{2}Z_{k-1} - Z_k \qquad (8.5.8)$$

Diese Funktion ist in Abb. 8.5.2 für die Zweiprozessoranlage eingetragen. In unserem Beispiel (dessen Annahmen über die Verteilung von b_{PS} und b_{ZP} speziell sind) wird ersichtlich, daß

bei gleichem Grad des Mehrprogrammbetriebs k (Speicherausbau) der schnelle Einzelprozessor (D) durchweg überlegen ist über die Zweiprozessoranlage (Z);

der Speicherausbau nicht mit Rücksicht auf den zweiten Prozessor verdoppelt werden muß, falls k > 1 (vielmehr leistet die Zweiprozessoranlage mit 2k mehr als die schnelle Einzelprozessoranlage mit Ausbau k);

eine Hauptspeichererweiterung zur Einprozessoranlage ähnlich wirksam ist wie ein weiterer Prozessor, wenn der Nachladedurchsatz für die Zweiprozessoranlage zu klein ist (y > 1).

Im Vergleich mit der schnellen Einzelprozessoranlage sprechen noch zwei Gesichtspunkte gegen die Zweiprozessoranlage:

a. ein doppelt schneller Einzelprozessor ist fast durchweg weniger aufwendig als zwei einfach schnelle Prozessoren,

b. wie (3.2.3) zeigt, sind die Kosten für die Bearbeitung eines Auftrags

$$\overline{Q}_A = \frac{N}{\epsilon_{ZP} \cdot c_{ZP}}(K_{Sp}\frac{\overline{f}_L}{k} \cdot \frac{m}{\varphi} + K_{ZP}) \qquad (3.2.3)$$

dem maximalen Durchsatz des bearbeitenden Zentralprozessors umgekehrt proportional; zwar steigt mit c_{ZP} auch der Lagerzeitfaktor m, aber schwächer als linear mit c_{ZP} (Lagerzeit besteht aus festen Anteilen und solchen, die c_{ZP} umgekehrt proportional sind).

Beispiele für Rechner, die zu Mehrprozessoranlagen ausgebaut werden können, sind Burroughs D 825 [Anderson J 62], B 1700 [Wilner W 72a], B 5000 und Nachfolger [Lonergan W 61], [B 6700], CGK TR 440 [TR 440 u], IBM/360 Mod. 65 und 67 [Gibson C 66],

IBM/370 [IBM/370d], Remington Rand 1110 [Univac 1110e]. Ein besonders interessantes Beispiel für die Minderung der Komplexität durch Zerlegung eines großen Rechners in eine Zweiprozessoranlage, bei der ein Langwortprozessor die Benutzerprogrammläufe abwickelt und ein Kurzwortprozessor mit eigener Befehlsliste das Betriebssystem mit allen E/A-Leistungen, ist Control Data 6600 [Thornton J 64]; der Kurzwortprozessor macht einen starren, taktweisen Zeitmultiplexbetrieb und erscheint dadurch wie 10 einzelne Prozessoren, die mit dem allgemeinen Hauptspeicher und mit je einem privaten Hauptspeicher arbeiten. Aus dieser Struktur sind auch Mehrprozessoranlagen mit 2 Langwortprozessoren abgeleitet worden (6500, 6700).

8.6 "Große" und "kleine" Rechenanlagen

Im Vergleich "größter" und "kleinster" Rechenanlagen begegnet man den folgenden eigentümlichen Erscheinungen:

a. Der Zentralprozessordurchsatz ist um 2 bis 3 Zehnerpotenzen verschieden (heutiger Bereich für SISD-Rechner ca. 10^4 Operationen/s bis $20 \cdot 10^6$ Operationen/s).

b. Der Durchsatz des Rechensystems, gemessen in Rechenaufträgen je Sekunde, ist stärker verschieden als der Zentralprozessordurchsatz. Der Unterschied macht innerhalb der SISD-Rechner ca. 4 Zehnerpotenzen aus.

c. Die technischen Mittel sind in "großen" und "kleinen" Rechenanlagen so ähnlich, daß auf sie der Leistungsunterschied nicht zurückführbar ist. Das heute benutzte Intervall beträgt z.B. für

Hauptspeicherzykluszeit	0,3 bis 3 μs
Schaltkreisverzögerungszeit	0,5 bis 100 ns
Plattenspeicherzugriffszeit	30 bis 300 ms.

Folglich muß der Unterschied in der Gesamtleistung hauptsächlich strukturell bedingt sein und nicht unmittelbar vom Prozessordurchsatz abhängen. Zum besseren Verständnis des Unterschiedes zwischen "großen" und "kleinen" Rechnern werden wir in einem Gedankenexperiment eine "große" Rechenanlage schrittweise so reduzieren, daß eine "kleine" Rechenanlage entsteht. Es muß noch vorausgeschickt werden, daß das Entwurfsziel besser durch "durchsatzstark" oder "aufwandsarm" beschrieben wird als durch "groß" oder "klein". Wir nehmen an, daß die mit der Anlage zu erledigenden Rechenaufträge bei der Veränderung gleich bleiben.
Abb. 8.6.1 und 8.6.2 zeigen die Auswirkungen des Gedankenexperimentes.

1. Schritt: Aufgabe des Zentralprozessorpuffers. (Besonders grobe Störung der Ausgewogenheit: Prozessordurchsatz nur noch ein Viertel; wegen steigender Auslastung der Zentraleinheit geringfügig kompensiert).

SCHRITT	Ausgang	1.	2.	3.	4.	5.	6.
ART DER ÄNDERUNG		Weglassen des Zentral-Prozessorpuffers (Cache Memory)	Weglassen des Mehrprogramm-betriebes	Reduktion auf 32 Befehle, 24 Bits Wortlänge	2. Halbierung des Hauptspeichers, Überlagerung	Langsame Schaltkreise in Zentraleinheit	Reduzierung der Peripherie
PROZESSOR							
Maximaler Durchsatz (10^3 Op/s)	1000	250	250	400	400	300	300
Wortlänge (Bit)	32	32	32	24	24	24	24
Anzahl Befehle	250	250	250	32	32	32	32
Verzög. Schaltglieder (n sek)	5	5	5	5	5	20	20
Preis (10^3 DM)	1'500	1'500	1'500	400	400	225	225
SPEICHER							
Puffer 0,2 μs	8KB	—	—	—	—	—	—
Preis (10^3 DM)	200	—	—	—	—	—	—
Hauptspeicher 1 μs	512KB	512KB	256KB	256KB	128KB	128KB	128KB
Preis (10^3 DM)	1'800	1'800	900	750	375	375	375
Peripheriepreis (10^3 DM)	2'500	2'500	2'500	2'500	2'500	2'500	400
Anlagenpreis (10^3 DM)	6'000	5'800	4'900	3'650	3'275	3'100	1'000
Auslastung Zentraleinh.	90%	97%	70%	85%	65%	75%	60%
Max. Durchsatz (System)	100%	27%	20%	7%	5,5%	5%	4%

Abb. 8.6.1: Gedankenexperiment: Schrittweise Reduzierung einer großen Rechenanlage zu einer kleinen Anlage

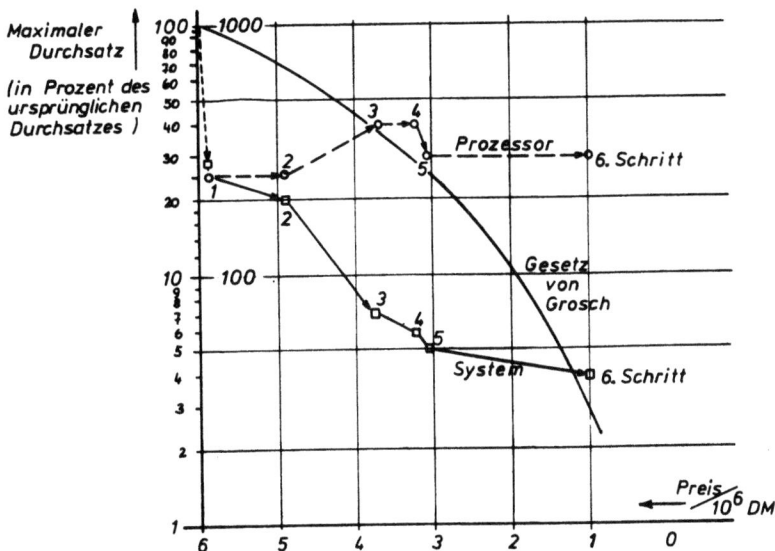

Abb. 8.6.2: Gedankenexperiment: Schrittweise Reduzierung einer "großen" Rechenanlage zu einer "kleinen" Anlage

2. Schritt: Aufgabe des Mehrprogrammbetriebes. Halbierung des Hauptspeichers, Einbruch in der Auslastung der Zentraleinheit.

3. Schritt: Einsparungen am Zentralprozessor. Verkleinerung der Befehlsliste auf nur noch 32 Befehle; Wortlänge nur noch 24 Bits. Dabei verbleiben die elementaren, kurzen Befehle, womit der Prozessordurchsatz ansteigt (!). Die Programme werden statisch und dynamisch länger (Annahme: Faktor 3). Die Zentraleinheitsauslastung steigt an.

4. Schritt: Abermalige Halbierung des Speichers. Weitgehende Überlagerung im Hauptspeicher (Sekundärverkehr). Auslastung der Zentraleinheit sinkt wieder.

5. Schritt: Der Zentralprozessor wird in einer langsamen, billigen Schaltkreis- und Aufbautechnik hergestellt. Die Verlangsamung verbessert die Auslastung, so daß dieser Eingriff nur unwesentlich hervortritt.

6. Schritt: Die Peripherie wird entsprechend dem um den Faktor 40 gesenkten Systemdurchsatz verkleinert (Annahme Grosch' sches Gesetz für Peripherie).

Als Ergebnis ist also eine Rechenanlage entstanden, die

17 % Preis (eigentlich zu betrachten: Herstellkosten)
30 % Zentralprozessordurchsatz (z.B. nach Gibson)
und 4 % Systemdurchsatz hat.

Kleine Rechenmaschinen erscheinen, nach gängigen Zentralprozessormaßen, jeweils viel zu günstig.

Man beachte noch, daß die Reihenfolge, in der wir Reduktionen vorgenommen haben, willkürlich war; natürlich ergeben die ersten Reduktionen die krassesten Einbrüche in die Ausgewogenheit der Struktur. Erst mit der letzten Reduktion ist wieder ein ungefähr ausgewogenes System erreicht (man vergleiche die Grosch'sche Kurve in Abb. 8.6.2).

Eine verfeinerte Betrachtung der Wirtschaftlichkeit würde noch die i.a. schlechtere Programmausstattung und relativ höheren Wartungsaufwendungen der Kleinanlage einbeziehen und die etwaigen Stückzahlvorteile der Kleinanlage berücksichtigen.

In unserem Gedankenexperiment haben wir den Umfang der Befehlsliste und die Wortlänge zur Aufwandsminderung herangezogen. Man vergegenwärtige sich, daß bei der Konstruktion von Familien von Rechenanlagen solche Maßnahmen nur eingeschränkt möglich sind (Ausgleich durch Befehlsfallen bzw. Operationen auf mehrfacher Wortlänge).

8.7 Datenübertragung

Die Übertragungseinrichtungen zwischen Kanal und peripherem Gerät erlauben Abstände von ca. 15 bis 50 m. Mit speziellen Verstärkern und Entzerrern überbrückt man Entfernungen von einigen Kilometern und behält dabei im wesentlichen die Kanalschnittstelle bei. Meist ist aber aus rechtlichen (Fernmeldemonopol) und wirtschaftlichen Gründen für solche und größere Entfernung der Rückgriff auf die quasi genormten Übertragungsverfahren der Fernmeldeunternehmen (z.B. der Postverwaltungen) notwendig. Als Datenübertragung im Sinne dieses Abschnittes betrachten wir solche konfektionierten Übertragungswege. Im folgenden werden die wichtigsten Datenübertragungsverfahren [Oettl K 74],[Nolle F 74], gestaffelt nach maximalem Durchsatz ("Übertragungsrate") vorgestellt.

<u>Telex</u>: Weltweites Netz von 50 bzw. 100 Bits/s, Wählverbindungen, Fehlerwahrscheinlichkeit knapp 10^{-5} (d.h. 1 Fehler auf 10^5 übertragene Bits). Das Netz wird für den Fernschreibdienst betrieben.

<u>Datex</u>: Spezielles Datenübertragungsnetz in der BRD, im Aufbau, Übertragungsrate 200 Bits/s; Fehlerwahrscheinlichkeit $2..8 \cdot 10^{-6}$.

<u>Fernsprechnetz</u>: Bei Benutzung des öffentlichen Fernsprechnetzes werden Gleichstrombinärsignale durch <u>Modulations/Demodulationsgeräte</u> (Modems) auf Tonfrequenzsignale umgesetzt (vgl. Abb. 8.7.1). Es sind verschiedene Formen zu unterschei-

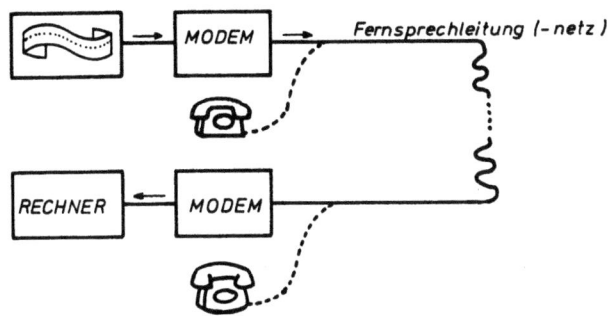

Abb. 8.7.1: Lochstreifeneingabe über Fernsprechleitung

den: Wählverbindung mit Übertragungsraten von 200, 600 oder 1200 Bits/s und Standverbindungen (d.h. auf fest verschalteten Leitungen) mit Übertragungsraten von 2400 oder (selten) 4800 oder 9600 Bits/s. Die Fehlerwahrscheinlichkeit schwankt stark; besonders charakteristisch sind aufeinanderfolgende Störungen (burst) aufgrund der Kontakterschütterung in den Vermittlungsämtern. Die schnellen Übertragungsverfahren ergeben nur in sehr störarmen Kanälen erträgliche Bitfehlerwahrscheinlichkeiten.

Trägerfrequenznetz: Die verschiedenen Übertragungsverfahren werden auf Fernstrecken zu "Kanälen" großer Übertragungsrate zusammengefaßt. Für Datenübertragung ist dabei vor allem die Verwendung der "Primärgruppe" als 48.000 Bits/s-Übertragungsweg wichtig.

Für die Übertragung zwischen Rechnern und für alle Übertragungen, in denen geringere Fehlerwahrscheinlichkeiten gefordert werden als oben genannt, wird Blockübertragung mit redundanter Codierung zur Fehlererkennung oder Fehlerverbesserung eingesetzt. Fehlererkennende Endgeräte fordern über eine Rückleitung eine abermalige Übertragung des als verstümmelt erkannten Blocks. Die Speicherung jeden Blocks an der Senderseite, die Rückleitung und die Verschlechterung des Nutzdurchsatzes durch Prüfung, Rückmeldung, Wiederholung belasten die Wirtschaftlichkeit.

In den kommenden Jahrzehnten wird der Datenübertragungsbedarf ansteigen. Allerdings sind die Übertragungskosten - vor allem im Vergleich zu den sinkenden Rechnerkosten - so hoch, daß ein allgemeiner, öffentlicher Zugang zu Rechnern über das Fernmeldenetz heute weniger attraktiv aussieht als aufgrund der ersten Extrapolationen in den sechziger Jahren. Die Fernmeldenetze werden jedoch langfristig stärker auf Datenübertragung ausgerichtet, was unter anderem davon herrührt, daß Rechner die Vermittlungsaufgaben übernehmen werden. In der BRD wird für die Datenübertragung ein "Elektronisches Daten-Vermittlungssystem"(EDS) aufgebaut, das später auch die Telex/Datex-Leistungen erbringen und Übertragungsraten von 50 bis 9600 Bits/s bieten soll. Das Fernsprechnetz wird mit Einsatz von rechnergesteuerten Vermittlungen ("Elektronisches Wählsystem", EWS) weiterentwickelt werden zu einem Netz mit binären Übertragungen, in dem Sprechsignale digitalisiert übertragen und rekonstruiert werden; dieses Netz wird wesentlich bessere Datenübertragungen bieten als das heutige Fernsprechnetz.

8.8 Rechnernetze

Rechnernetze (computer networks) entstehen durch die Kopplung von Rechenanlagen über Kanalschnittstellen. Im Vergleich zur Definition der Mehrprozessoranlage (mehrere Zentralprozessoren mit Kopplung über gemeinsame(n) Hauptspeicher) ergibt sich, daß Verbunde aus Rechnern möglich sind, die in beide Klassen gehören. Rechenanlagen wie RW 400 [Porter R 60] (3.12) oder Remington Rand 1110 [Univac 1110e] können während des Betriebes so umkonfiguriert werden, daß sie in einzelne Rechenanlagen oder ein Rechnernetz übergehen; RW 400 kann zugleich als Rechnernetz und als Mehrprozessoranlage angesehen werden (mit privatem Hauptspeicher für jeden Prozessor). - Rechnernetze können an einem Ort oder räumlich weit verteilt errichtet werden. Für sie sprechen folgende Gründe:

a. In Systemen mit räumlich weit verteilten Datenquellen und -senken (z.B. Platzbuchung, Frühwarnsysteme, Großbanken) kann es lohnend sein, durch kleine Steuerungsrechner Datenströme sammeln bzw. verteilen zu lassen, um Leitungskosten zu sparen (Konzentratorfunktion). Aus den gleichen Gründen kann eine teilweise Daten-Verarbeitung "vor Ort" wirtschaftlicher als im zentralen Rechner des Systems sein. Typische Beispiele ergeben sich hierzu in Meßwertverarbeitungsprozessen großen Datendurchsatzes (z.B. Radardatenverarbeitung).

b. Bei schwankender Belastung kann man einen Ausgleich zwischen Rechenanlagen herbeizuführen suchen, indem man sie zu einem Netz verbindet. Allerdings ist hierzu Voraussetzung, daß die Rechenaufträge überhaupt portabel sind, was durch Unverträglichkeit von Kommando- und Programmiersprachen, Codes, Datenhaltungen usw. in der Regel nicht der Fall ist. In der BRD sind die Datenübertragungstarife derart hoch, daß ein Lastausgleich zwischen weit entfernten Rechnern nicht wirtschaftlich ist.

c. Die Verbindung von Rechenanlagen zu Netzen kann die Verfügbarkeit sichern (vgl. RW 400).

d. Die Verbindung von Rechenanlagen kann durch die Zulieferung von Daten (Programme, andere Daten) gerechtfertigt sein, insbesondere wenn im Netz einige Rechenanlagen mit sehr großen Datenbeständen vorhanden sind, wie im ARPA-Netz (vgl. Beispiel 8.8.1).

e. In der Regel ist der wichtigste Grund für den Aufbau von Rechnernetzen, daß in einzelnen Rechnern spezielle Funktionen geboten werden, die in anderen nicht oder nicht wirtschaftlich realisiert werden können.

Einfache Beispiele ergeben sich bereits, wenn "mikro"programmierte Steuerwerke für den Betrieb der Peripherie in einer Rechenanlage verwendet werden. Hier liegt tatsächlich keine Mikroprogrammierung vor, da es sich nicht um eine zweite Interpretationsebene handelt.

Ähnliche Strukturen liegen mit den peripheren Rechnern vor, die über Kanalkopplung unterbrechungsintensive E/A-Geschäfte für ein Rechensystem erledigen: Control Data STAR 100 "Stations" [STAR 100 b], Remington Rand C/SP Communications Symbiont Processor [Univac 1110 e], IBM Attached Support Processor [IBM/360 ASP] für IBM 7090/740 bzw. /360 Mod. 65, 75/Mod. 30,40, TR 440/TR 86 usf..

Für solche Strukturen wird oft auch ins Feld geführt, daß die Aufteilung einer Datenverarbeitung auf verschiedene Rechner weniger komplexe Strukturen erlaubt und sichereres und wirtschaftlicheres Arbeiten erlaubt als die zeitteilige Beaufschlagung einer einzigen Anlage. Schließlich können aber Rechenanlagen verschiedenen Typs zu einem Netz verbunden sein, um jedem Benutzer im Netz Zugang zu allen Anlagen zu eröffnen, insbesondere auch solchen, auf denen Programme bearbeitet werden können, die im eigenen Rechner nicht betrieben werden können. Diese Gesichtspunkte (e) und b und d führten zum ARPA-Netz.

Beispiel 8.8.1: ARPA (Advanced Research Projects Agency des Verteidigungsministeriums der Vereinigten Staaten) - Netz, vgl. Abb. 8.8.2, [Kirstein P 74]. Nach Stand von September 1973 umfaßte das Netz 40 Knoten. Zu jedem Knoten gehört ein Knotenrechner (IMP, interface message processor) und ein oder mehrere Nutzrechner, die über das Netz zugänglich sind (host). Das Netz verbindet SISD-Rechner von ca. $50 \cdot 10^6$ Op/s Gesamtdurchsatz und einen Feldrechner (ILLIAC IV), ferner 3 sehr große Datenhaltungen (je 10^{12} Bits). Die wichtigsten Prinzipien, die dem Netz zugrundeliegen, sind:

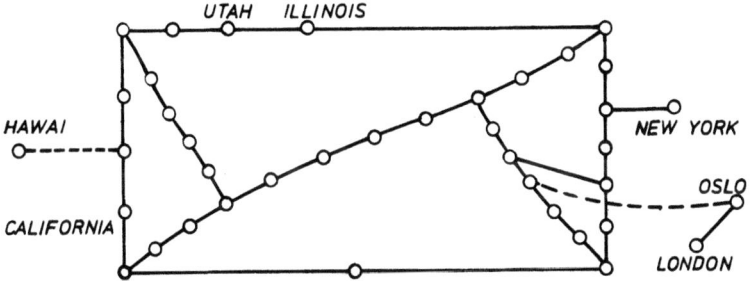

Abb. 8.8.2: ARPA-Netz, Stand September 1973. Die ausgezogenen Linien stellen 50 KBits/s-Leistungsverbindungen dar, die gestrichelten Linien Funkverbindungen. Zu jedem Knoten gehört ein Vermittlungsrechner (IMP) und ein oder mehrere Nutzrechner (host).

a. Der Betrieb des Netzes ist unabhängig von den host-Rechnern.

b. Die Daten wandern in "Paketen" (höchstens 1000 Bits) von Knoten zu Knoten. Sie werden jeweils zwischengespeichert und erst weitergeleitet, wenn sie überprüft und fehlerfrei befunden wurden. Der Leitungsweg muß also nicht während der Übermittlung insgesamt frei sein; die Übertragung dauert erheblich länger als die Direktübertragung (ca. 0,2s für mittleren Abstand). Das Prinzip heißt "store and forward".

c. Es werden 50 KBits/s-Leitungen verwendet.

d. Eine Leitung darf ausfallen, ohne daß ein Knoten unzugänglich wird; ein Knotenrechner darf ausfallen, ohne daß mehr als "seine" host-Rechner unzugänglich werden. Die mittlere Zugangsverfügbarkeit für jeden Knoten ist ca. 98 %.

# 9. Unorthodoxe Maschinen

9.1 Übersicht

Als unorthodoxe Maschinen bezeichnen wir solche, die von dem in 2.4 dargestellten von Neumannschen Schema wesentlich abweichen. Dabei wird, wie bereits in 2.5 durch die Auffächerung

    SISD
    SIMD
    MISD
    MIMD

erläutert, insbesondere das Schema einer einzigen Interpretation, die auf einem Operandenstrom arbeitet, aufgegeben; die entstehenden Strukturen sind aber lediglich Vervielfachungen von Neumann'scher Grundelemente und meist - mit Spezialisierung auf einzelne statt viele Funktionseinheiten - wieder in die von Neumann'sche Maschine überführbar.
Die unorthodoxen Maschinen machen an Zahl nur einen verschwindenden Anteil (ca. 10^{-4}) der Rechenanlagen aus. Verschiedene Kennzeichen sprechen jedoch dafür, daß dieser Anteil wachsen wird.

SIMD-Maschinen ("Feldrechner") werden in 9.2 behandelt. Bei starker Einschränkung des Befehlsvorrates geht der SIMD-Rechner in einen assoziativen Rechner über (9.3). MIMD-Maschinen sind in 8.3 behandelt worden, soweit M für eine geringe Zahl steht. Hierzu gehören im weiteren Sinn auch M(SISD)-Strukturen (8.8). Das MIMD-Prinzip führt zum Zellrechner (9.4), wenn die Einheiten durch den Aufruf zu ihrer Funktion spezialisiert werden. MISD-Strukturen werden hier nicht behandelt; man vergleiche hierzu [Händler W 73d],[Händler W 74b]. Eine Kette von Prozessoren läßt sich als MISD-Struktur auffassen.

Die SIMD-Strukturen zeigen die Verkehrseigenschaften von synchronen Parallelanordnungen (vgl. 1.12.65/66). Es sei daran erinnert, daß zentral gesteuerte Ketten ganz ähnliche Abhängigkeiten des Durchsatzes und der Bearbeitungszeit von der Losgröße zeigen. In jüngster Zeit werden auch dezentral gesteuerte Ketten untersucht, in denen der Operandenstrom Operatoren mitführt. Solche Strukturen zeigen zwar die Abhängigkeit von der Losgröße nicht, sind aber - wie alle hier betrachteten Strukturen - den Hemmungen unterworfen, die sich durch die 3.6 aufgestellten Regeln

kein Lesen vor präzedentem Schreiben
kein Schreiben vor präzedentem Lesen oder Schreiben

ergeben. Andere typische Schwierigkeiten der SIMD/MISD/MIMD-Strukturen sind teilweise schon früher dargestellt worden:

a. Grosch'sches Gesetz (1.14). Allerdings sind auch in 1.14 bereits Gründe genannt, die diesen bisherigen Vorteil der SISD-Strukturen verkleinern oder umkehren können.

b. Der bisherige Mangel an Algorithmen für diese Strukturen. Ein anschauliches Maß für die gewünschte Eigenschaft solcher Algorithmen ist ihre "Breite"; darunter wollen wir verstehen, wie viele Aufträge in einem Zeitpunkt höchstens erteilt, aber noch nicht abgeschlossen sein können; bei SIMD-Strukturen muß es sich um gleiche Aufträge handeln.

c. Die Abneigung, neue Programmstrukturen und Maschinenstrukturen zu wagen und vorhandene Programmvorräte umzusetzen, wenn nicht erhebliche, gesicherte Vorzüge für die neuen Strukturen sprechen.

9.2 Feldrechner

Ein Feldrechner ist ein Rechner mit zentralem Leitwerk und einer Matrix von Rechenwerken. Die Rechenwerke können einen lokalen Speicher haben. Das Leitwerk zergliedert ein Programm, das im Hauptspeicher der Anlage enthalten ist. Alle Rechenwerke werden zentral gesteuert; dabei wird die Operation in einem Rechenwerk nicht nur vom Leitwerk bestimmt, sondern auch durch bisherige Arbeitsergebnisse und aktuelle Operanden dieses Rechenwerkes und seiner Nachbarn in der Matrix.

Die Idee des Feldrechners geht auf Zuse [Zuse K 58] zurück. Die bekanntesten späteren Beispiele sind SOLOMON [Slotnick D 62] und Illiac IV [Barnes G 68] [Slotnick D 71]. SOLOMON (nach dem Planungsstand 1962) bestand aus einer Matrix von 32 x 32 Verarbeitungswerken (Rechenwerk und Speicher von 2 KBits bis 8 KBits), die je einen maximalen Durchsatz von ca. 20.000 Operationen/s hatten. Die Werke wurden als Serienrechner ausgeführt. Man vergleiche Abb. 9.2.1. Die Ausführung einer Operation in einem Verarbeitungswerk unterlag einer Modussteuerung. Der Modus ist eine Kenngröße, die den Ausgang früherer Operationen beschreibt (ähnlich einem vorausgewerteten Sprungkriterium). Auch Ergebnisse der Nachbarverarbeitungswerke können herangezogen werden. Operanden können zentral verteilt werden ("broadcast").

Das am weitesten ausgeführte Beispiel für einen Feldrechner ist Illiac IV (Abb. 9.2.2). Der wichtigste Unterschied ist, daß die Steuerung der SIMD-Struktur von den übrigen Aufgaben getrennt ist und ein Allzweckrechner (B 6500) alle Aufgaben übernimmt, die die SIMD-Struktur schlecht ausnutzen. Diese soll nach Konzeption in 4 "Quadranten" aufgebaut werden, die unabhängig oder gemeinsam gesteuert werden. Das Leitwerk

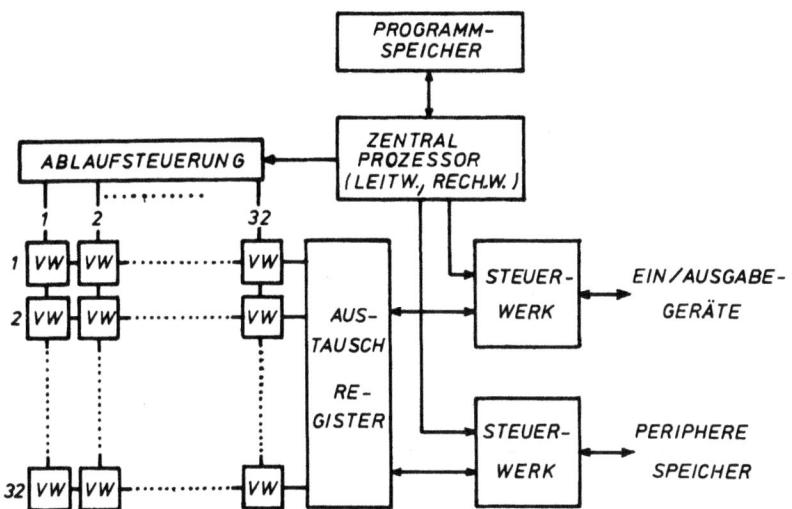

Abb. 9.2.1: SOLOMON (Planungsstand 1962). Der Rechner wurde nur teilweise gebaut. VW: Verarbeitungswerk, enthält Rechenwerk und 2 bis 8 KBits Operandenspeicher

eines Quadranten entnimmt die Befehle einem Speicher, der auf die Verarbeitungswerke verteilt ist (2 KWorte zu 64 Bits je Verarbeitungswerk). Für das Leitwerk erscheint er wie ein einziger stark verschränkter Speicher; die Verarbeitungswerke adressieren mit einer Kurzadresse im wesentlichen ihren eigenen Speicher. Das Leitwerk kann damit die Verarbeitungswerke zusätzlich steuern durch das Ablegen von Worten in die Speicher der Verarbeitungswerke. Durch einen besonderen Befehlsspeicher werden die Zugriffszeitnachteile ausgeglichen, die der weiträumige Aufbau des Speichers für das Leitwerk erbringt. Leitwerk und Verarbeitungswerkmatrix arbeiten überlappt.

Algorithmen mit genügender "Breite" zur Ausnutzung einer SIMD-Struktur wie Illiac IV ergeben sich vor allem in

a. der numerischen Integration von partiellen Differentialgleichungen

b. Matrixoperationen

c. Monte-Carlo-Methoden

d. Mustererkennung.

Allerdings muß man hierbei beachten, daß zwar diese Probleme auf einfache Art durch Algorithmen großer Breite gelöst werden können, insbesondere unter Abbildung der räumlichen Verhältnisse auf die Verarbeitungswerk-Matrix, daß aber die sequentiellen Verfahren oft in einen Schritt Rechenergebnisse

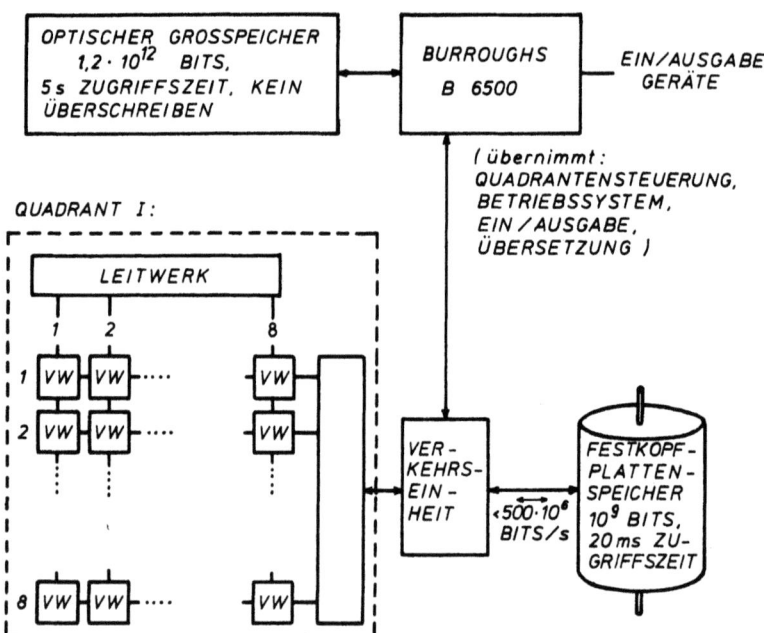

Abb. 9.2.2: ILLIAC IV. VW: Verarbeitungswerk, enthält Rechenwerk (64 Bits Wortlänge, ca. $2 \cdot 10^6$ Operationen/s) und Speichermodul 2 KWorte zu 64 Bits zur Speicherung von lokalen Operanden und quadrantenglobalem Programm

zusätzlich einbringen können, die bereits erzeugt wurden und im gleichzeitigen Rechnen noch nicht zur Verfügung stehen. Ein gutes Beispiel, wie bei der approximativen Lösung eines Wärmeleitungsproblemes die vom SIMD-Rechner zu leistende Operationszahl größer ist als beim SISD-Rechner, ist in [Slotnick D 71] zu finden.

Minsky [Minsky M 71] hat vermutet, daß in MD-Strukturen der Gesamtdurchsatz nicht linear mit der Zahl M der Datenströme (bzw. der Verarbeitungswerke) steigt, sondern nur log M proportional ist. Daß sich in einem SIMD-Rechner wirklich solche Gesetzmäßigkeiten ergeben können, zeigt folgendes Beispiel [Flynn M 72a]:

Beispiel 9.2.3: Auf einer SIMD-Maschine werde eine Menge von r Datensätzen nach einem Programm verarbeitet, das in J binären Fallunterscheidungen 2^J verschiedene Typen behandelt (vgl. Abb. 9.2.4). Die Verarbeitung teilt sich in gleich lange Handlungen auf, die je auf eine Fallunterscheidung folgen. Auf einer SISD-Maschine ist damit die Gesamtbearbeitungszeit
$$b_{SISD} = r \cdot (1+J) \cdot b_0 \ . \qquad (9.2.5)$$

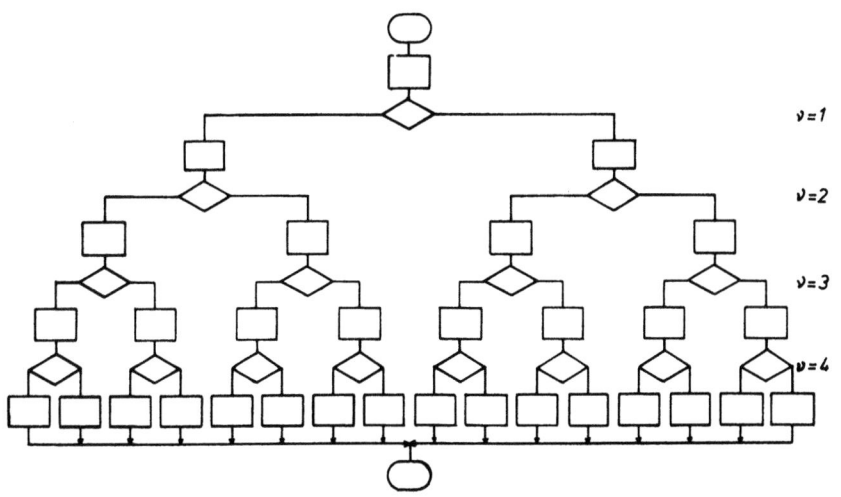

Abb. 9.2.4: Programmablaufplan mit binären Verzweigungen, $J = 4$

Auf der SIMD-Maschine läßt jede Fallunterscheidung eine Teilmenge der Verarbeitungswerke aus der weiteren Bearbeitung heraus; mit fortschreitender Verarbeitung sinkt also der Anteil der arbeitenden Werke. Wir nehmen an, daß

$$r = M \qquad (9.2.6)$$

gilt, so daß die relative Füllung 1 ist und die SIMD-Struktur nicht unter den durch Abb. 1.12.65 bezeichneten Losgrößen-Problemen leidet. Unter den r Datensätzen sei jeder Fall gerade einmal anzutreffen, d.h. es ist

$$r = M = 2^J. \qquad (9.2.7)$$

Die SIMD-Maschine durchläuft je Los <u>das ganze Diagramm</u>, nicht wie die SISD-Maschine r mal einen vollständigen Weg durch das Diagramm. Die Bearbeitungszeit auf der SIMD-Maschine beträgt also

$$b_{SIMD} = (1+2+4+\ldots+2^J) \, b_o$$
$$= (2^{J+1}-1) \, b_o . \qquad (9.2.8)$$

Führten die Fallunterscheidungen nicht zu auftragslosen Zeiten in den Verarbeitungswerken, so betrüge die Bearbeitungszeit

$$b'_{SIMD} = J \cdot b_o . \qquad (9.2.9)$$

Unter Einwirkung der Verzweigungen wird nur ein relativer Durchsatz

$$\varepsilon_{SIMD} = \frac{b'_{SIMD}}{b_{SIMD}} = \frac{J \cdot b_o}{(2^J-1)b_o} \approx \frac{J}{2^J} \qquad (9.2.10)$$

erreicht. Indem man auf die Elementzahl M zurückgeht, erhält man

$$\varepsilon_{SIMD} = \frac{ld\ M}{M} \ . \qquad (9.2.11)$$

In unserem Beispiel (das die Minsky'sche Vermutung nur illustriert, sie nicht beweist) wächst also der Durchsatz

$$d = \varepsilon \cdot c \sim \log M \qquad (1.7.2/9.2.12)$$

nur mit dem Logarithmus von M, obwohl der maximale Durchsatz - ohne Einwirkung der Verzweigungen - M proportional ist.

9.3 Assoziative Rechner

Ein <u>assoziativer Speicher</u>, Abb. 9.3.1, [Parhami B 73] übernimmt Leseaufträge ohne Bezeichnung einer Zelle. Vielmehr erlaubt die Angabe eines "Assoziationsoperanden" p und einer Booleschen Funktion F solche Assoziationsaufgaben zu lösen wie

a. Gibt es wenigstens ein Wort w_i unter den Worten $\{w_1,..w_n\}$, die im Speicher enthalten sind, für das $F(p,w_i)$ wahr ist?

b. Liefere eine Kopie <u>genau eines</u> w_i, für das $F(p, w_i)$ wahr ist, und kennzeichne das Original w_i als bereits gelesen. Hierzu ist bei Mehrfachassoziationen das Problem der "Vereinzelung" [Frei E 61] zu lösen.

c. Setze eine Assoziationsmarke in alle Zellen, deren Inhalt w_i $F(p, w_i)$ erfüllt.

Der Speicher übernimmt Lageraufträge, für die er freie Zellen einsetzt, aber auch Lageraufträge, mit denen Zelleninhalte, die einem Assoziationsgesetz $F(p, w_i)$ gehorchen, ganz oder teilweise überschrieben werden.

Assoziative Speicher können zusätzlich Adressen zur Bezeichnung der Zellen verwenden. Damit erhalten die Zellen einen unveränderbaren, zusätzlichen Inhalt. Dann kann man Lager- und Lese-Aufträge wie für einen adressierbaren Speicher erteilen und außerdem die Lösung des Problems b erleichtern, wenn es viele w_i gibt, die das Assoziationsgesetz erfüllen. Assoziative Speicher verarbeiten zur Erzielung ausreichenden Durchsatzes alle Worte gleichzeitig. Werden arithmetische Kriterien $F(p, w_i)$ verwendet (z.B. arithmetische Relationen), so ist oft eine stellen-serielle Arbeitsweise günstig.

Zu jeder Zelle gehört ein Feld von Assoziationsmarken. Sie erlauben die Zellen zu bezeichnen, deren Inhalte w_i das Gesetz $F(p, w_i)$ erfüllen. In aufeinanderfolgenden Suchvorgängen

können damit Kriterien gebildet werden, die verschiedene
(F,p) verbinden (z.B. Auswahl aller Worte, die zugleich
größer als p_1 und kleiner als p_2 sind). Indem bitseriell
assoziiert, in den Markenfeldern verknüpft und dann assoziativ geschrieben wird, können gleichzeitig in allen gewählten Zellen Rechenoperationen mit internen oder als Assoziationsoperand angegebenen Werten durchgeführt werden.

Jede Zelle ist durch ein Bit, das an den Assoziationsvorgängen teilnimmt, als leer oder voll zu kennzeichnen. Werden
keine Adressen verwendet, dann sind alle Zellen funktionell
gleichwertig, und ein Ausfallbit wird zur Kennzeichnung defekter Zellen eingesetzt: man hat nun die typische Ausfallindifferenz einer Parallelanordnung.

Die Zahl der unterscheidbaren Inhalte des Speichers ist ohne
Adressierung eine Funktion der Wortlänge und höchstens 2^B,
wobei B die Zahl der binären Elemente im Speicher ist; beim
adressierbaren Speicher ist sie 2^B.

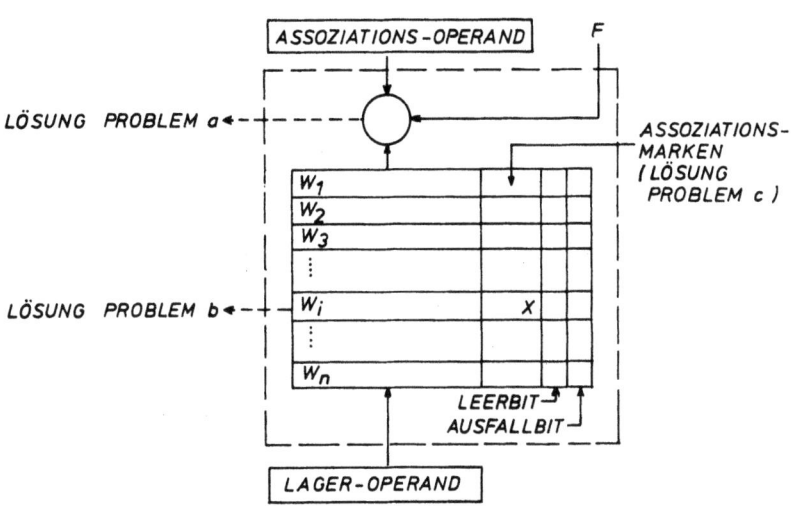

Abb. 9.3.1: Assoziativer Speicher

Das klassische Anwendungsgebiet assoziativer Speicher sind
Datenhaltungen, in denen ein schnell veränderlicher Bestand
von Datensätzen nach wechselnden Kriterien gelesen werden
soll. Allerdings hat der Fortschritt der Datenhaltungsmethodik in den sechziger Jahren den assoziativen Speichern
nicht annähernd die Bedeutung zukommen lassen, die zunächst
aufgrund der prinzipiellen Eigenschaften vorhergesagt wurde.
In Rechenanlagen werden kleine assoziative Speicher (3.4,
3.6, 8.3) eingesetzt.

Assoziative Speicher sind SIMD-Strukturen mit sehr reduziertem Befehlsvorrat, der Selektion von Daten und Ersetzung erlaubt. Natürlich treffen auf sie alle in 9.1 und 9.2 geschilderten grundsätzlichen Nach- und Vorteile dieser Strukturen zu.

Beispiel 9.3.2: Ein Rechnerverbund, in dem eine Matrix von einfachen Prozessoren arbeitet, ist STARAN (Abb. 9.3.4,[STARAN]). Die Struktur ist der von SOLOMON und ILLIAC IV sehr ähnlich. Ein konventioneller Rechner besorgt Betriebsführung, Ein/Ausgabe und Tests. Eine besondere Lade- und Verdrängungseinheit übernimmt den Sekundärverkehr am Hauptspeicher. Das Leitwerk steuert die SIMD-Struktur aus 256 bis 8192 Rechenwerken mit je 256 Bits Operand wie einen assoziativen Speicher. Die Rechenwerke enthalten das Assoziationsfeld und dienen auch als Puffer für Vielfach-Schreib- und Lese-Aufträge. Außer dem wortweisen Schreiben und Lesen ist auch stellenweises Schreiben und Lesen (also mit einer Breite bis 8192 Bits) möglich.

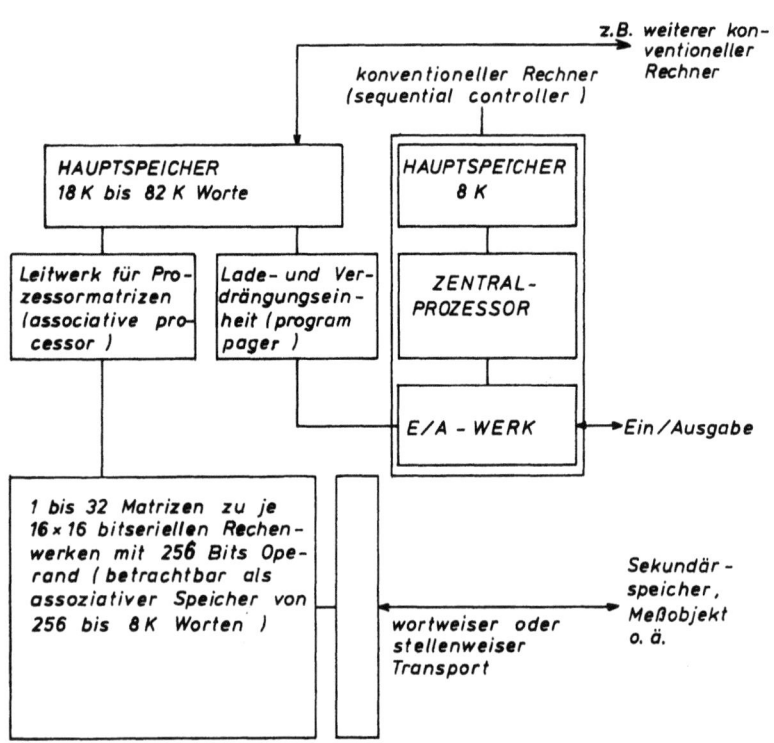

Abb. 9.3.4: STARAN (Prinzipbild).

Die Prozessoren arbeiten bitseriell und können die
arithmetischen und logischen Grundoperationen durchführen.

Assoziative Rechner sind aber nicht nur durch die Einbringung
von assoziativen Speichern für Operandenverarbeitung bzw. -
-suche zu gewinnen. Namensverwaltung [Leilich H 74a] kann
assoziativen Speichern übertragen werden, und mit der zuneh-
menden Ausnutzung von Reihenfolgeinvarianzen im Zentralprozessor dürfte die lineare Programmstruktur durch einen
gerichteten Graphen ersetzt werden, dessen aktueller Schnitt
an die Stelle der aktuellen Befehlsadresse tritt; dann wird
das Programm in einem assoziativen Speicher untergebracht,
und durch assoziatives Lesen werden alle Befehle gekennzeichnet, die aktuell ausführbar sind.

9.4 Zellmaschinen

Eine Zellmaschine ([Holland J 59],[Holland J 60]) besteht
aus einer Matrix gleichartiger Zellen. Jede Zelle enthält
Register für wenige Wörter und einige einfache Schaltnetze.
Transportwege für Daten und Steuersignale ("Aufrufe") folgen
den Spalten und Zeilen der Matrix. Die Zellen werden durch
einen Aufruf jeweils für die Dauer einer Operation mit einer
speziellen Funktion versehen:

"Transportwerk": Transport eines Datums oder eines
Aufrufes an eine benachbarte Zelle.

"Speicherwerk": Abgabe eines Operanden, Aufnahme
eines Operanden.

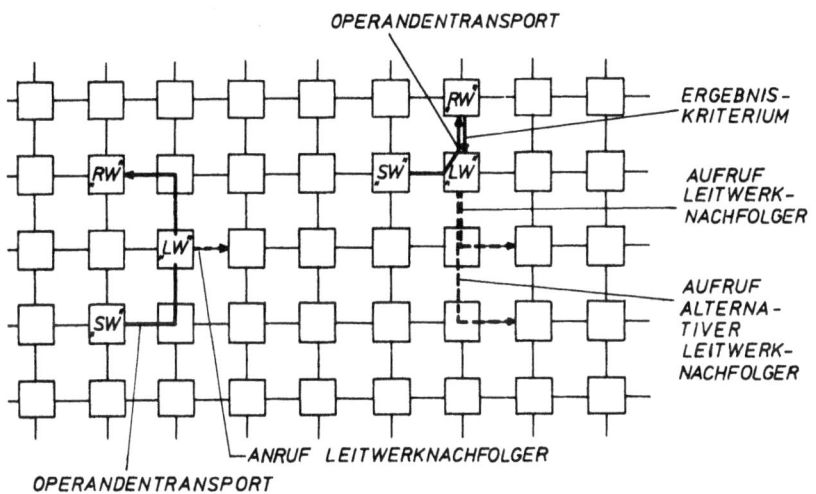

Abb. 9.4.1: Zellmaschine nach Holland mit zwei gleichzeitigen Anweisungsströmen

"Rechenwerk": Verknüpfung eines gespeicherten Operanden mit einem zugelieferten; Ergebnis ersetzt den gespeicherten Operanden; Abgabe von Ergebniskriterien für Programmverzweigungen.

"Leitwerk": Interpretation eines gespeicherten Wortes als Befehl und Ableitung von Aufrufen an andere Zellen; insbesondere: Aufruf der Nachfolger (eventuell durch Rechenergebnisse bedingt).

Vor Beginn werden die Zellen mit Befehlen und Operanden geladen. Es können mehrere Anweisungsströme zugleich verfolgt werden. Zellmaschinen sind nicht gebaut worden.

10. Geschichte und Zukunft

10.1 Geschichte

Die Geschichte der programmgesteuerten Rechenanlagen (vgl.
[Rosen S 69], [de Beauclair W 74] ist in Gestalt einer Tafel
in Abb. 10.1.1 dargestellt. Die programmgesteuerten Rechner
verdanken einen großen Teil ihrer technischen und strukturellen Grundlagen den allgemeinen Rechengeräten (Abb. 10.1.2).

Die erste Phase enthält die extern programmgesteuerten Rechner von Zuse. Sie dauert von 1935 bis 1945. An ihrem Ende war
durch die Arbeiten an elektronischen Analogrechnern (Vannevar Bush) und am ENIAC (Eckert, Mauchley) die Überlegenheit
der elektronischen Schaltungen gegenüber den mechanischen
bzw. relaisbestückten Schaltwerken der Zuse-Maschinen offenbar. Das von von Neumann angesichts des Erfolges von ENIAC
entwickelte Konzept der speicherprogrammierten Maschine fällt
also zeitlich mit dem Übergang zu elektronischen Schaltwerken
zusammen. Als Speicher werden zunächst Laufzeitspeicher (vor
allem Quecksilberverzögerungsleitungen) vorgesehen. Aufbauend
auf den amerikanischen Vorarbeiten baut Wilkes den ersten
betriebsfähigen speicherprogrammierten Rechner (EDSAC, 1949).
Das amerikanische Vorbild, EDVAC wird erst 1953 fertig. Die
ersten Jahre der Entwicklung des speicherprogrammierten Rechners sind vor allem durch die Suche nach geeigneten Hauptspeichern gekennzeichnet; für langsame Maschinen führen sich
Trommeln ein, für schnelle werden Verzögerungsleitungen und,
für die ersten Parallelrechner nach den Ideen von von Neumann
[Burks A 46] speichernde Kathodenstrahlröhren verwendet. Eine
wirklich brauchbare Lösung entsteht erst mit dem Kernspeicher
(1952/54), der 15 Jahre lang als Hauptspeicher überragende
Bedeutung hatte.

Mit Univac I bauen Eckert und Mauchley den ersten kommerziell
angebotenen Rechner. Univac I war bis ca. 1956 für wissenschaftliche, große Anlagen ohne ernsthafte Konkurrenz. Aus
dem von Eckert und Mauchley gegründeten Unternehmen wurde später die Univac Division der Remington Rand. Aufbauend auf seiner Stellung in der Lochkartentechnik, stellte IBM seit 1954
den Rechner IBM 650 her, der in der unteren Leistungsklasse
führend wurde. Mit der IBM 704 endete die überlegene Stellung
von Remington Rand auf dem Markt großer Anlagen.

Bis zum Ende der fünfziger Jahre hatten sich die von Neumann'-

schen Grundsätze als großer Erfolg erwiesen; mit Indexregistern, Assembler, FORTRAN, einfachen Betriebssystemen, Programmunterbrechung, E/A-Prozessor, ersten Ansätzen zu Rechnernetzen und speziellen Teilnehmersystemen waren eine Reihe wichtiger struktureller und betrieblicher Fortschritte erreicht.

Seit seiner Erfindung war der Transistor (1947) als ideales Bauelement für Rechner betrachtet worden wegen seines geringen Leistungsverbrauches, seiner Kleinheit und seiner Zuverlässigkeit. Das Erscheinen der ersten Transistorrechner am Markt (1959) wird allgemein als Beginn einer zweiten Generation von Rechnern angesehen. Weitere wichtige Kennzeichen sind: allgemeine Verbreitung des Kernspeichers, Eingriffe und Mehrprogrammbetrieb I (vgl. 2.5) bei den großen Maschinen.

Die folgende Phase, 1959 bis 1965, hat mehr wichtige strukturelle Neuerungen erbracht als die zehn Jahre davor oder danach. Mit polymorphen Rechnersystemen, Mehrprogrammbetrieb II, den ersten ALGOL 60- und COBOL-Compilern, Befehlsvorgriff, Fließbandtechnik, Prozessoren mit mehreren Rechenwerken, dem universellen Teilnehmersystem, den modernen Adressierungstechniken (verdeckte Basisadresse, Seitenadressierung, segmentweise Adressierung), Speicherschutz, den ersten mikroprogrammierten Maschinen, Laden bei Bedarf, Befehlsfallen, Mehrprozessorsystemen war ein solcher Vorrat an neuen betrieblichen und strukturellen Möglichkeiten gewonnen, daß notwendigerweise eine Phase der Konsolidierung nachfolgen mußte.

Sie wird markiert durch das Erscheinen der "Familie" IBM System/360, ein - gemessen an den aufgezählten Errungenschaften - eher konventioneller Entwurf, der aber erstmals realistisch die Ausbildungs-, Programmierungs- und Wartungsschwierigkeiten in Rechnung stellte und daher - natürlich mit Kompromissen - für divergente Entwurfsziele wie schnell/billig, kaufmännisch/wissenschaftlich eine einzige Struktur durchsetzte. Familienkonzepte, weitgehende Verbreitung des Mehrprogrammbetriebs (II. vgl. 2.5) und eine kräftige Verdichtung des technischen Aufbaus der Maschine, insbesondere durch monolithische Halbleiterschaltungen, werden als typische Kennzeichen der sogenannten dritten Rechnergeneration angesehen. Die hochgespannten Hoffnungen aus den schnellen Fortschritten der zweiten Generation erfüllten sich in Teilnehmersystemen, Rechnernetzen, Mehrprozessoranlagen nur mit vielen Enttäuschungen.

Die aufwandsarmen Rechner mit Laufzeitspeichern bzw. Trommeln wurden ab Anfang der sechziger Jahre von Kurzwortparallelrechnern verdrängt. Sie verdrängten vor allem bei den Steuerungsrechnern alle anderen Strukturen und erwiesen sich auch für viele andere Anwendungen als wirtschaftlich, wobei ihnen die Stückzahlvorteile zugute kommen. Ausgehend von der PDP 8 (1965) wurde hier eine neue Klasse geschaffen, für die sich Ende der sechziger Jahre der Name Minicomputer einbürgerte.

Mit der Wende zu den siebziger Jahren wurden Halbleiterspeicher in Rechenanlagen wirtschaftlich akzeptabel. Mit dem Cache Memory (IBM/360 Modell 85) wurde die Speicherhierarchie um eine Stufe erweitert; ab 1970 wurden im Betrieb beschreibbare Mikroprogrammspeicher eingeführt, die das Laden und Verdrängen von extern billig gelagerten Mikroprogrammen erlauben. Schließlich traten Halbleiterspeicher auch in die Rolle der Kernspeicher als Hauptspeicher ein, allerdings ohne strukturelle Veränderungen. Gelegentlich wird mit diesen Kennzeichen eine vierte Generation definiert. Das Angebot der Großintegrationstechnik, gleiche Bausteine großen Umfanges dann billig zur Verfügung zustellen, wenn große Stückzahlen beschafft werden, erlaubte nicht nur das Vordringen der Halbleiterspeicher, sondern machte zu einem Baustein integrierte "Mikro"-Prozessoren als Taschenrechner erhältlich und verstärkte das Interesse in SIMD- und MIMD-Strukturen.

1936 Turing: Universalität eines elementaren Rechengerätes mit unbegrenztem Speicher [Turing A 36] .

1941 Zuse: Z 3. Erster programmgesteuerter Rechner; Programme auf gelochtem Film, 64 Zellen Speicher, 2000 Relais. Gleitpunkt, ca. 1 Operation/s [Zuse K 70] .

1945 Zuse: Z 4. Rechner mit 2200 Relais, 64 Worte Speicher, ca. 0,4 Operationen/s; Programme auf mehreren, teilweise zyklischen Lochstreifen (Unterprogramme) [Zuse K 70]

(1946 ENIAC, siehe Abb. 10.1.2, demonstriert Brauchbarkeit großer elektronischer Rechner)

1946 von Neumann: Prinzipien speicherprogrammierter Rechenanlagen [Burks A 47] .

1949 Wilkes: EDSAC (Electronic Delay Storage Automatic Calculator), erster arbeitsfähiger speicherprogrammierter Rechner [Wilkes M 49] ; Indexregister ("B-Line").

1951 Eckert, Mauchley: UNIVAC I, erster kommerziell vertriebener Rechner (erreicht 40 Installationen), Magnetband.

1951 Wilkes: Mikroprogrammierung (Konzept)

1952 von Neumann: Rechner des Institute of Advanced Studies, Princeton (Parallelrechner), vgl. [Burks A 46] .

1953 EDVAC (Serienrechner mit Verzögerungsleitungen als Hauptspeicher).

1954 IBM 650: Magnettrommeldezimalrechner [Hughes E 54] , bis 1959: 1800 Stück.

1954 MIT: Whirlwind I: Kernspeicher, Assembler, erstes Betriebssystem.

1954 Schecher: Adress-Substitution [Schecher H 54].

1956 IBM 704.

1956 Remington Rand 1103: Programmunterbrechung [Mersel J 56].

1956 Backus: FORTRAN.

1957 Lincoln Laboratories, MIT: TX-0 (erster weitgehend transistorisierter Rechner).

1957 FORTRAN-Übersetzer für IBM 704.

1957 SAGE (Semi-Automatic Ground Environment), Frühwarnsystem, erstes (spezielles) Teilnehmersystem und Rechnernetz.

1958 Fromme, Zuse: Z 22 [Z 22] ; Stantec ZEBRA [van der Poel 59] , aufwandarme Serienrechner nach dem MINIMA-Konzept (van der Poel).

1959 IBM 709: EA-Prozessor

1959 NCR 304, Siemens S 2002: erste volltransistorisierte Rechner für allgemeinen Markt [S 2002].

1960 IBM 1401: alphanumerischer Serienrechner zur Verarbeitung von Strings wechselnder Länge; mit Varianten ca. 14.000 Stück hergestellt [Bell C 71].

1960 Zuse Z 23.

1960 Mc Carthy: LISP

1960 Univac LARC (Größtrechner) [Eckert J 56].

1960 RAMO-Wooldridge RW 400: polymorphes Rechnersystem [Porter R 60].

1960 Honeywell H 800 (Mehrprogrammbetrieb mit operationsweiser Umschaltung) [Clippinger R 62].

1961 ALGOL 60, COBOL; FORTRAN verbreitet sich stark.

1961 IBM 7030 "Stretch": Größtrechner mit Befehlsvorgriff, Fließband, spezialisierten Rechenwerken, ca. 300.000 Operationen/s. [Buchholz W 62].

1962 MIT: CTSS (Compatible Time Sharing System): erstes universelles Teilnehmersystem.

1962 IBM 7094-I: Verdecktes Basisregister.

1963 Burroughs B 5000 (Nulladreßmaschine mit Unterstützung des Laufzeitstapels; segmentweise Adressierung; Typenkennung) [Lonergan W 61].

1963 Telefunken TR 4 [Ulbrich E 63]: Struktur und Arbeitsweise der Telefunken-Digitalrechenanlage TR 4.

1963 Universität Manchester/Ferranti: ATLAS (Seitenadressierung, virtueller Speicher größer als Hauptspeicher, Laden bei Bedarf, Befehlsfallen (extracodes)) [Kilburn T 62].

1963 Packard Bell PB 440 (mikroprogrammierter Rechner) [Boutwell E 63].

1963 Burroughs D 825 (Multiprozessorsystem) [Anderson J 62].

1964 Control Data 6600: Größtrechner in Gestalt eines Zwei-Rechnerverbundes aus arithmetischem Rechner und Verkehrsrechner, der im Zeitmultiplex 10 "periphere Rechner" simuliert; 10 spezialisierte Rechenwerke [Thornton J 64].

1965 Digital Equipment PDP 8 [Bell C 71] (markiert Verdrängung der aufwandsarmen Trommel-Serien-Rechner durch Kurzwort-Parallel-Rechner mit Kernspeicher; erfolgreichster Rechner dieser Klasse, 25.000 Stück bis 1974; diese Klasse heißt ab ca. 1968 "Minicomputer").

1965 IBM/360 (erste große Familie von weitgehend programm- und schnittstellenverträglichen Rechnern, Durchsatzbereich ca. 1:300, erste große Anwendung der Mikroprogrammierung, u.a. zur Emulation, "hybride" Schaltungstechnik) [Amdahl J 64].

1965 Mehrprogrammbetrieb (II, vgl. 2.5) beginnt sich allgemein zu verbreiten.

1965 IBM (mit Benutzerorganisation): PL/I.

1965 IBM 1311 Wechselplattenspeicher.

1965 MIT: MULTICS-Konzept (komfortables universelles Teilnehmersystem).

1965 RCA Spectra 70: Zu IBM/360 großenteils verträgliche Rechnerfamilie, erste kommerzielle Rechner mit integrierten Schaltungen.

1965 Siemens 4004/15 (RCA-Spectra-Lizenz), 303.

1966 Remington Rand 1108 (doppeltes verdecktes Basisregister)

1966 Siemens 4004 /25, 45, 55 (RCA-Spectra-Lizenz)

1967 General Electric GE 645: segmentweise Adressierung mit Seitenadressierung [Glaser E 65].

1967 IBM/360 Modell 67 (ähnlich GE 645) [Gibson C 67].

1967 Siemens 4004/35 (RCA-Spectra-Lizenz)

1968 MIT: MULTICS-Betrieb

1968 Siemens 301, 302, 304, 305 (Prozeßrechner)

1969 Slotnick: ILLIAC IV [Barnes H 68].

1969 Control Data CD 7600 (Fließbandrechenwerke, Ergänzungsspeicher für Swapping) [7600 a].

1969 IBM/360 Modell 85 (Cache Memory) [Liptay J 68].

1969 Siemens 4004/16, 26, 46.

1970 AEG-Telefunken TR 440 [TR 440 u].

1970 Siemens 306, 4004/60.

1971 Burroughs B 1700 (Verdrängbare Mikroprogramme zur Interpretation von Zwischensprachen und Fremdmaschinen; minimal codierte Programmstrings) [Wilner W 72a][Wilner W 72b].

1971 IBM/370 (Verdrängbare Mikroprogramme für 360/370 Befehlsvorrat und Fremdmaschinen, Halbleiterspeicher, weitreichende Fehlerumgehung) [IBM 370 d].

1971 ARPA-Netz: allgemeines Rechnernetz [Kirstein P 74].

1971 Siemens 4004/135.

1971 LSI-Mikroprozessoren
1972 Siemens 4004/150, 151, 320 K
1972 Goodyear STARAN (assoziativer Feldrechner) [STARAN].
1973 Mikroprozessoren mit Festspeichern verbreiten sich als Taschenrechner [Whitney T 74].
1973 Siemens 4004/220, 230 [Siemens 4004/220,230].
1974 Control Data STAR 100 (Fließbandrechenwerke) [CDC STAR b]

Abb. 10.1.1 Geschichte der speicherprogrammierten Rechenanlagen. In diese Übersicht sind auch alle größeren Rechenanlagen deutscher Hersteller aufgenommen

ca. 1100 vor Christus: Abakus in China.
1623 nach Christus: Schickard: Mechanische Addiermaschine
ca. 1630 Rechenstab
1645 Pascal: Verbesserte Addiermaschine
1674 Leibniz: Vierspeziesmaschine
1823-1833 Babbage: Rechenmaschine zur Berechnung von Funktionen 5. Ordnung; Plan einer "Analytical Engine" mit Speicher zu 1 K Worten zu 50 Stellen, Rechenwerk, Leitwerk (liest Lochkartenprogramm).
1885 Hollerith: "Zählblättchen" und Maschinen zum Zählen, Sortieren und Drucken; Wurzel der IBM.
1937-1944 Aiken: Mark 1-Relais-Rechner (Stecktafelsteuerung, Speicherung von 72 Operanden in mechanischen Addierwerken, ca. 0,2 Operationen/s.
1938-1940 Stibitz: Bell-Relais-Rechner
1942 Bush: Elektronische Integrieranlage mit 20.000 Röhren.
1946 Eckert, Mauchley: ENIAC (Electronic Numerical Integrator and Calculator); 17.500 Röhren, 1.500 Relais, 10 Worte Operandenspeicher [Goldstine H 46].
1948 IBM 604, elektronischer Rechenlocher.
1972 Mikroprozessoren mit Festspeichern beginnen sich als Taschenrechner zu verbreiten [Whitney T 74].

Abb. 10.1.2: Einige kennzeichnende Entwicklungsstufen nicht programmgesteuerter Rechner; viele dieser Techniken sind grundlegend für programmierbare Rechner gewesen

10.2 Verlauf von kennzeichnenden Größen

Kennzeichnende Größen der Entwicklung von Digitalrechnern sind seit ungefähr 1950 zu verfolgen und erlauben nicht nur die Darstellung von 10.1 zu erweitern, sondern auch Ansätze für die Beurteilung der weiteren Entwicklung zu liefern [Turn R 74],[Withington F 75]).
Abb. 10.2.1 zeigt den Verlauf der Zahl der installierten Anlagen. Bis Ende der siebziger Jahre haben verschiedene Prognosen - gegründet auf gesamtwirtschaftliche Verhältnisse, die nicht wesentlich anders sind als in den sechziger Jahren - eine Fortsetzung des Wachstums entsprechend Abb. 10.2.1 vorhergesagt.

Eine besonders wichtige technische Größe ist die Verzögerungszeit der Schaltglieder. Anfänglich ist durch sie die Taktzeit der Anlagen weitgehend bestimmt gewesen; in den sechziger Jahren gewannen die Ausbreitungszeiten der Signale das Übergewicht; langfristig wird die Taktzeit durch die Verlustwärme bestimmt. Während sich (Abb. 10.2.2) bis 1970 die Verzögerungszeiten im Mittel jährlich um gleiche Faktoren verkleinert haben, ist ab 1970 eine Verlangsamung dieses Fortschrittes ersichtlich. Eine Verkleinerung von Verzögerungszeiten über 10^{-11} bis 10^{-12} Sekunden hinaus ergibt keine schnellere Signalverarbeitung. Dies hat seinen Grund in thermischen Problemen. Es wird als gesichert angenommen, daß man die Wärme aus

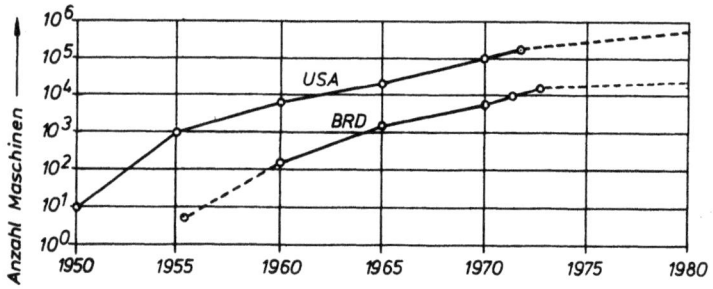

Abb. 10.2.1: Zahl der speicherprogrammierten Rechenanlagen

einer Rechenanlage großer Packungsdichte nur durch Flüssigkeitskühlung entfernen kann. Es ist unwahrscheinlich, daß man im Übergang zu dem Kühlmittel einen Wärmestrom von 100 Watt/cm^2 überschreiten kann. Um zu einem wenigstens ungefähren Bild zu kommen, welche Auswirkungen diese Begrenzung hat, werden wir verschiedene denkbare Verlustleistungen von Schaltkreisen annehmen: man vergleiche für eine genauere Darstellung [Keyes R 69]. Verlustleistung und maximaler Wärmestrom bestimmen eine Grenzpackungsdichte; diese legt einen mittleren Elementabstand fest; indem man davon ausgeht, jedes Element brauche zu seiner Funktion Signale, die im Elementraster höchstens 10 Einheiten entfernt sind, bestimmt die Grenzpackungsdichte auch eine Grenzarbeitsfrequenz der Schaltwerke (bzw. eine

Grenztaktzeit) über die minimalen Signalausbreitungszeiten.

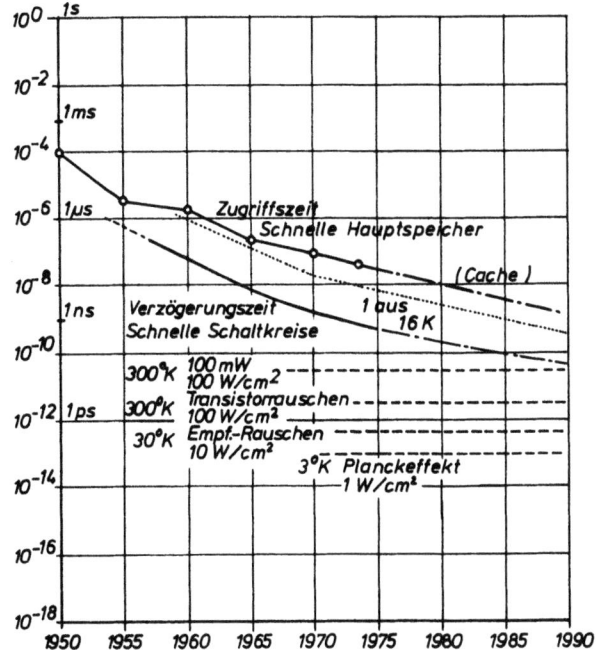

Abb. 10.2.2: Zugriffszeiten schneller Hauptspeicher und Verzögerungszeiten schneller Schaltkreise. Die gestrichelten horizontalen Linien geben die Mindestlaufzeiten aufgrund der thermischen Begrenzung der Packungsdichte an (100 W/cm² Wärmestrom nicht überschreitbar)

Nimmt man an, daß schnelle Schaltkreise eine Verlustleistung von 100 mW haben, so ist dadurch eine nicht unterschreitbare Packungsdichte festgelegt, die Signallaufzeiten von mindestens 30 Pikosekunden verlangt. Das würde bedeuten, daß eine Beschleunigung der elektronischen Schaltungen von Rechenanlagen schon in den allernächsten Jahren nicht mehr attraktiv ist. Gelingt es, die Schaltungen so zu verfeinern, daß die umgesetzte Leistung nur noch durch die Signalgröße bestimmt wird, die an Halbleitern noch sichere nicht-lineare Effekte herbeiführt, so kann man einen ungefähr 10 mal besseren Wert erreichen. Nun ist diese minimale Signalgröße durch das Rauschen vorgegeben, was ein temperaturabhängiger Effekt ist. Indem man die Arbeitstemperatur heruntersetzt, läßt sich das Rauschen beliebig verkleinern. Der Erfolg ist jedoch nicht voll ausnutzbar, da unter ungefähr 30° Kelvin Halbleiter nicht mehr befriedigend arbeiten und da außerdem auch der maximal übertragbare Wärmestrom proportional mit der absoluten Temperatur zurückgeht. Bei 30° Kelvin spielen Rauscheffekte in den Halbleitern eine nur noch untergeordnete Rolle; die erforderliche Signalgröße wird dann durch das Empfangsrauschen der Schaltkreise bestimmt, der maximale übertragbare Wärmestrom beträgt nur noch 10 W/cm²; es müßten dann gerade noch Schaltwerke mit einer Signalausbreitungszeit von knapp einer Pikosekunde konstruierbar sein. Verläßt man die Halbleitertechnik - es sei bemerkt, daß erfolgversprechende andere Prinzipien für diesen Geschwindigkeitsbereich noch nicht bekannt sind -, so kann man auch tiefere Temperaturen erreichen, stößt man aber an eine weitere Grenze an: nach der Planck'schen Beziehung E = h · ν ist das kleinstmögliche Energiequantum, das wir zur Signalübertragung verwenden können, der Frequenz proportional, was dazu führt, daß (bei nur noch 1 W/cm² Wärmestrom) Signallaufzeiten von 0,1 Pikosekunden nicht unterschritten werden können (3° Kelvin).

Diese Abschätzungen sind insofern maximal, als sie die durch Packungsdichte geforderte minimale Ausbreitungszeit zugrundelegen, der für die Ermittlung einer Folgefrequenz noch Elementverzögerungszeiten zuzuschlagen sind; andererseits beruhen sie jedoch auf der Annahme, daß bei Raumtemperatur höchstens 100 W/cm² übertragbar sind, eine Grenze, die vielleicht überschritten werden kann. Nach jetzigem Erkenntnisstand muß jedoch angenommen werden, daß die Beschleunigung der Schaltwerke elektronische Rechenanlagen in Zukunft deutlich langsamer verläuft und wahrscheinlich gegen Ende des Jahrhunderts aufhört.

Die Zugriffszeit schneller Hauptspeicher ist in den letzten Jahren etwas weniger schnell gesunken als die Schaltkreisverzögerungszeit. Betrachtet man Speicherbaueinheiten einer festen Zahl von Stellen, so besteht ein Zusammenhang zwischen der Verzögerungszeit schneller Schaltkreise und der Zugriffszeit, der dadurch zustandekommt, daß die dem Speicher übergebene Adresse in einem Schaltnetz entschlüsselt werden muß. In diesem Sinne ist in 10.2.2 eine Linie eingetragen, die die minimal mögliche Zugriffszeit für Speicher von 16000 Zellen angibt. Tatsächlich werden für diese Aufgabe aber nicht die schnellsten Schaltkreise eingesetzt und eine Restzeit wird für die Auslieferung der gespeicherten Größe in Anspruch genommen. In Abb. 10.2.2 ist eine Vorhersagekurve für schnellste (Zentralprozessorpuffer-)Speicher eingetragen [Turn R 74].

Vergleicht man alle Speicherprinzipien nach erreichter Kapazität und Zugriffszeit für 3 charakteristische Zeitpunkte (1960/1973/1985), so ergibt sich das Bild Abb. 10.2.3. Es ist auffällig, daß bei den meisten Speicherprinzipien die Entwicklung eher in Richtung größerer Kapazität geführt hat als in Richtung geringer Zugriffszeit. Der mittlere Speicherausbau einer Rechenanlage hat seit 1960 um den Faktor 30 zugenommen. Die Kernspeicher, die 1960 allein als schnelle Hauptspeicher zur Verfügung standen, sind von den Halbleiterspeichern auf große Baueinheiten zurückgedrängt worden. Eine Schließung der Lücke zwischen den kleinen Speichern und den Trommelspeichern ist immer wieder angekündigt worden, ohne daß dieses jedoch bei den heute angebotenen Rechenanlagen eingetreten ist. Läßt sich diese Lücke mit Speichern erträglichen Preises schließen, so dürfte dieses große Einwirken auf den

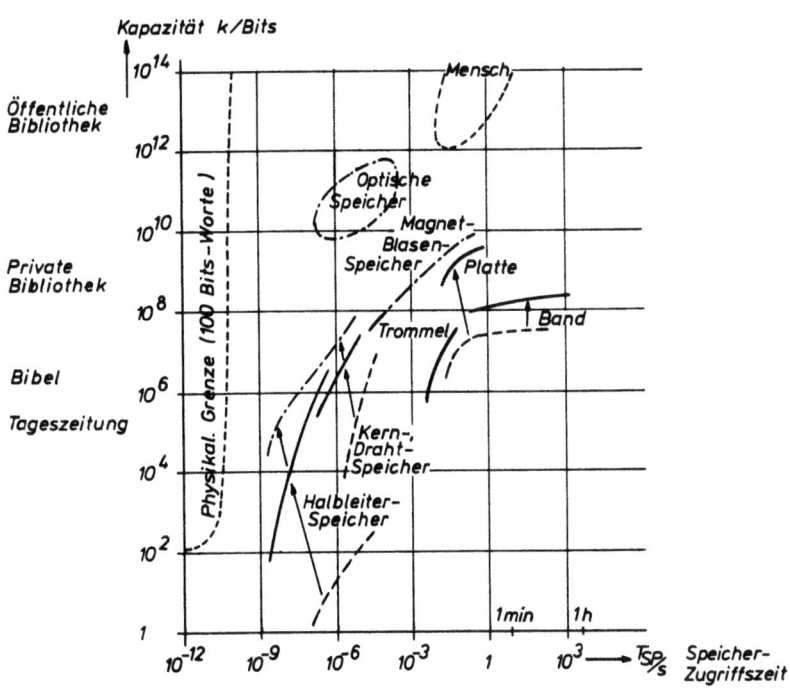

Abb. 10.2.3: Speicherprinzipien nach Zugriffszeit und Kapazität 1960 (----), 1973 (———) und 1985 (-·-·-).

Betrieb von Rechenanlagen haben; z.B. ist zu erwarten, daß dann der Mehrprogrammbetrieb seine heutige Bedeutung verliert. Besonders wichtig ist die Verbesserung der Größe von Plattenspeichern gewesen; schnelle Plattenspeicher haben Zugriffszeiten, die sie zu ernsthaften Konkurrenten der Trommeln werden lassen.

Abb. 10.2.4 zeigt die Entwicklung des Preises für schnelle Hauptspeicher und Flipflops. Das Flipflop, ein funktional autonomer 1 Bit-Speicher, stehe stellvertretend für allgemeine Schaltwerke; die Vorhersage für seinen Preis ist unsicher, da der Integrationsgrad und die Stückzahl ihn weitgehend bestimmen werden.

Der Verlauf des Preises mittels ausgebauter großer und mittlerer Rechenanlagen ist in Abb. 10.2.5 gezeigt. Für jede in die Ermittlung einbezogene Rechenanlage ist die Leistung der Zentraleinheit, ausgedrückt in 10^6 Operationen/Sek., angegeben. In das so entstehende Punktefeld sind durch grobe Mittelung Linien konstanten Preises eingetragen. Dabei ist darauf geachtet, daß der Markt für große Rechenanlagen wegen des

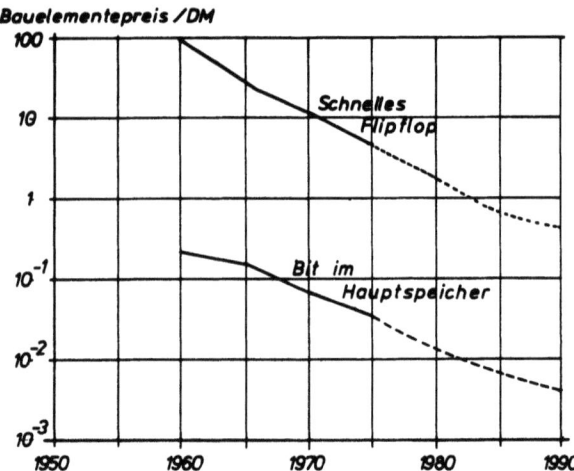

Abb. 10.2.4: Bauelementepreis für schnelles Flipflop (autonomer 1 Bit-Speicher) und schnelle Speicher mittlerer Größe (je Bit)

überwiegenden Anteils amerikanischer Hersteller als Bezugsgröße den Dollar verwendet; mit der Höherbewertung der Mark ist im Zeitraum 1971 bis 1973 in der BRD eine zusätzliche Preissenkung eingetreten, die bei der Ermittlung des Trends ausgegliedert werden muß.

Die Übersicht zeigt für beliebige Zeitpunkte die Gültigkeit des Erfahrungsgesetzes, daß die Preise nur mit der Wurzel der Leistung ansteigen (Grosch'sches Gesetz). Außerdem ist abzulesen, daß die mittlere Erhöhung der Leistung bei konstantem Preis jährlich ca. 10 % beträgt - nach Elimination der Höherbewertung der Mark. Aus Vorhersagen [Withington F 75] ist zu schließen, daß die mittlere Erhöhung der Leistung bis 1985 wahrscheinlich schneller steigt als bisher.
Man beachte, daß bei steigendem Anlagenpreis weit größere Verbesserungen des Kosten-Durchsatzverhältnisses eintreten (Grosch'sches Gesetz). Auffällig ist, daß der Preis der leistungsfähigsten Anlage sinkt. Die Vorhersagen für größte Rechner (MIMD) für 1985 lauten auf 80 bis $100 \cdot 10^6$ Op/s.

10.3 Strukturelle Trends

Eine grundsätzliche Abkehr vom von Neumann'schen Interpretationsschema ist nicht nahegelegt; komplexere Programmstrukturen werden von Maschinen durch eine Interpretationshierarchie bewältigt und nicht durch komplexere Analyseverfahren in einer Ebene. Nicht damit zu verwechseln ist der offenbare Übergang zu vielen gleichzeitigen Interpretationen in einer

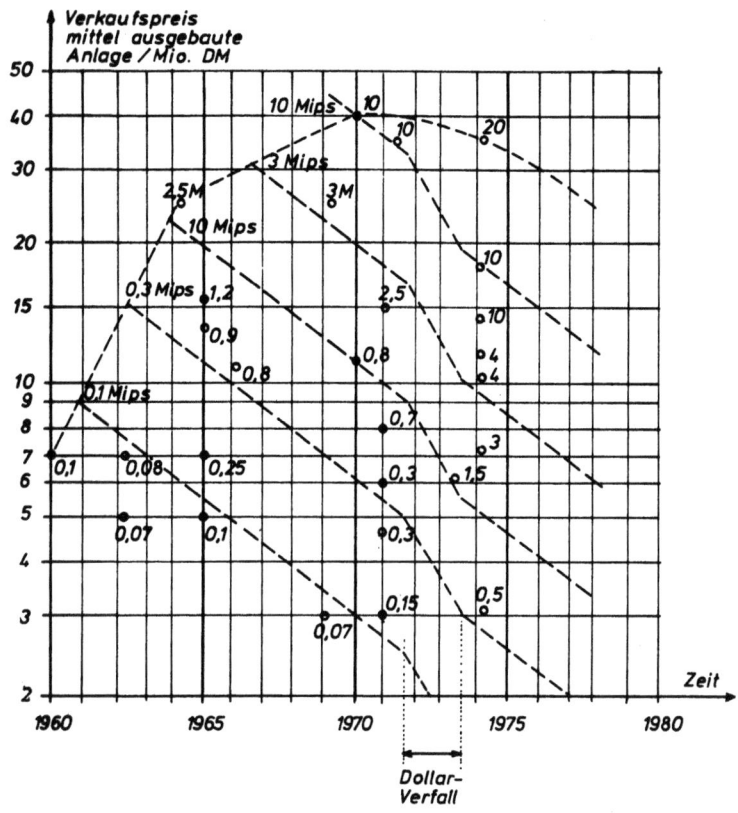

Abb. 10.2.5: Zentralprozessordurchsatz (1 Mips = 10^6 Op/s) Verkaufspreis mittel ausgebauter großer und mittlerer Rechenanlagen (ohne SIMD-Rechner)

Anlage, sei es als Mehrprozessoranlage oder als Verbund von Rechnern. Hierzu trägt kurzfristig vor allem das Eindringen der programmierbaren Werke in Steuerungsaufgaben aller Art innerhalb der Anlage bei, langfristig auch die Arbeitsteilung auf der Ebene der Benutzerprogrammbearbeitung. Der wesentliche Anstoß zum Vordringen von programmierbaren Werken unterhalb der von Neumann'schen Interpretationsebene ist der Vorteil der Typenbeschränkung im Zusammenhang mit der Großintegration. In Leitwerk und Rechenwerk wird sich die Mikroprogrammierung schnell weiter verbreiten, z.B. in Strukturen wie B 1700 [Wilner W 71a], insbesondere auch in Hinblick auf die Emulation; die Verbreitung höherer Sprachen schränkt zwar die Notwendigkeit der Ausführung alter Maschinenprogramme quantitativ ein, aber der wachsende Vorsprung von Personalkosten gegenüber Maschinenkosten macht solche Einrichtungen auch lohnend, wenn nur wenige Programme betroffen sind. Schnellste Anlagen werden weiterhin die Mikroprogrammierung nicht verwenden können.

Unter den Funktionen, die in den nächsten Jahren mit besonders großer Wahrscheinlichkeit von (programmierten) Steuerwerken übernommen werden und damit nicht mehr zeitteilig vom Zentralprozessor unter dem Betriebssystem realisiert werden, sind aufzuzählen: Organisation von aktuellen Ausschnitten (Speicherhierarchie), Zentralprozessorzuteilung (Monitorfunktionen), Unterbrechungsbehandlung, Messungen, Fehlerüberwachung, Anlegen vorsorglicher Kopien. Bei den ersten Beispielen handelt es sich nicht um die Planung der langfristigen Zuteilung, sondern um die Abwicklung der Umschaltung nach vom Betriebssystem bereits festgelegten Prioritäten. Langfristig werden programmierbare Werke bedeutsam, die mit dem Auftrag erst in ihrer Funktion spezialisiert werden, indem sie ein Programm übernehmen (vgl. das Konzept der Zellmaschine, 9.4).

Ein größerer Teil des Anlagenaufwandes wird langfristig auf zwar redundante, aber allgemeine Schnittstellen zwischen den Baueinheiten verwendet werden (Typenbeschränkung, Wartungsfreundlichkeit, Konfigurationsflexibilität) und auf die Stützung mehrerer Privilegierungsebenen, um sichere Systeme zu ermöglichen. Neben der Typenbeschränkung wird die Verbesserung der Zuverlässigkeit, insbesondere der Verfügbarkeit und Wartbarkeit der wichtigste strukturelle Antrieb sein (vgl. 10.1.2), [Marcus M 74]; langfristig werden selbstreparierende Maschinen bedeutsam, vgl. STAR [Avizienis A 71].

Organisationsformen, die unter einem Befehl die Ausführungsphase für eine große Zahl von Operandenströmen vollziehen (SIMD-Rechner und zentralgesteuerte Rechenwerkfließbänder) werden voraussichtlich auf spezielle Anwendungen beschränkt bleiben. Von allen SIMD-Strukturen haben wahrscheinlich assoziative Speicher - langfristig vielleicht in Ablösung des Befehlszählerprinzips, vgl. 9.3 - die größten Aussichten.

Die klassischen Ein/Ausgabegeräte (Lochkartengeräte, Schnelldrucker) bieten nur noch sehr geringen Spielraum für Verbesserungen [Withington F 75]. Außerdem sind sie durch die steigenden Papierpreise belastet und - als Konkurrent - durch die Datenhaltung auf Speichern mit magnetisierbaren Oberflächen, die durch Erhöhung der Aufzeichnungsdichte noch attraktiver wird, sowie durch Mikrofilm. Wo die klassischen Ein/Ausgabegeräte weiterhin gebraucht werden, wird die Ausgewogenheit verlangen, sie auf Kosten von Puffern und relativem Zentraleinheit-Durchsatz besser auszunutzen. Schriftlesegeräte werden dagegen deutlich billiger werden; die Eingabe von Sprache oder freier Handschrift wird in den nächsten beiden Jahrzehnten noch keine Bedeutung haben, da noch erhebliche Schwierigkeiten bestehen.

Für die USA wird vorhergesagt, daß der Umfang digitaler Übertragung in den öffentlichen Fernmeldenetzen über längere Zeit mit der heutigen Rate (+ 35 % jährlich) wachsen wird. Ebenfalls für die USA wird eine Tarifhalbierung in den nächsten 10 Jahren erwartet. Es ist sehr fraglich, ob bei den hohen Übertragungskosten Rechnernetze zum Zweck des Lastausgleiches in peripherieintensiver Datenverarbeitung wirtschaftlich werden; dieselben Zweifel bestehen bezüglich der Wirtschaftlichkeit großer, öffentlicher "Versorgungs"-rechner (public utility), die von Endgeräten in Privathaushalten betrieben werden.

Der Umstand, daß große Rechenanlagen vermehrt als Netze von Rechnern entstehen, bedeutet zugleich, daß ihre relativ günstige Stellung im Kosten-Durchsatzverhältnis zurückgeht; zusammen mit den anhaltend hohen Datenübertragungstarifen spricht dies dafür, daß mittlere Rechner weiterhin eine erhebliche Rolle spielen werden (was vor 10 Jahren vielfach anders beurteilt wurde).

Autonome kleine Rechner im Wert von wenigen hundert DM (Vorhersage 1985) werden konventionelle Steuerungen großenteils ersetzen und nach Anzahl den größten Teil der Rechner ausmachen.

Literaturverzeichnis

[AFIPS 66] AFIPS: The State of the Information Processing Industry, 1966

[Allred G 71] Allred, G.R.: System/370 integrated emulation under OS and DOS, AFIPS SJCC, 1971, S. 163-167

[Amdahl G 64] Amdahl, G.M., Blaauw, G.A., Brooks, F. P.: Architecture of the IBM System/360, IBM Journal of Research and Development, Band 8, 1964, S. 87-101

[Anderson J 62] Anderson, J.P., Hoffmann, S.A., Shifman, J., Williams, R.J.: D 825 - a multiple computer system for command and control, AFIPS Proceedings FJCC, 1962, Band 22, S. 86-96

[Avizienis A 71] Avizienis, A., Gilley, G.C., Mathur, F.P., Rennels, D.A., Rohr, J.A. and Rubin, D.K.: The STAR (Self Testing and Repairing) computer: an investigation of the theory and practice of fault tolerant computer design, IEEE Transactions on Computers, pp 1312-1321, Nov. 1971

[B 1700] Burroughs Corp.: B 1700 reference manual Form no. 1057155

[B 5500 b] Burroughs Corp.: B 5500 reference manual Form no. 1021326

[B 6700] Burroughs Corp.: B 6700 reference manual Form no. 1040359

[Barnes G 68] Barnes, G.H., Brown, R.M., Kato, M., Luck, D.J., Slotnick, D.L. and Stokes, R.A.: The ILLIAC IV computer, IEEE Trans Computers vol. C-17 pp. 746 to 757 (Aug. 1968)

[Barnum A 63]	Barnum, A., Knapp, M.: Proceedings of 1962 Workshop on Computer Organization, Spartan Books, Washington 1963
[Bauer F 65]	Bauer, F.L., Goos, G.: Informatik (Band I, II), Springer, Berlin 1971, 2. Auflage Berlin 1973
[Bell C 71]	Bell, C.G., Newell, A.: Computer Structures: Readings and Examples, Mc Graw-Hill, New York, 1971
[Bell D 68]	Bell, D.A.: Information Theory and its Engineering Applications, Pitman, London 1968
[Benjamin R 65]	Benjamin, R.I.: The Spectra 70/45 Emulator for the RCA 301, CACM, Bd. 8 (1965), S. 748-752
[Boutwell E 63]	Boutwell, E., Hoskinson, E.A.: The Logic Organization of the Packard Bell PB 440 Microprogrammable Computer, AFIPS Proceed. Fall Joint Computer Conf., Bd. 24 (1963), S. 201-213
[Brauer W 73]	Brauer, W. (Herausg.): Dritte Jahrestagung der Gesellschaft für Informatik, Springer, Berlin 1973
[Brinch Hansen P 73]	Operating System Principles, Prentice Hall, Englewood Cliffs, 1973
[Buchholtz W 62]	Buchholtz, W.: Planning a computer system, McGraw Hill Book, New York, 1962
[Burks A 46]	Burks, A.W., Goldstine, H.H., von Neumann, J.: Preliminary Discussion of the Logical Design of an Electronic Computing Instrument, Report to the U.S. Army Ordonance Department 1946; auch abgedruckt in: Taub, A.H.: Collected Works of John von Neumann, Bd. 5, MacMillan, New York, 1963; Datamation, Bd. 8, 1962
[CDC Star b]	CDC: Control Data Star-100 Computer, Hardware Reference Manual, Publication No. 602 56000
[CDC Star c]	CDC: Control Data Star Hardware Description, Appendix to Reference Manual, 1971
[CDC 7600 a]	Control Data 7600 Computer System, Preliminary System Description, Minneapolis, 1968

[Chow C 74]　　　　　　Chow, C.: On Optimization of Storage Hierarchies, IBM Journal of Res. & Dev., 1974, S. 194-203

[Clippinger R 62]　　　Clippinger, R.: Multiprogramming on the Honeywell 800/1800, Proceedings IFIP Congress 1962, North Holland, Amsterdam 1962

[Cohen J 69]　　　　　　Cohen, J.W.: The single server queue, North Holland, Amsterdam 1969

[Darton K 74]　　　　　Darton, K.S.: Design Techniques for CPU Reliability, in [Infotech 74 a]

[Davies P 72]　　　　　Davies, P.: Readings in Microprogramming, IBM System Journal, No. 1, 1972, S. 16-40

[de Beauclair W 74]　　De Beauclair, W.: Geschichtliche Entwicklung, in: [Steinbuch K 74]

[DEC 10]　　　　　　　　DEC-System 10: Assembly Language Handbook, Digital Equipment Corporation, Form DEC-10 HGAD-D, Maynard 1973

[Denning P 68]　　　　 Denning, P.J.: The Working Set Model for Program Behaviour, Comm. ACM, Band 11 (1968), S. 323-333

[Denning P 70 a]　　　 Denning, P.J.: Virtual memory, Comp. Surveys, vol.2, pp. 153-189 (Sept. 1970)

[Denning P 70 b]　　　 Denning, P.J., Schwartz, S.C.: Properties of the working set model, CACM Bd. 15 (1972), S. 191-198

[Dennis J 65]　　　　　Dennis, J.B.: Segmentation and the Design of Multiprogrammed Computer Systems, Journal of the ACM, Bd. 12 (1965), S. 589-602

[Dijkstra E 65]　　　　Dijkstra, E.W.: Cooperating Sequential Processes, Mathematical Department, Technological University Eindhoven, 1965

[Dijkstra E 68]　　　　Dijkstra, E.W.: The Structure of the The Multiprogramming System, Comm. ACM 11, 5 (1968), S. 341-346

[DIN 40042]　　　　　　 DIN 40042: Zuverlässigkeit elektrischer Geräte, Anlagen und Systeme, Beuth, Berlin 1970

[DIN 40043]　　　　　　 DIN 40043: Einsatzklassen und Zuverlässigkeitsangaben für elektrische Geräte, Beuth, Berlin 1972

[DIN 44300]   DIN 44300: Informationsverarbeitung; Begriffe, Beuth, Berlin 1972

[DIN 66003]   DIN 66003: 7-Bit-Code, Beuth, Berlin 1968

[Eckert J 56]   Eckert, J.P.: UNIVAC-LARC, the next step in computer design, Proc. Eastern Joint Comp. Conf., Dez. 1956, S. 16-20

[Elliott W 56]   Elliott, W., Owen, C.E., Devonald, C.H. and Mandsley, B.G.: The design philosophy of Pegasus, a quantity-production computer, Proc. IEE, Part B, Bd. 103, Suppl. 2, 1956, S. 188-196

[Flores I 73]   Flores, I.: Peripheral Devices, Englewood Cliffs NJ: Prentice-Hall 1973, 499 S.

[Flynn M 72]   Flynn, M.J.: Some Computer Organizations and their Effectiveness, IEEE Transact. on Computers, Bd. 21 (1972), S. 948-960

[Flynn M 67]   Flynn, M.J. and Low, R.P.: The IBM System/360 Model 91: some remarks on system development IBM J.res.and dev., vol. 11, no. 1, pp.2-7 (Jan 1967)

[Frei E 61]   Frei, E.H., Goldberg, J.: A method for resolving multiple responses in a parallel search-file, IRE Transact. Electronic Computers, 1961, S. 718-722

[Gaib W 72]   Gaib, W., Gavazzini, C., Pierolt, B. und Ristow, E.: Das IBM System/370, Modell 125, IBM, Stuttgart, 1972

[Gibson C 66]   Gibson, C.T.: Time Sharing in the IBM System/360 Model 67, AFIPS Proc. FJCC 1965, Teil I, S. 197-202

[Gibson D 74]   Gibson D.H.: The Cache Concept for Large Scale Computers, in: [Hasselmeier H 74]

[Giloi W 73]   Giloi, W., Liebig, H.: Logischer Entwurf digitaler Systeme, Springer, Berlin 1973

[Glaser E 65]   Glaser, E.L., Couleur, J.F., Oliver, G.A.: System design for a computer for time-sharing application, Proc. AFIPS 1965 FJCC, Bd. 27, Teil 1, S. 197-202

[Goldstine H 46] Goldstine, H.H., Goldstine, A.: The electronic numerical integrator and computer (ENIAC), Math. Tables Aids Comput., Band 2 (1946), S. 97-110

[Graham W 70] Graham, W.R.: The parallel and pipeline computers, Datamation vol. 16, pp. 68-71 (April 1970)

[Güntsch F 60] Güntsch, F.R., Händler, W.: Zur Simultanarbeit bei Digitalrechnern, Elektronische Rechenanlagen, Bd. 2 (1960), S. 117-128

[Haake D 73] Haake, D., Peschke, P.: Ein/Ausgabe-Werke, in:[Steinbuch K 74]

[Händler W 73 d] Händler, W.: The concept of macropipelining with high availability, Elektronische Rechenanlagen, 15, (1973), S. 269-274)

[Händler W 74 a] Händler, W., Spies, P.: Universelle Digitalrechenanlagen, in: [Steinbuch K 74]

[Händler W 74 b] Händler, W.: On Classification Schemes for Computer Systems in the Post - von Neumann - Era, in: Stiefkes, GI - 4. Jahrestagung, Springer, Berlin 1975

[Hahn W 75] Hahn, W., Bauer, F.L.: Physikalische und elektrotechnische Grundlagen für Informatiker, Springer, Berlin, 1975

[Hartenstein R 73] Hartenstein, R.: Hierarchy of Interpreters for Modelling Complex Digital Systems, in: [Brauer W 73]

[Hartenstein R 74] Hartenstein, R.W.: Konzepte der Mikroprogrammierung, in [Leilich H 74], S. 22-42

[Hasselmeier H 74] Hasselmeier, H., Spruth, W.G.: Rechnerstrukturen, Vorträge des Informatik-Symposiums der IBM Deutschland, Wildbad 1973, Oldenbourg, München 1974

[Henze E 74] Henze, E., Homuth, H.H.: Einführung in die Codierungstheorie, Vieweg, Braunschweig 1974

[Herzog U 72] Herzog, U., Kühn, P. Zeh, A.: Klassifizierung und Analyse von Verkehrsmodellen für das Ablaufgeschehen in Rechnersystemen, Nachrichtentechnische Fachberichte, Band 44 (1972), S. 181-198

[Herzog U 74] Herzog, U., Krämer, W., Kühn, P., Wizgall, M.: Analyse von Betriebssystem-Modellen für Rechnersysteme mit Multiprogramming and Paging, in: [Leilich H 74]

[Holland J 59]	Holland, J.H.: A universal computer capable of executing an arbitrary number of subprograms simultaneously, Proceedings Eastern Joint Computer Conference, 1959, S. 108-113
[Holland J 60]	Holland, J.: Iterative Circuit Computers, Proceed. Western Joint Computer Conference 1960, S. 259-265
[Horning J 73]	Horning, J.J., Randell, B.: Process Structuring, Computing Surveys, Bd. 5, (1973), S. 5 - 29
[Hotz G 72]	Hotz, G.: Informatik: Rechenanlagen, Teubner, Stuttgart, 1972
[Hughes E 54]	Hughes, E.S.: The IBM Magnetic Drum Calculator Type 650, Engineering and Design Considerations, Proc. WJCC, 1954, S. 140-154
[Husson S 70]	Husson, S.S.: Microprogramming - Practices and Principles, Prentice Hall, Englewood Cliffs, 1970
[IBM/360 Mod 85]	IBM: Groß-System IBM/360 Modell 85, IBM Deutschland, 1968
[IBM/360 Mod 91]	IBM: IBM System/360, Modell 91, Functional Characteristics, Form A 226907-2, 1968
[IBM/360 ASP]	IBM System/360 Attached Support Processor (ASP), System Description, H 20-0223-0
[IBM 370 d]	IBM: System/370, Principles of Operations, GA 22-7000-3, N.Y., 73
[IBM/370 Mod 165]	IBM: System/370 Model 165 Functional Characteristics, GA 22-6935-0, IBM, N.Y., 1970
[IBM/370 Mod 165 b]	IBM: A guide to the IBM System/370 Mod. 165, IBM, N.Y., 1970
[Infotech 74 a]	Infotech (Hrsg.): International Computer State of the Art Report, Computer Design, Maidenhead, Berkshire, Infotech 1974
[Kameda T 73]	Kameda, T., Weihrauch, K.: Einführung in die Codierungstheorie I, Bibliograph-Institut, Mannheim 1973
[Keyes R 69]	Keyes, R.: Physical Problems and Limits in Computer Logic, IEEE Spectrum, Mai 69, S. 36-45

[Kilburn T 62]	Kilburn, T., Edwards, D.B.G., Lanigan, M.J. and Summer, F.H.: One-level storage system, IRE Trans. EC-11 No. 2, pp. 223-235 (April 1962)
[Kirstein P 74]	Kirstein, P.T.: Some Recent Developments of the ARPA Computer Network, in: [Hasselmeier H 74]
[Kleinrock L 75]	Kleinrock, L.: Queuing Systems, Wiley, New York 1975
[Kulcke W 71]	Kulcke, W.: The applied uses of lasers and holograms, in: Infotech Report "The new technologies", Maidenhead 1971
[Lapidus G 72]	Lapidus, G.: Domain of Magnetic Bubbles, IEEE Spectrum, September 1972
[Leilich H 74]	Leilich, H.O (Herausgeber): GI-Fachtagung Structur und Betrieb von Rechensystemen, 1974, Springer, Berlin 1974
[Liebig H 76]	Liebig, H.: Rechnerorganisation, Springer, Berlin 1976
[Liptay J 68]	Liptay, J.S.: Structural aspects of the System 360/85: part II the cache, IBM Syst. J, vol. 7, no. 1, pp. 15-21 (1968)
[Lonergan W 61]	Lonergan, W., King, P.: Design of the B 5000 System, Datamation, Band 7 (1961) No. 5 (Mai), S. 28-32
[Marcus M 74]	Marcus, M.J.: On Attaining the Availability Required in Future Information Processing Systems, in: Information Processing 74, North-Holland-Publishing Company (1974), S. 141
[Martin R 75]	Martin, R.R., Frankel, M.D.: Electronic Disks in the 1980's Computer, Febr. 1975, S. 24-30
[Matick R 72]	Matick, R.E.: Review of Current Proposed Technologies for Mass Storage Systems, Proc. IEEE, Bd. 60, 1972, S. 266-289
[Maurer W 70]	Maurer, W.D.: Generalized Interpretation and Compilation, in: [Tou J 70]
[McCormack M 65]	McCormack, M.A., Schausman, T.T., Wornack, K.K.: 1401 Compatibility Feature on the IBM System/360 Model 30, CACM 8 (1965), S. 773-776

[Minsky M 71] Minsky, M., Papert, S.: On some associative, parallel, and analog computations, in: Jacks, E. (Herausg.): Associative Information Techniques, Elsevier, New York 1971

[Morse P 57] Morse, P.M.: Queues, inventories and maintenance, Wiley, New York 1957

[Nolle F 74] Nolle, F.: Entwicklungstendenzen in Fernmeldenetzen, in [Hasselmeier H 74]

[Oettl K 74] Oettl, K.: Datenübertragung und Datenfernverarbeitung, de Gruyter, Berlin 1974

[Organick E 73] Organick, E.I.: Computer System Organization: the B 5700/6700 Series, Academic Press, New York 1973

[Parkami B 73] Parkami, B.: Associative memories and processors: an overview and selected bibliography, Proc. IEEE, Band 61 (1973), S. 722-730

[PDP 8] Digital Equipment PDP 8, Small Computer Handbook, Digital-Equipment Corp., Maynard 1973

[Porter R 60] Porter, R.E.: The RW 400 - a new polymorphic data system, Datamation, Band 6 (1960), S. 8-14

[Renwick W 71] Renwick, W. and Cole, A.J.: Digital storage systems, Chapman and Hall 1971

[Richards R 71] Richards, R.K.: Digital Design, Wiley-Interscience, New York 1971

[Rile W 72] Riley, W.B. (Editor): Electronic computer memory technology, McGraw Hill Book, N.Y., 1972

[Rosen S 69] Rosen, S.: Electronic computers, a historical survey, Computing Surveys, Bd. 1 (März 1969), S. 7-36

[S 2002] Siemens: Befehlsliste für den Siemens-Digitalrechner 2002, Siemens, 1958

[S 4004/150-2] Siemens: System 4004, Zentraleinheit 4004/150-2 Beschreibung und Befehlsliste, 1974

[S 4004/151] Siemens: System 4004, Zentraleinheit 4004/151, Beschreibung und Befehlsliste, 1972

[Schecher H 73] Schecher, H.: Funktioneller Aufbau digitaler Rechenanlagen, Springer, Berlin 1973

[Schecher H 56]   Schecher, H.: Maßnahmen zur Vereinfachung von Rechenplänen bei elektronischen Rechenanlagen, Z. Angew. Math. Mech., Band 36 (1956), Heft 9/10

[Schwarzer H 66]   Schwarzer, H.: Systemvergleich magnetischer Matrixspeicherverfahren, Proceedings IFAC 1966, S. 275-293

[Slotnick D 62]   Slotnick, D.L., Borck, W.C., McReynolds, R.C.: The SOLOMON Computer, in Barnum, Knapp (Herausg.): Proceedings of the 1962 Workshop on Computer Organization, Spartan Books, Washington 1963

[Slotnick D 62 a]   Slotnick, D.L., Borck, W.C., McReynolds, R.C.: The SOLOMON computer, Proceed. 1962, Fall Joint Computer Conf., S. 97-107

[Slotnick D 71]   Slotnick, D.L.: The Fastest Computer, Scientific American, pp. 76-88, No. 2, Vol. 224, February 1971

[STARAN]   Goodyear: STARAN, verschiedene Druckschriften, Goodyear Aerospace Corp., Akron, Ohio

[Steinbuch K 74]   Steinbuch, K., Weber, W. (Hrsg.): Taschenbuch der Nachrichtenverarbeitung, Springer, Berlin, 1974

[Swoboda J 70a]   Swoboda, J.: Verkehrsfragen innerhalb einer Rechenanlage, Elektron. Rechenanlagen, 12 (1970), S. 249-252

[Swoboda J 70c]   Swoboda, J.: Sprachorientierte Rechner-Probleme der Adressierung, Elektronische Rechenanlagen, Bd. 12 (1970), S. 26-35

[Swoboda J 70d]   Swoboda, J.: Zur Wirksamkeit von Lookahead-Mechanismen, Techn. Bericht FE/FI 22/70, AEG-Telefunken, auch in: [Händler W 70]

[Swoboda J 73b]   Swoboda, J., Rosenbohm, W.: Modell für den Befehlsablauf in einer Rechenanlage: Eine Serverkette mit vorgebbarer Varianz der Belegungsdauern, in: [Brauer W 73]

[Thornton J 64]   Thornton, J.E.: Parallel operation in the Control Data 6600, Proceedings AFIPS FJCC 1964, S 33-40, abgedruckt in: [Bell C 71]

[Thornton J 70]   Thornton, J.E.: The design of a computer: the Control Data 6600, Scott, Foresman and Company, 1970

[Tou J 70]   Tou, J.T. (Hrsg.): Software Engineering, Coins III, Vol. I, Academic Press, London 1970

[TR 440 u]   Telefunken Computer: Eigenschaften des RD 441, Konstanz 1973

[Tucker S 65]   Tucker, S.G.: Emulation of large systems, CACM, Bd. 8 (1965), S. 753-761

[Tucker S 67]   Tucker, S.G.: Microprogram control for System/360, IBM System J, vol. 6, no. 4, pp. 222-241 (1967)

[Turing A 36]   Turing, A.M.: On computable numbers, with an application to the Entscheidungsproblem, Proceed. London Math. Soc., Serie 2-42 (1936), S. 230-265

[Turn R 74]   Turn, R.: Computers in the 1980's-Trends in Hardware Technology, Information Processing 74, North Holland, Amsterdam 1974

[Uhlendorff B 72]   Uhlendorff, B.: Das System IBM/370 Mod. 168, IBM Deutschland, Sindelfingen 1972

[Univac 1110e]   Univac: Univac 1110 system description, UP 7841, Sperry Rand, 1971

[van der Poel W 52]   van der Poel, W.L.: A simple Electronic Digital Computer, Appl. Scientific Research, Sect. B., Bd. 2 (1952), S. 367-400

[van der Poel W 56]   van der Poel, W.L.: The Essential Types of Operations in an Automatic Computer, Nachrichtentechnische Fachberichte 4, 1956, S. 144-145

[van der Poel W 59]   van der Poel, W.L.: ZEBRA, a Simple Binary Computer, Proceed. ICIP, UNESCO, 1959, S. 361-365

[von Krogh C 74]   von Krogh, C.: Mikroprogrammierung des IBM-Systems/370-125, in: [Hasselmeier H 74]

[Ware W 72]   Ware, W.H.: The ultimate computer, IEEE Spectrum, Band 9, Nr. 4 (1972), S. 84-91

[Weber H 67]   Weber, H.: A Microprogrammed Implementation of EULER on IBM System/360 Mod. 30, Comm. ACM, Bd. 10 (1967), S. 549-558

[Wendt S 74]   Wendt, S.: Entwurf komplexer Schaltwerke, Springer, Berlin 1974

[Whitney T 74]	Whitney, T.M.: The Design and Impact of Pocket Calculators, in: Information Processing 74, North-Holland Publishing-Comp. (1974), S. 39
[Wilkes M 49]	Wilkes, M.V., Renwick, W.: The EDSAC, an electronic calculating machine, Journal Scientific Instruments, Bd. 26 (1949), S. 385-391
[Wilkes M 51]	Wilkes, M.V.: The best way to design an automatic calculating machine, Manchester University Computer Inaugural Conference, 1951, S. 16
[Wilkinson J 53]	Wilkinson, J.H.: The Pilot ACE, Automatic Digital Computation, National Physical Laboratory, Teddington, 1953, S. 5-14
[Wilner W 72a]	Wilner, W.T.: Design of the B 1700, Proc. AFIPS 1972, FCCC
[Wilner W 72b]	Wilner, W.T.: Burroughs B 1700 Memory Utilization, Proceedings AFIPS 1972 FJCC, S. 597-586
[Wilner W 72c]	Wilner, W.T.: Microprogramming Environment on the Burroughs B 1700, Proceed. 6th annual JEEE Computer Soc. International Conference, 1972, S. 103-106
[Withington F 75]	Withington, F.: Beyond 1984, a technology forecast, Datamation, Jan. 1975, S. 54-73
[Z 22]	Zuse Z 22, Programmierungsanleitung, Zuse KG, 1958
[Zuse K 58]	Zuse, K.: Die Feldrechenmaschine, MTW-Mitteilungen, V(1958), S. 213-220
[Zuse K 70]	Zuse, K.: Der Computer mein Lebenswerk, Moderne Technik, München 1970

Stichwortverzeichnis

Abbruch eines Auftrags 1.6

ablaufinvariant 2.3, 2.8, 3.4, 3.6, 3.9

Abrufphase 3.1, 3.6

Abschnittsbetrieb 2.5

ACE 2.9, 3.2 vgl. auch [Wilkinson J 53]

Adressen 2.3, 3.4

AEG-Telefunken TR 4 3.9, 10.1

Akkumulator 3.4, 3.8

Aktueller Ausschnitt 2.8, 3.4, 3.5, 4.1, 8.3, 10.3

Aktuelle Umgebung 2.8

Alarm 3.1, 3.5

Alphanumerische Codes 2.6

analog 2.1

analytischer Befehlscode 3.2, 3.9

Anderthalbadreßmaschine 3.2

Angebot 1.8

Anlagenpreise 10.2

Anweisung 1.3

Anweisungsgraph 1.4

Anruf 1.5

Anwendung (Anpassung an ...) 2.3, 2.4, 2.5, 2.6, 8.2

arithmetisch orientierter Rechner 8.2

ARPA-Netz 8.8, 10.1 vgl. auch [Kirstein P 74]

Assoziative Rechner 9.3, 10.3

Assoziativer Speicher 2.8, 3.4, 3.5, 8.3, 9.3, 10.3

asynchron 1.4

ATLAS (Universität Manchester/ Ferranti/ICL) 3.4 vgl. auch [Kilburn T 62]

Aufrufsatz 3.3

Auftrag 1.3

Auftragsgraph 1.4

Auftragszugangsprozeß 1.7

Ausfall 1.13, 3.12, 7.4

Ausführungsphase 3.1, 3.6

Ausgabegeräte 2.4

Auslastung 1.7

autonomes Ein/Ausgabewerk 7.1

autonomes Kanalwerk 7.1, 7.3

Bandspeicher 5.1

Basisadressen, offene 3.4

Basisadressen, verdeckt 3.4

Bearbeitungszeit 1.5

Befehl 1.3

Befehlsfalle 3.3

Befehlsnachspeicherung 3.6, 8.3

Befehlsregister 2.3

Befehlsstrom 2.4

Befehlsvorgriff 3.6, 8.3

Befehlsvorrat 3.3

Befehlszähler 2.3, 3.6, 9.3

Belegleser 6.2
belegt 1.7
Belegung 1.7
Benutzermodus 3.3
Benutzerstation 2.4
Bereich einer Zahlendarstellung 2.6
Bereichsüberschreitung 3.7
Betriebsformen 1.11, 2.5, 7.3
Betriebsmittel 1.3
Betriebsmodus 3.3
Betriebssystem 2.5
Blockierung 1.9
Blockmultiplexkanal 7.3
Boolesche Operationen 3.3
Burroughs D 825 3.12, 8.5, 10.1 vgl. auch [Anderson J 62]
Burroughs B 5000/5500/5700/6500/6700 2.6, 3.2, 8.5, 10.1 vgl. auch[B 5500b], [B 6700],[Lonergan W 61], [Organick E 73]
Burroughs B 1700 2.3, 2.6, 3.9, 3.10, 8.5, 10.1 vgl. auch [B 1700],[Wilner W 72a] [Wilner W 72b],[Wilner W 72c]
cache memory 8.3
CDC 6600 2.8, 3.2, 3.6, 7.1, 8.5, 10.1 vgl. auch [Thornton J 64],[Thornton J 70]
CDC 7600 2.8, 3.2, 10.1 vgl. auch[CDC 7600a]
CDC Star 100 8.8, 10.1, vgl. auch[CDC Star b], [Graham W 70]
Charakteristik 2.6
Code 2.6
Code Sharing 3.4
command chaining 7.3
Computer Gesellschaft Konstanz TR 440 (früher AEG-Telefunken bzw. Telefunken Computer TR 440) 2.6, 2.8, 3.2, 3.3, 3.4, 7.3, 8.5, 8.8, 10.1 vgl. auch [TR 440 u]
CMC-7 6.2
data chaining 7.3
Daten 1.1
Datenübertragung 8.7, 10.3
DATEX 8.7
demand fetching 2.8, 3.4
demand paging 3.4
DEUCE 2.9
Dezimalzifferncodes 2.6
Dialogbetrieb 2.5
digital 2.1
Digital Equipment PDP 8 10.1 vgl. auch [PDP 8]
Digital Equipment System 10 3.2, 3.4 vgl. auch [DEC 10]
DIL (do interpretative loop) 3.10
Direktoperanden 3.4
Drahtspeicher 4.1
Dreiadreßmaschine 3.2
Dreierprobe 3.7
Dualzahlen 2.6, 3.7
Dünnschichtspeicher 4.1
Durchsatz 1.7, 3.6, 3.9, 3.11, 4.2, 8.3, 8.4, 8.5
E-13 B 6.2
EDSAC 10.1 vgl. auch [Wilkes M 49]
EDVAC 10.1
Einadreßmaschine 3.2
Ein/Ausgabebefehle 3.3, 7.1, 7.2, 7.3
Ein/Ausgabegeräte
Ein/Ausgabe-Kanal 2.4
Ein/Ausgabe-Leitwerk 7.1, 7.3

Ein/Ausgabe-Prozessor 2.4, 7.1, 7.3
Ein/Ausgabe-Rechner 7.1
Ein/Ausgaberegister 7.3
Ein/Ausgabewerk 2.4
einfache Funktionseinheit 1.7
Eingabegeräte 2.4
Eingriff 3.1, 3.5
Elektronisches Datenvermittlungssystem (EDS) 8.7
Elektronisches Wählsystem (EWS) 8.7
Emulation 3.10, 10.3
ENIAC 10.1 vgl. auch [Goldstine H 46]
Entschlüßler 2.3, 3.6
Ergänzungsspeicher 2.4, 4.2
Ergebnisnachspeicherung 3.6, 8.3
Execute 3.3, 3.5
fail soft 3.12
FCFS 1.10
Fehler 1.13, 3.12, 7.4
Fehlerentdeckung 3.12, 7.4
Fehlerumgehung 3.12, 7.4
Feldrechner vgl. auch SIMD 2.4, 9.2
Fernsprechnetz 8.7
Fernschreiber 6.2
Festpunktdarstellung 2.6
Festpunktoperationen 3.3, 3.7
FIFO 1.10
Fließband 1.12, 3.6, 3.8, 3.10, 9.1, 10.3
Füllung 1.7
Funktionseinheit 1.2
Funktionseinheit, beschäftigt 1.7
Funktionseinheit, einfach 1.7

Funktionseinheit, frei 1.7
Funktionseinheitengraph 1.12
Funktionsbits 3.2, 3.9
Gastsystem 3.10
General Electric GE 645 3.4, 10.1 vgl. auch [Dennis J 65] [Glaser E 65]
Gepackte Speicherung 2.6
Gesprächsbetrieb 2.5
Gerätespezifische Schnittstelle 2.4
Gleitpunktdarstellung 2.6
Gleitpunktoperationen 3.7
Graceful degradation 3.12
Grenzregister 3.4, 3.6
"große" und "kleine" Rechner 8.6
Halbleiterspeicher 4.1, 10.2
Handlung 1.2
hardware lockout 8.5
Hauptspeicher 2.4, 3.6, 4, 8.3, 8.4, 10.2
Holographischer Lesespeicher 5.2
Honeywell H 800/1800 vgl. auch [Clippinger R 62]
IBM/360, /370 3.2, 3.4, 3.6, 3.9, 3.12, 7.3, 8.3, 8.5, 8.8, 10.1 vgl. auch [Allred G 71] [Amdahl G 64],[Flynn M 67],[Gaib W 72],[Gibson C 66],[Gibson D 74], [IBM/360 Mod 85],[IBM/360 Mod 91],[IBM 360 ASP],[IBM/370 d],[IBM/370 Mod 165],[IBM/370 Mod 165 b],[Liptay J 68] [McCormack M 65],[Tucker S 65],[Tucker S 67], [Uhlendorff B 72], [von Krogh C 74],[Weber H 67]
IBM 604 10.1
IBM 650 3.2, 10.1 vgl. auch [Hughes E 54]

IBM 704 10.1
IBM 709 10.1
IBM 1311 Wechselplattenspeicher 10.1
IBM 1401 2.9, 10.1 vgl. auch [Bell C 71], [McCormack M 65]
IBM 7030 "STRETCH" 10.1 vgl. auch [Buchholtz W 62]
IBM 7094-I 10.1
ILLIAC IV 8.8, 9.2, 10.1 vgl. auch [Barnes G 71], [Graham W 70],[Slotnick D 71]
IMP 8.8
Implizierung 3.2
Indexregister 3.4, 3.6
Indizierung 3.4
integrierte Emulation 3.10
Interaktiver Betrieb 2.5
Interpretation 2.2, 2.7
Interpretation eines Programmes in einer höheren Sprache 2.6
Interpretationshierarchie 2.7
Kachel 3.4, 3.6
Kanal 2.4, 7.1, 7.2, 7.3
Kanalschnittstelle 2.4
Kapazität 1.7, 1.9, 4.1, 4.2, 5.1, 10.2
Kartenspeicher 5.1
Kernspeichereinheit 1.9, 4.1, 10.2
Kette 1.12, 3.6, 3.8, 4.1
kollateral 1.4
konkurrent 1.4
Konzentrator 2.5, 8.8
Kopierbefehle 3.2
Kosten je Auftrag in der Zentraleinheit 3.2, 8.4, 8.5
Kurzadressen 3.4
Kurzwortkonstanten 3.4

Kurzwortmaschinen 2.6, 8.2
Laden 2.8
Laden bei Bedarf 3.4
Lader 2.8, 3.4
Lageinvariant 3.4
Lagerauftrag 1.5, 1.9
Lagerklasse 3.4
Langwortmaschinen 2.6, 8.2
Laufzeitspeicher 5.2
Leitwerk 2.3, 2.4, 3.5, 3.6
Leitwerkbefehle 3.3
Lesespeicher 2.2, 3.9
LIFO 1.10
Lochkartenleser/-stanzer 6.2, 10.3
Lochstreifenleser/-stanzer 6.2
Look-ahead 3.6
Magnetblasenspeicher 5.2, 10.2
Magnetooptischer Speicher 5.2
Mantisse 2.6
Maschinenadressen 2.8, 3.4
Maschinen mittlerer Wortlänge 2.6, 8.2
Matrixspeicher 4.1
Mehrprogrammbetrieb 2.5, 8.4, 10.2
Mehrprozessoranlage 2.4, 8.5
Mikrofilmausgabe 6.2
Mikroprogrammierung 2.7, 3.9
MIMD 2.4, 9.1
MINIMA 2.9 vgl. auch [van der Poel W 52]
MISD 2.4, 9.1
Modem 8.7
Montierer 3.4
Multiplexbetrieb 1.11, 2.5, 7.3
Multiplexkanal 7.3
Multiplikandenregister 3.8

Multiplikator-Quotienten-
  register 3.8
n-Adreßmaschine 3.2
n+1-Adreßmaschine 3.2
Nachricht 1.1
NCR 304 10.1
Negativ-exponentielle Verteilung 1.12
von Neumann 2.3, 2.7, 3.2, 9.1, 10.3
normalisierte Gleitpunktdarstellung 2.6
Nulladreßmaschine 3.2
Objekt 1.2
OCR 6.2
one-level-storage 3.4
Operand 1.3
Operandenkeller 3.2
Operandenstrom 2.4
Operandenvorgriff 3.6, 8.3
Operateurplatz 2.4
Operation 1.3
Operator 1.3
Packard Bell PB 440 3.9, 10.1
Packard Bell PB 440 3.9, 10.1 vgl. auch
  [Boutwell E 63]
Plattenspeicher 5.1, 10.2
Poisson-Prozeß 1.12
polymorphes Rechensystem 3.12
Präzedenzgraph 1.4
privilegiert 3.3, 10.3
Programm 1.3
Programmadressen 3.4
Programmadreßraum 2.8, 3.4
programmierbar 1.3, 10.3
Prozeß 1.2
Prozeßadressen 2.8, 3.4
Prozessor 2.2
Prozessorpuffer 8.3

Prozessor-Wortlänge 2.6
Prozessorkette 2.4, 3.6, 9.1
Puffer 1.10, 1.12, 4.1, 8.3
pure procedure (siehe auch ablaufinvariant) 2.3
Ramo-Wooldridge RW 400 3.12, 8.8 vgl. auch [Porter R 60]
RCA Spectra 70 10.1 vgl. auch [Benjamin R 65]
Realzeitbetrieb 1.11
Rechenanlage 2.1
Rechensystem 2.1
Rechenwerk 2.3, 3.8
Rechenwerkbefehle 3.3
Rechenkern 2.4
Rechnerkopplung 6.1
Rechnernetz 2.4, 8.8
Referenzstufe 3.4
reihenfolgeinvariant 1.4
Rekursiver Aufruf 3.3
Remington Rand 1103 10.1
Remington Rand 1106...1110
  3.2, 8.5, 8.8 vgl. auch
  [Univac 1110 e]
Restklassensystem 3.7
SAGE 10.1
Sammelschiene 8.3
Schnellkanal 7.3
Schriftleser 6.2, 10.3
SDS/Xerox Sigma 5, Sigma 7, 3.2
Segment 3.4
Segmentadressierung 3.4
Seite 3.4
Seitenadressierung 3.4, 3.6
Seitenrahmen 3.4
Sektor 5.1, 8.3
Sekundärverkehr 2.8
Selektorkanal 7.3
SEM (semantische Funktionseinheit) 2.2

sequentiell 1.4
serieller Betrieb 1.11, 2.5, 7.3
Serienrechner 2.9
Shift 3.3
Sichtgerät 6.2
Siemens 301...307 10.1
Siemens S 2002 2.9, 10.1
vgl. auch [S 2002]
Siemens 4004 10.1
Signal 1.1
SIMD 2.4, 9.2, 9.3, 10.3
Simulation (eines fremden Rechners) 3.10
Simultanbetrieb 1.7, 1.11
SISD 2.4
Skalenfaktor 2.6
Skip 3.3
software lockout 8.5
SOLOMON 9.2 vgl. auch [Slotnick D 62]
Speicher 1.5, 2.3, 4, 10.2
Speicherhierarchie 2.8, 8.4
Speicherkapazität 1.7, 4.1, 8.4, 10.2
Speichermoduln 2.4, 4.2
Speicherschutz 3.4
Speicher-Wortlänge 2.6, 4.2
Sperrzeit 1.9
Sprachein/ausgabe 6.2, 10.3
Sprung mit Moduswechsel 3.3
Sprungbefehle 2.3, 3.2, 3.3
Stapel 3.3
Stapelbetrieb 2.5
Stapelfernbetrieb 2.5
STAR (self-testing and repairing computer) 10.3
vgl. auch [Avizienis A 71]
STARAN 9.3, 10.1 vgl. auch [STARAN]
Steuerungsrechner 8.2

Störung 1.13, 3.12
store and forward 8.8
Streaming 3.6
Streifenspeicher 5.1
Substitution (Adreß-) 3.4
Swapping 2.5
symmetrische Befehle 3.2
synchron 1.4
Synchronisation (Warten, Prüfen, Unterbrechen) 7.1
Synchronisationsoperationen 4.2
SYNT (syntaktische Funktionseinheit) 2.2
System 1.2
Systemaufruf 3.3
Systemmodus 3.3
Teilnehmerbetrieb 2.5
TELEX 8.7
Terminbetrieb 2.5
Trägerfrequenznetz 8.7
Transportzeit/Rechenzeitverhältnis 8.4, 8.5
Trefferrate 2.8, 8.3
Trends 10.2, 10.3
Trommelspeicher 5.1, 10.2
Trommelspeicher als Hauptspeicher 3.2
Tue-Befehl 3.3
TX-0 10.1
Überdeckung 3.2
Übergabewartezeit 1.5
Übergangsdiagramm 1.12
Überlagerung im Programmadressenraum 3.4
Übertrag 3.7
UNIVAC I 10.1
UNIVAC LARC 10.1 vgl. auch [Eckert J 56]
Unterbrechung 3.5

Unterkanal 7.1
Unterteilung von Rechensystemen 1.12
Ureingabe 7.2
Vektoroperationen 3.3
Verarbeitungsauftrag 1.5
Verdrängung 2.8
Verlustsystem 1.5
Verschiebungen 3.3
Verschiebungszähler 3.8
virtuelle Adressen 3.4
virtueller Speicher 2.8, 3.4
virtuelle Wortlänge 2.6
Vorrangwerk 2.4, 4,2, 8.3
Warteschlange 1.12
Wartung 1.13, 3.12, 10.3
Wartungsplatz 2.4
Wartezeit 1.9
wesentliche Stellen 2.6
Whirlwind 10.1
Wirtsystem 3.10
Wort 2.6
Wortlänge 2.6
Zahl der wesentlichen Stellen 2.6
ZEBRA 2.9, 10.1 vgl. auch [van der Poel W 59]
Zeichen 1.1

Zeichenketten 2.6
Zeichenmaschinen 2.6
Zeichenmultiplexkanal 7.3
Zeichenorientierter Rechner 8.2
Zeilendrucker (Schnelldrucker) 6.2, 10.3
Zeitschaltkette 3.9
Zeitscheibenbetrieb 1.11, 2.5
Zelle 1.8, 2.3
Zellmaschine 9.4
Zentraleinheit 2.4
Zentralprozessor 2.4, 3
Zentralprozessorkanal 7.2
Zentralprozessorpuffer 8.3
Zentralspeicher 2.4
Zugriffsschutz 3.4
Zugriffszeit 1.9, 3.6, 4.1, 5.1, 8.3, 10.2
Zuse Z 1 10.1 [Zuse K 70]
Zuse Z 3 10.1 [Zuse K 70]
Zuse Z 4 10.1 [Zuse K 70]
Zuse Z 22/Z23 2.9, 3.9, 10.1 vgl. auch [Z 22]
Zuverlässigkeit 1.13, 3.12, 8.5
Zweiadreßmaschine 3.2
Zweiprozessoranlage 8.5
Zylinder 5.1

Verzeichnis der Formelzeichen

A	Aufwand	1.15
b	Bearbeitungszeit	1.5
B	Basis einer polyadischen Zahlendarstellung	2.6
c	maximaler Durchsatz	1.7
C	Kostenparameter	8.4
d	eine Proportionalitätskonstante	8.3
e	relative Häufigkeit der Operationen, die Adreßsubstitution benutzen	3.11
f	Füllung	1.7
i	Zahl der Elemente einer Warteschlange	1.12
i	relative Häufigkeit der Operationen, die Indizierung benutzen	3.11
j	relativer Anteil der Sprungoperationen	3.2, 3.11
J	Zahl der Funktionseinheiten des Systems	1.12
k	Kapazität (maximale Füllung)	1.7
K	zeitliche Kosten einer Funktionseinheit	1.14
K	$2^{10} = 1024$	
KDV	Kosten-Durchsatz-Verhältnis	1.14
l	Blockierzeit	1.8
L	Leistung	1.15
m	Streckung der Auftragslagerzeit im Hauptspeicher durch Mehrprogrammbetrieb	3.2
M	$2^{20} = 1.048.576$	
n	Zahl der Wartetakte, die auf einen Hauptspeicherzugriff entfallen	3.11
n	Zahl der Worte je Block	8.3
n	Grad des Mehrprogrammbetriebs	8.4
N	Zahl der Operationen für einen Zentraleinheit-Auftrag	3.2
p	Parameter eines Systems	1.15

$P(<\text{Aussage}>)$	Wahrscheinlichkeit für Zustand bzw. Ereignis, das durch < Aussage > beschrieben wird.	
q	Proportionalitätskonstante für Preis eines peripheren Speichers	
q_i	Wahrscheinlichkeit, einen benötigten Index nicht im aktuellen Ausschnitt zu finden	3.11
r	relativer Anteil der Operationen der Zentraleinheit, die das Rechenwerk betreffen (Rechenwerksoperationen)	3.11
s	Sperrzeit	1.8
s	Anteil der abspeichernden Operationen unter den Rechenwerksoperationen	3.11
s	zusätzliche Befehlswortlänge für Sprungkriterium und -ziel	3.2
s'	Sperrzeit ohne synchronisationsbedingte Zeiten	1.8
t	Zeit	
T	Zeitintervall	1.12
T_o	Taktzeit des Zentralprozessor-Fließbandes	3.11
T_{Sp}	(effektive) Speicherzugriffszeit	3.11, 8.3
u	elektrische Spannung	4.1
v	Zahl der Verknüpfungen in einem Ausdruck	3.2
v	Zahl der Takte, die die Ausführungsphase benötigt	3.11
w	Wartezeit	1.8
w	Wortlänge	3.2
x	Verhältnis zweier Bearbeitungszeiten	1.12
x	Exponent bei Gleitpunktdarstellung	2.6
x	Transportzeit/Rechenzeitverhältnis	
y	doppeltes Transportzeit:Rechenzeitverhältnis (Durchsatzverhältnis) zwischen Zentralprozessoren und peripherem Speicher in Zweiprozessoranlage	8.5
Z	Kenngröße zur Beschreibung der Abspeicherverteilung in der Spur des Prozesses	3.11
z_ν	Zustandswahrscheinlichkeit	1.12, 3.11, 8.4, 8.5
Z	Zahl	
β	Zahl der Lesezugriffe je Operation	
ε	relativer Durchsatz	1.7
ζ	Zahl	2.6
λ, μ	Parameter (Rate, Intensität) eines Poissonprozesses	1.12

λ	maximaler Durchsatz des Leitwerkes bzw. Rate des Poissonprozesses (negativ-exponentiell verteilte Bearbeitungszeit, einfache Funktionseinheit)	3.11
ϱ	maximaler Durchsatz des Rechenwerkes bzw. Rate des Poissonprozesses (negativ-exponentiell verteilte Bearbeitungszeit, einfache Funktionseinheit)	3.11
τ	Abstand zweier Ereignisse	1.12
φ	relative Füllung	1.7
Φ	magnetischer Fluß	4.1
ω	Operator	3.2
<A>	Inhalt der Zelle mit der Adresse A	3.2
>X<	Adresse einer Zelle, die X enthält	3.2

Mittelwerte durch Querstrich

Heidelberger Taschenbücher

Mathematik/Informatik

12   B. L. van der Waerden: Algebra I. 8. Auflage. DM 12,80
15   L. Collatz/W. Wetterling: Optimierungsaufgaben. 2. Auflage. DM 16.80
23   B. L. van der Waerden: Algebra II. 5. Auflage. DM 16,80
26   H. Grauert/I. Lieb: Differential- und Integralrechnung I. 3. Auflage. DM 14,80
36   H. Grauert/W. Fischer: Differential- und Integralrechnung II. 2. Auflage. DM 14,80
43   H. Grauert/I. Lieb: Differential- und Integralrechnung III. DM 14,80
44   J. H. Wilkinson: Rundungsfehler. DM 16,80
49   Selecta Mathematica I. Hrsg. von K. Jacobs. DM 12,80
50   H. Rademacher/O. Toeplitz: Von Zahlen und Figuren. DM 12,80
51   E. B. Dynkin/A. A. Juschkewitsch: Sätze und Aufgaben über Markoffsche Prozesse. DM 19,80
64   F. Rehbock: Darstellende Geometrie. 3. Auflage. DM 16,80
65   H. Schubert: Kategorien I. DM 16,80
66   H. Schubert: Kategorien II. DM 14,80
67   Selecta Mathematica II. Hrsg. von K. Jacobs. DM 14,80
73   G. Pólya/G. Szegö: Aufgaben und Lehrsätze aus der Analysis I. 4. Auflage. DM 16,80
74   G. Pólya/G. Szegö: Aufgaben und Lehrsätze aus der Analysis II. 4. Auflage. DM 16,80
80   F. L. Bauer/G. Goos: Informatik I. 2. Auflage. DM 14,80
85   W. Hahn: Elektronik-Praktikum für Informatiker. DM 14,80
86   Selecta Mathematica III. Hrsg. von K. Jacobs. DM 16,80
87   H. Hermes: Aufzählbarkeit, Entscheidbarkeit, Berechenbarkeit. 2. Auflage. DM 16,80
91   F. L. Bauer/G. Goos: Informatik II. 2. Auflage. DM 14,80
93   O. Komarnicki: Programmiermethodik. DM 16,80
98   Selecta Mathematica IV. Hrsg. von K. Jacobs. DM 16.80
99   P. Deussen: Halbgruppen und Automaten. DM 14,80
103   K. Diederich/R. Remmert: Funktionentheorie I. DM 16,80
105   J. Stoer: Einführung in die Numerische Mathematik I. DM 16,80
107   W. Klingenberg: Eine Vorlesung über Differentialgeometrie. DM 16,80
108   F. W. Schäfke/D. Schmidt: Gewöhnliche Differentialgleichungen. DM 16,80
110   W. Walter: Gewöhnliche Differentialgleichungen. DM 16,80
114   J. Stoer/R. Bulirsch: Einführung in die Numerische Mathematik II. DM 16,80
120   H. Hofer: Datenfernverarbeitung. DM 19,80
127   H. Schecher: Funktioneller Aufbau digitaler Rechenanlagen. DM 19,80
140   R. Alletsee/G. Umhauer: Assembler 1. DM 16,80
141   R. Alletsee/G. Umhauer: Assembler 2. DM 17,80
142   R. Alletsee/G. Umhauer: Assembler 3. DM 19,80
143   T. Bröcker/K. Jänich: Einführung in die Differentialtopologie. DM 16,80
147   W. Hahn/F. L. Bauer: Physikalische und elektrotechnische Grundlagen für Informatiker. DM 19,80
150   E. Oeljeklaus/R. Remmert: Lineare Algebra I. DM 19,80
151   C. Blatter: Analysis I. DM 14,80
152   C. Blatter: Analysis II. DM 14,80

153 C. Blatter: Analysis III. DM 14,80
159 F. L. Bauer/R. Gnatz/U. Hill: Informatik. Aufgaben und Lösungen I. DM 14,80
160 F. L. Bauer/R. Gnatz/U. Hill: Informatik. Aufgaben und Lösungen II. DM 14,80
172 H. P. Künzi/W. Krelle: Nichtlineare Programmierung. DM 18,80

Wirtschaftswissenschaften

14 A. Stobbe: Volkswirtschaftliches Rechnungswesen. 3. Auflage. DM 16,80
38 R. Henn/H. P. Künzi: Einführung in die Unternehmensforschung I. DM 12,80
39 R. Henn/H. P. Künzi: Einführung in die Unternehmensforschung II. DM 14,80
40 M. Neumann: Kapitalbildung, Wettbewerb und ökonomisches Wachstum. DM 12,80
56 M. J. Beckmann/H. P. Künzi: Mathematik für Ökonomen I. 2. Auflage DM 16,80
62 K. W. Rothschild: Wirtschaftsprognose. Methoden und Probleme. DM 16,80
78 A. Heertje: Grundbegriffe der Volkswirtschaftslehre. 2. Auflage. DM 16,80
90 A. Heertje: Volkswirtschaftslehre. Grundbegriffe der Volkswirtschaftslehre II. DM 14,80
92 J. Schumann: Grundzüge der mikroökonomischen Theorie. DM 16,80
117 M. J. Beckmann/H. P. Künzi: Mathematik für Ökonomen II. DM 14,80
123 R. Maleri: Grundzüge der Dienstleistungsproduktion. DM 16,80
156 W. Busse von Colbe/G. Lassmann: Betriebswirtschaftstheorie I. Grundlagen, Produktions- und Kostentheorie. DM 14,80
157 J. Siebke/M. Willms: Theorie der Geldpolitik. DM 14,80
158 A. Stobbe: Gesamtwirtschaftliche Theorie. DM 19,80
173 G. Blümle: Theorie der Einkommensverteilung. Eine Einführung. DM 16,80

Heidelberger Arbeitsbücher

1 B. A. Schmid: Arbeitsbuch zu „Stobbe Volkswirtschaftliches Rechnungswesen. 3. Auflage". 2. Auflage. DM 12,—
2 W. Zöller: Arbeitsbuch zu „Handelsbilanzen". 2. Auflage. DM 12,—
3 R. Köhler/W. Zöller: Arbeitsbuch zu „Finanzierung". DM 12,—
4 E. Cramer/H. J. Müller: Arbeitsbuch „Recht für Wirtschaftswissenschaftler". DM 12,—
5 W. Weber: Arbeitsbuch „Einführung in die Betriebswirtschaftslehre". DM 12,—
6 H. Uebele/W. Zöller: Arbeitsbuch „Kostenrechnung". DM 12,—
7 J. Roth/B. A. Schmid: Arbeitsbuch „Mikroökonomische Theorie". DM 12,—
8 W. Ross/B. A. Schmid/E. J. Thien: Arbeitsbuch „Makroökonomische Theorie". DM 12,—
9 B. Engel/F. Heuser/B. A. Schmid: Arbeitsbuch „Geld und Kredit". DM 12,—

MIX
Papier aus verantwortungsvollen Quellen
Paper from responsible sources
FSC® C105338

If you have any concerns about our products,
you can contact us on
ProductSafety@springernature.com

In case Publisher is established outside the EU,
the EU authorized representative is:
**Springer Nature Customer Service Center GmbH
Europaplatz 3, 69115 Heidelberg, Germany**

Printed by Libri Plureos GmbH
in Hamburg, Germany